知的源泉としてのマルサス人口論

ヴィクトリア朝社会思想史の一断面

柳田芳伸・姫野順一◉編

昭和堂

知的源泉としてのマルサス人口論——ヴィクトリア朝社会思想史の一断面　目次

第Ⅱ部　マルサス・ダーウィン・ダーウィニズム

序章　知的源泉としてのマルサス人口論

社会科学はある部面において、先覚の業績に学びながら、その時々に発芽、開化してきた所産であると表白できよう。マルサスの『人口論』もまたこの例に洩れないであろう。例えば、地道で高名なマルサス研究者であるボナー（Bonar, James, 1853–1941）によれば、一八三四年の新救貧法はマルサスの思索をそのまま具現したものではないけれども、マルサスは「新救貧法……父たるもの（the father）」と呼称された[1]。またイギリスの産児調節運動の軌跡を丹念に辿っているフィールド（Field, James Alfred, 1880–1936）も「マルサスは意識せずして豊饒な思想の種を蒔いた」と言って憚らなかった[2]。さらに、公知のダーウィン主義者で、優生思想の推進者でも知られている生物測定学派の指導者、ピアソン（Pearson, Karl, 1857–1936）も「マルサスは種を蒔く人であった。彼の蒔いた種を収穫した人は、チャールズ・ダーウィンとフランシス・ゴールトン（Galton, Fracis, 1822–1911）であった」と明記している[3]。

本論文集の前編（一九世紀前半のマルサス救貧法論の展開）では、『人口論』での提言を中軸に据え、主として新救貧法制定前夜の救貧思想の展開を概観し、また後編（マルサス・ダーウィン・ダーウィニズム）では、マルサスと

C. ダーウィン

ダーウィンとの思想的脈絡関係を肯定した上で、それがいかにして（社会）ダーウィニズムへと変容していき、後世の経済学へと受け継がれていったかを大観しようと試みている。それゆえ本著は実に大胆不敵で、向こう見ずな試論と揶揄、誹謗されるかもしれない。この著が掛け声倒れに終始し、羊頭狗肉の駄作に堕していないか強く危惧している。

『人口論』はマルサスの母国であるイギリスの救貧法改革にどのような波紋を投じていたのであろうか。まずは、この点を、救貧法の史的変遷を大観しながら、あらためて確認し、第1章から第3章までへの誘いとしたい。元来、イギリスの救済は、労働が困難な者を対象に、村落共同体やギルドでの相互扶助、教会の慈善活動によりなされてきた。しかし、一四世紀以降は、封建社会が崩壊していく過程で、大量の貧民が出現し、彼らへの対策が求められるようになった。当初は、浮浪者などを厳しく取り締まる抑圧的な政策がとられたけれども、その効果の限界が認識され、一六世紀に至り、貧民を救済するためのさまざまな法令が発せられた。そして、エリザベス一世治世下の一六〇一年には、救貧法（poor law）がそれらの法令を統合する形で形成され、後の新救貧法の成立（一八三四年）に至るまでの救貧行政の指針とされた。

エリザベス救貧法ともいわれる同法は、労働能力のある者を仕事に就かせ、そうでない者を救済することを目的とした。その運営に一瞥しておくと、教区（parish）を行政の基本単位とし、各地の治安判事（Justice of the Peace）により任命された貧民監督官（overseer）が、教区民に救貧税（parish rate）を徴収する形でなされていた。その後、貧民の移動制限を設ける居住法（一六六二年）や、貧民の救済を救貧院で行うこと（院内救済）を原則とするナッチブル法（一七二二年）が発令され、貧民に対する厳格で徹底した管理が行われることになった。

しかし、一八世紀後半になると、産業革命の進行に伴う失業の発生や、土地の囲い込みなどを背景に、貧民が増大し、より効率的に彼らを管理する必要性が生じた。一七八二年に制定されたギルバート法は、怠惰な者には厳罰の姿勢で臨み、他端で、労働能力のある健康な者については救貧院には収容せず、就業支援や院外救済を原則とすることとしていた。また、一七九五年にバーク州で決議されたスピーナムランド制度では、救済の対象を現役労働者にまで広げ、パンの価格と家族の数に応じて、労働者本人とその家族が得るべき賃金を定め、その額を下回る場合に賃金補助を行うものであった。翌年には、ウィリアム・ヤング法によって全国的な普及が図られもした。

しかしながら、こうした「救貧法の人道主義化」による救貧行政の大幅な緩和は、貧民の一層の増加を招来し、救貧税の増大が問題視される事態となった。その頃、政界においても、農業労働者の最低賃金の決定を提起するウィットブレッド（Whitbread, Samuel, 1764–1815）案や、多子家族への賃金補助を計画するピット（Pitt, William the Younger, 1759–1806）案が相次いで挫折するなど、困難を極めていた。こうした状況下で、現出してきたのがマルサス（Malthus, Thomas Robert, 1766–1834）の『人口論』初版（一七九八年）であった。マルサスはこの書においてより一貫して救貧法を、とりわけ賃金補助制度を批判した。彼は、救貧法には食料を増加させることなく、人口を増加させる作用があり、結果的に救済すべき貧民の増加をもたらすとして、救貧法の漸次的な廃止を主張した[4]。後の諸研究において、スピーナムランド制度の影響には否定的な見解もあるものの[5]、マルサスのこうした見解は、当時の社会全体に無視できない影響を及ぼし、やがては議会による本格的な救貧法改革を後押しすることになる。

その一つとして、ウィットブレッドの救貧法改正法案（一八〇七年）［以下、救貧法案と略記］を挙げることができる。ウィットブレッドは、マルサスの思想の影響を受けながらも、救貧法の部分的な修正により、貧民の道徳的な改善を図った。その内容は、貧民の区別を基づき、教育や貯蓄銀行、それに貧民の賞罰などを通して、貧民の勤勉や節約を刺激することを目的とするものであった[6]。それら中には、救貧行政の中央集権化や劣等処遇、院外救済の制限など後の新救貧法につながる萌芽的な要素が含まれており、マルサスをはじめ、さまざまな思想家たちが議論に参戦した。結果的に、救貧法案は廃案に追い込まれたけれども、勤勉で自立した労働者を育成しようとする路線は、一八一七年のスタージェス・バーン（Bourne, William Sturges, 1769–1845）を委員長とする下院救貧法特別委員会や、一八三二年から三四年の新救貧法改革にも受け継がれていった[7]。

一八二〇年代以降、各地で惹起した農業労働者による相次ぐ反乱に触発され、一八三二年に救貧法調査委員会が設置された。同委員会は、シーニア（Senior, Nassau William, 1790–1864）やチャドウィック（Chadwick, Edwin, 1800–90）らを中心に徹底した調査を行った。その末に一八四二年に提出された報告書をもとに、新救貧法（一八三四年）は成立することになる。同法は、救済方法の全国的な統一や貧民の劣等処遇、院内救済を原則とし、救済をできる限り制限しようとしたマルサスの思想的な影響を少なからず受けていた。このことが後に、ボナーをしてマルサスを「新救貧法の父」と呼ばせる論拠にもなった[8]。

この救貧法改革に賛同した思想家の一人に、J・S・ミル（Mill, John Stuart, 1808–73）がいた。彼は、困窮者の救済に救貧法が必要であると判断し、その存続を支持する一方、改革の必要性を認めていた。そのうえで、自らの救済が他者の生活資料の犠牲の上に立っていることを貧民に自覚させ、彼らを自立に導くには劣等処遇が何よりも大切とし、院外救済の禁止を説いた。彼は、後に刊行する『経済学原理』初版（一八四八年）においても、救貧法問題の重要性を指摘しており、その姿勢を終生変えることはなかった[9]。とはいえ、新救貧法の効果は、一時的なものにすぎなかった。実際の新救貧法行政は、統一的な運営にならなかったのである。北部の製造業地域では組織的な反救貧法運動などを背景として、実質、旧救貧法を存続させる形をとった。他方、新救貧法行政に着実に移行していった南部おいてでさえも、農業地域特有の季節的失業者に対する救済の必要性などにより院外救済を得策とみなすようになり、早くも暗礁に乗り上げることになる。[10]

新救貧法の成立の余波は、アイルランドにも及んだ。アイルランドの貧民救済はそもそも、貧民同士の扶助や篤志家の慈善によりなされてきた。しかし、救貧費の増大の要因をイングランドの各地に流入するアイルランドの貧民と解したイギリス政府は、アイルランドへの新救貧法の導入を企図したのである。一八三六年、アイルランドに赴いたニコルズ（Nicholls, George Sir, 1781–1865）は三度の調査報告を経て、一八三八年にアイルランド救貧法の成立にこぎ着けた。同法は、イングランドの新救貧法をほぼ踏襲するものであったけれども、[11]院外救済の制限や中央集権化などの新救貧法の原則をイングランド以上に厳格に適用した。この意味では、マルサスの思想的な影響を一層強く受けたと称しえる。しかし、このアイルランド救貧法でさえも、一八四五年のアイルランド大飢饉を契機に機能不全に陥る。すなわち、貧困にあえぐ者が急増し、一八四七年の改正以降、院外救済が容認されることとなったのである。大飢饉後のアイルランドの政策には、シーニアやスクロウプ（Scrope, George Poulett, 1797–1876）、J・S・ミルなど、さまざまな論客を迎えたのであるが、[12]いずれにしてもアイルランドの救貧法体制は一〇年足らずで揺らぐことになる。

スコットランドの救貧法は、ジェームズ一世治世下の一四二四年に物乞いに関する法律が発令されたことに始まり、一五七四年の「健康で怠惰な物乞いを罰することと、貧しく虚弱な人びとを扶助することについて」と題する法令により基礎づけられた。この法令により、肢体不自由者、病人、虚弱者、意志薄弱者のほか、一四歳以下と七〇歳以上の年齢にあって、物乞いするほかに生活できない者を貧民とみなし、救済の対象とした。その財源は、教区民より資産に応じて徴収する税で賄われ、貧民の救済基金として利用されることになった。[13]スコットランドでの救済の基本は院外救済であったけれども、貧民に認められる扶助はごくわずかであり、縁者や友人からの援助を加えても、最低限の生活水準を維持できる程度のものとされた。けれども、家名への誇りや「慈善箱の厄介者」になることへの羞恥心から、救済をためらう者もいた。つまり、貧困者の数は実際の貧困状況よりも低く抑えられた[14]。

そのゆえに、スコットランドの救貧法は、存在しても最小限の機能に抑えられている模範的な事例と受け止められてきた。マルサスは『人口論』第五版（一八一七年）の附録の中で、ウェイランド（Weyland, John, 1774－1854）を批評した際、スコットランドを取り上げ、「この国には本来救貧法がなかったといってよいのに、過去五〇年間、その自然資源に比して農業と商工業ではたしかにイングランドをしのぐ急速な発展を遂げた[15]」として、自身の救貧法論の有効性を強調している。他方、マルサスの救貧法論の陰影は、スコットランド各地に広がってもいた。チャーマーズ（Chalmers, Thomas, 1780－1847）は、一八一九年から二三年の間、グラズゴウのセント・ジョンズ教区において、救貧法を適用せず、教会と住民の財政基盤による慈善事業の実施を計画し、貧民を救済に値する者とそうでない者を厳格に区分することを唱道した。これにより、この教区の救済対象は大幅に制限されることとなり、救貧費の削減にもつながった。無論、救貧法の廃止の根拠としては軟弱であった。チャーマーズの支援者であったウィリアム・コリンズが、「[チャーマーズは]律義者の貧困を扱うことができたが、不道徳と酩酊の扱い方を知らなかった」[角括弧は筆者による]と述べたように、救済方法として普及させるには至らなかった[16]。その帰趨として、スコットランドは、その後も貧民の救済には救貧法を存続させる道を選んでいくことになる。

このように、あちこちで救貧行政が実施されるなか、イングランドでは、一八四七年に救貧法庁（Poor Law Board）により救貧行政が運営されるに至るけれども、増加の一途をたどる貧民の救済には対応しきれず、民間の慈善事業がこれを補うという状況が醸し出されていた[17]。その末に、新救貧法は、一九二九年の地方自治法（Local Government Act）により実質的に廃止され、ベヴァリッジ報告（一九四二年）を基礎に成立した国民扶助法

（一九四八年）の制定まで存続することになる。

上記のごとく、救貧行政の安定化に苦悶してきたイギリスに対し、大略、アメリカでは、より硬直的なマルサス主義が貫かれていた。(18) アメリカ大陸には、一七世紀以降、ヨーロッパの各国により植民地が建設されたけれども、その多くがイギリスの手中にあった。この地での貧民の救済は、当初、共同体における相互扶助や、教会を主体とする慈善によりなされていた。しかし、植民者の増加とともに、貧民の数も増えはじめ、各植民地に救貧法が制定されるようになった。多数の植民地では、救貧行政の在り方には地域的な差異があったとはいえ、イギリス本国のエリザベス救貧法を模範とし、救済対象を働くことのできない貧民に限定するなどの共通の特徴を有していた。また、イギリスの居住法の影響から、居住権のない者を厳しく取り締まった。救済の方法は、初期には専ら院外救済をなしていたが、一八世紀以降、貧窮者の増加などを誘因にして、次第に院内救済に傾斜するようになっていった。

アメリカでは、もともと、貧困に対しては冷ややかな視線が注がれてきた。なぜなら、人びとの間に「努力と勤勉により、豊かな生活を送ることができる」とする考え方が共有され、救済を求める者は、怠惰で無価値な者とみなされていたからである。それゆえ、植民者の大半がその信仰するプロテスタントの教義を拠り所に、勤勉や節倹を生活の信条とし、自助努力が強調されたのである。言うまでもなく、こうした貧困に対する考えを強めることになった一因にはアメリカ西部に広がる未開拓地、すなわちフロンティアがあったことを看過できない。

アメリカ独立戦争（一七七五〜八三年）を機に、イギリス本国からの独立を認められたアメリカ植民地は西漸運動を活発化させ、フロンティアが移民や生活困窮者、一獲千金を夢見る者たちの行き場となっていた。そうした最中で、「労働能力さえあれば、誰でも自活できる」とする信念が強まり、自助の気風はさらに高揚していったのである。これ以後、アメリカ政府は、事あるごとに「Go West !（西へ進め！）」を揚言し、貧困の解決をフロンティアに求めた。とはいえ、貧民の数は年を追うごとに増えつづけ、それに伴う救貧費の増大も深刻な社会問題となっていた。

一八二一年にマサチューセッツ州議会に提出された「クインシー・レポート」は、同州の救貧費が大幅に上昇したことを明らかにした。その上で、その主たる要因が院外救済にあると結論づけた。その所論は、後にニューヨーク州の状況を報告した「イエーツ・レポート」（一八二四年）でも強調、反復された。こうして、ニューヨーク州では、同年に、郡ごとに救貧院が設置され、院内での救済を命じる郡救貧法が制定され、かつ他州の多くもこれに追随した。以後、アメリカの公的救済は院内救済を原則とし、その救済対象も労働能力のない者に厳格に限定されることとなった。すなわち、貧困は、あくまでも個人的な問題に起因するものとみなされ、一九世紀以降の断続的な恐慌が生じた時でさえ、被救済権をめぐる議論は不問に付されたのである。まさしく、イギリス以上にマルサス主義が徹底されていたと号しえよう。しかし、同時に、救貧院の運営が老人や病人、身体障害者、精神障害者、児童などを区分せず、また性別も問わずに一元管理され、極めて非人道的であったとの批判の声があがった点も明記しておかねばならない[19]。

他方、労働能力のある者への救済は、民間の慈善団体が担っていた。度重なる恐慌で増え続ける失業者に一向に手を差し伸べようとしない政府に代わり、市民を主体とする慈善活動が次第に広がりをみせていったのである。しかし、その無差別な救済方法を修正し、慈善の効率化を図るため、ニューヨークでは一八四三年、貧民生活状態改善協会（Association for Improving the Condition of the Poor: AICP）が設立された。その目的は、物質的な援助ではなく、精神的な援助を行うことにあった。具体的には、ニューヨークをいくつかの地区に分け、地区ごとに訪問員を配置し、被救済者と直に接しながら適切な処置を講じたり、出版物を通じて自助を促したりするなどの活動が行われた。

その後、南北戦争（一八六一〜六五年）が終結すると、急速なる資本主義的発展を遂げていたアメリカでは、安価な労働力の需要からヨーロッパの移民が大量に流入した。それゆえに、労働者たちは低賃金を強いられ、劣悪な労働環境に身を置かなければならなかった。しかしながら、アメリカの公的救済は依然として見直されることはなく、民間の慈善団体の救済に一任されていた。[20] 一方、州立の救済施設も、南北戦争の前後より増えはじめてはいたものの、その不統一な運営や管理ゆえに汚職などの問題が続発して、施設間での連絡や調整を行う州慈善委員会を設置することとなった。同委員会は一八六三年にマサチューセッツ州で設立されて以来、一九世紀末までに各州に広がり、ついには州慈善局へと発展していく。[21] これにより、施設の収容者を分類し救済する方法がとられ、統一的な運営となっていった。一八八〇年代以降、フロンティアの消滅が近づくにつれ、アメリカ政府も従来の方針に転換が迫られ、一九二九年の世界恐慌に面し、政府は労働者の本格的な失業対策に着手し、一九三五年の社会保障法の制定とともに、公的救済を重視するようになっていったのである。

ついで、視点を後編部へと転じたい。第4章は、一見、本論文集にどうして収録されたのか、首を捻られる読者が多いであろう。一言しておきたい。この章は、マルサスの反奴隷貿易主義がダーウィンの反奴隷制の主張への序幕であったことを物語ってくれている。すなわち、黒人の「悪行」への批判は、マルサス『人口論』における「予防的チェック」(preventive checks) のひとつ「悪行」(vice) の議論と密接に関連していて、アフリカ人の行動にも、ヨーロッパ人のそれと同じ論理が貫かれている、こうした理解は後年に至って、黒人は白人とは異なる種であるとする言説に対するダーウィンの挑戦と彼の「進化」の理論への道を用意していくのである。また、第5章は、一八五五年二月にテルナテ島で『人口論』から最適者生存という閃きを得たA・R・ウォーレスがどのような経過を経ながら、一八八二年に『土地国有化』を世に問うに至ったのかを辿り直し、その公刊の意味を考察しようとした試みである。

これらの両章では、視点が『人口論』における人口増加力に対する諸妨げに集中されている。それに対し、本書では、ダーウィンは『人口論』を読み飛ばしたのではなく、実は読むべくして通読、精読したという、いわゆる「ダーウィン＝マルサス問題」[22]に関する一解釈を前提においている。それゆえ、弁明、詳論は避けられないであろう。周知のように、事の発端は、ダーウィンが『自叙伝』の中で、「一八三八年一〇月、すなわち私が組織的な研究を初めてから一五ヶ月後に、私はたまたま、ただ楽しみのためにマルサスの『人口論』を読んだ（I happened to read for amusement）。私は動植物の習性を長期間にわたって観察してきており、至る所で起こっている生存闘争（the struggle for existence）の重大さを知る素地が十分にできてきたので、私はすぐにこれらの条件下では有利な変異は保存され、不利な変異は滅ぼされる傾向をもつであろうということに想到した。この結果は新しい種の形成ということになろう。そしてここに、私はついに自分の研究の頼りとなる一理論を得た。[23]」と回想していることに発する。また、事実、ダーウィンは初版『種の起源』（一八五九年）において、「生存闘争は、あらゆる生物が高率で増加する傾向をもつことの不可避的な結果である……あらゆる場合に、ある個体と同種の他の個体との、あるいは異なった種の個体との、さらにまた生活の物理的条件との、生存闘争が当然生じることになる。これは、マルサスの学説を全動植物界に対し何倍もの力で適用したものである。[24]」と確言している。[25]

ヘッケル（Haeckel, Ernst Heinrich Philipp August, 1834–1919）の『自然創造史』（一八六八年）を経由してのことではあるが、加藤弘之（一八三六〜一九一六年）は『疑堂備志』第二冊（七九年五月）において、逸早く「ダーウィンがマルサスの人口論から生存闘争による自然簡抜（自然選択）を着想した」と提唱し、[26]かつそれ以降受容されてもいった。[27]しかし今日では、こうした主潮は「マルサスの『人口論』がダーウィンに及ぼした影響などについても、近年のダーウィン研究の成果を無視して昔ながらの神話が語り継がれている」との痛言を浴びている。[28]

言うまでもなく、この類の反論の淵源は、「生存闘争という考えの起こりがマルサスに求められるとは、ダーウィンの思いもやらなかったことである。……自然の中に生存闘争を認めるためには…何もマルサスの眼鏡を必要としないことは、一見して誰にでも分かることである」というエンゲルス（Engels, Friedrich, 1820–95）の『反デューリング論』（一八七八年）の一節に見出される。[29] こうした見解は、ダーウィン逝去五〇周年記念祭（一九三二年四月）の際にも、[30]「マルサスの影響およびこの影響に関する問題も、普通に考えられているように簡単なものではない」と前置きされながらも、[31] 基本的には踏襲されている。[32] またソルボンヌ大学の新進のマルクス主義生物学者であったプルナン（Prenan, Marcel, 1893–1983）も、ダーウィンはマルサスから自然選択の概念を吸収したけれども、それは「資本主義制度において植え付けられたもの」[33] にほかならずと解し、エンゲルスの所見を再説している。[34]

八杉は上記のような「プルナンのダーウィン観は、あまりにも公式的でありすぎる」[35] と評釈され、「マルサスがダーウィンにどの点までの示唆をあたえたと考えられるか」[36] という問いを、すなわち「ダーウィンによるマルサス読書に関する議論（the debate over Darwin's reading of Malthus）」[37] を究明していく方がより肝要であると言明している。以下では、この評言を好個の指針に据えて、三つの史実の挙証から始めたい。

その一つは、マルサス一家は娘ルシーの急死（一八二五年五月）に伴い、長年の知己ジェフリー（Jeffrey, Francis, 1773–1817）からの招きで、一二六年六月一二日から二六日にかけてエディンバラを訪ねた。しかし実際にマルサスが最初に会見したのはかつての知友であったホーナー（Horner, Francis, 1778–1817）の実弟レオナルド（Horner, Leonard, 1785–1864）であった。当時、レオナルドは教育改革や地質学の普及（ちなみに、レオナルド夫人は地質学者ライエル［Lyell, Charles, 1797–1875］夫人の妹）に燃え、父親の庇護の下でリンネル業の監督に従事していた。[38] またその一方では、エディンバラ大学の一医学生にすぎなかったダーウィンをエディンバラ王立学会の二六年の最初の会合でスコット（Scot, Walter, 1771–1832）会長（在任は一八二〇〜三二年）に紹介したりもした。確かに、

ダーウィンの時代の郵便船

ダーウィンは二六年の夏季休暇にシュルーズベリ・スクール時代の二人の友人とともに北ウェールズの丘陵地帯へ徒歩旅行に出掛けていた。けれどもレオナルドの口からマルサスの来駕をしっかり耳にしていたであろう。また肝胆相照らす間柄で、「貪欲な本の虫」(41)であった兄エラズマス（Darwin, Erasmus Alvey, 1804–81）がこの機に『人口論』第六版（一八二六年）を購入したと考えられる(42)。

次に、マルサスの『人口論』の概要を実際にダーウィンに伝えた(43)のはマーティノー（Martineau, Harrite, 1802–76）女史の通俗小説『経済学例証』(44)（一八三二～三四年二月）を介してであったことも黙過できない。一八三四年に郵便船(45)からビーグル号（ちなみに、ダーウィンの乗船は私費で、父から約三一〇〇ポンドの支援を受けていた）に持ち込まれた『経済学例証』は瞬く間に船員たちの話題に上り、ダーウィンの耳にも届いたのである(46)。マーティノーがしばしばへーリーベリーにあるマルサス宅に寄寓し、「マルサスは彼女が自分の考えをうまく提示していると考えた(47)」という一齣は三三年八月のこと(48)である。それゆえ、「マルサスをダーウィンに紹介したのは……マーティノーだった(49)」との憶測は早計であろう。おそらくマーティノーがマルサスに紹介したというのは兄のダーウィンであったと想定されよう。むしろ、三一年四月に船上で恋人のファニー（Fanny, Owen）の結婚報に接して落胆し(50)、三六年一〇月に長途の旅を終えた弱冠二八歳のダーウィンが翌年の三月七日にロンドンのグレート・マールバラ街三六番地に腰を落ち着け、「兄が作り上げていたサークルにとびつきエラズマスとハリエット・マーティノーとの個人的な夕食を大いに楽しんだ(51)」と解釈する方が理不尽でないであろう(52)。とりもなおさず、ダーウィンはマーティノーを通じて『人口論』への関心を募らせていったのである。

もう一つは、結婚問題に決断を迫られていたダーウィンが愛読誌『アシニーアム（*Athenaeum*）』の一八三五年八月号[53]（四〇六、四〇七、四〇九号）に掲載されていたケトレ（Quételet, Lambert Adolphe Jacques, 1796–1874）の『人間論』（一八三五年）に関する評論を目にして、実際に『人口論』を読むに至ったという点である。[54]多少掘り下げてみよう。当初ヘンズリの妻ファニー（Wedgwood, Fanny, 1800–89）に熱を上げていたエラズマスは三六年秋頃にはマーティノーに魅かれ始め、親密な関係を築きつつあった。[55]それに控え、独身者ダーウィンの方はマーティノーのことを「こんな恐ろしく独断的な女性はちょっと」[56]と冷評していた。けれども三八年頃には、すっかりとマーティノーに惑溺してしまっていた。[57]しかし結婚相手となるとマーティノーのような自立した女性ではなく、幼少期からの良き遊び相手であったエマ（Wedgwood, Emma, 1808–96）を娶ろうかと思案していた。[58]まさにそうした折、ダーウィンはケトレの『人間論』に盛り込まれていた『人口論』の要旨[59]の記事に逢着し、[60]エラズマスが私蔵する『人口論』第六版を「合目的に」[61]読み下してみようと思い立ったのである。こうしてダーウィンは七月一三日から二九日にわたって自らの結婚に関わる損得勘定表を走り書きし、その帰結として三九年一月二九日にエマと婚儀を挙げたのである。[62][63]ただし、忠実にダーウィンのDノートの記載事にしたがうなら、あくまでも、「ダーウィンは一八三八年九月二八日から一〇月三日にかけて『人口論』を読んだ」[64]のであって、こうした仮説は徒爾に終わる。[65]

では、如述のような三つの私事は一体何を教示してくれるであろうか。それは、ダーウィンが「たまたま」というよりも、むしろマーティノーやケトレの言説に導かれ、エラズマス所蔵の『人口論』第六版（一八四一年四月、C・ダーウィン」との署名あり）を三八年の中頃にまず走り読みし、九月に改めてその再読に挑んだという見取り図を思い描かせる。つまり、ダーウィンはこうした読書を一転機として、それまでに見聞してきた精緻極まる自然諸観察や積み重ねてきた文献渉猟と思弁を礎にして、生存闘争による自然選択に基づいた進化の理論へと向かっていったという筋書きである。こう述べると、即座に、本著の基線は「ダーウィン＝マルサス連関

(connection)」[66]を全肯定するものとの曲解を受けるかもしれない。しかしそもそも「マルサスの洞察にどれだけ比重をおくかは、かなりな程度、その人の性癖を反映している」[67]ものである。加えて、Eノート（三八年一〇月～三九年七月）の中で、ダーウィン自身が自らを「マルサス主義者」であると告白しているのである。[68]

もとより、こうした推察は近年の「ダーウィン産業」[69]の目覚ましい進展[70]に多くを負っている。ダーウィン産業の進行は目を見張るばかりである。七五〇頁もの『チャールズ・ダーウィンのノート』（一九八七年）は既刊であるし、都合一万四千通あまりを網羅する『チャールズ・ダーウィン書簡集』も一九八五年を起点として順次公表されていて、二〇二五年に刊行予定の三〇巻目で漸く完結される。また信頼に足る全二九巻にもおよぶ『ダーウィン著作集』（一九八六～九年）もまた発刊されて久しい。『種の起源』の版に限っても、現在では優に四二〇点を超えているし、ダーウィン関連の研究文献となると欧文献（著書・論文）だけでも実に二四〇〇編以上を数える。その上、ヴィクリア期の思想研究は山ほどの累積[71]である。まさに壮観の一言に尽きよう。

このような四囲の状況の中で、先述したような本著の基本姿勢は所詮「従来のフランシス的な見解」[72]のたんなる同義反復[73]にやむのであろうか。「マルサスとダーウィンの関係」[74]の存否をめぐる甲論乙駁の諸相については、さしむき、リモージュ（Limoges, Camille）『ダーウィンのノート』（横山利明訳、宝文館出版、一九八六年、八三～七頁）、八杉龍一『一生物学者の思索と遍歴』（二二～六頁）、シュウェーバー『「種の起源」の起源を再訪して』（一五～七、七五、九八～一一二頁）、拙論「マルサス『人口論』の一考察」（『関西大学経済論集』三二巻四号、一九八二年、二八〇～六頁）、およびトーデス『ロシアの博物学者たち』（三三～四三頁）、関陽子「C・ダーウィンの自然観」（『「エコ・フィロソフィ」研究』六号、東洋大学、二〇一二年、二一～四五頁）等の整理に委ねたい。けれども八杉が「ダーウィンが『人口論』のどの版[75]を読んだのかは、この場合、あまり問題ではない」[76]と留意しつつも、「生存闘争」に関しては『人口論』の初版と第六版との間の差異に多大の注意を払い[77]、その後のダーウィンの生存闘争の系譜を周到に辿っているという点[78]を決して蔑ろにしてはならないであろう。しかし遺憾ながら、そこでの検証もなお「自然選択説が『人口論』の第六版の最初の数頁の文句と関連して成立した[79]」との見方を越えているようには思われない。その視線は「マルサスの本の第二巻の考え[80]」にまでには至っていないといえよう。ダーウィンは少なくとも一週間弱は『人口論』第六版を耽読しているのであるから、「ダーウィン＝マルサス問題」の解決の糸口を「ダーウィンの世界観の求めようとした」折角の達見[81]も問題提起に終わってしまうであろう。

もしもダーウィンの『種の起源』や『人間の由来』（一八七一年）が近代生態学の先行書として読み返しえるならば[82]、「ダーウィン＝マルサス連関」はどのように帰趨していくであろうか。マルサスが抽象的な人口増加力に対する諸妨げを最終的な形態に集約、整理しえたのは『人口論』第三版の二章においてである[83]。そしてそこでは、「ある種の予防的抑制（非自発的なもの）が少なくとも動植物に適用可能である……動植物への自発的抑制は認められてはいないけれども、必ずしも有機物全般への非自発的な抑制の可能性が排除されているわけではない[84]」。この文言は非常に示唆に富んでいる。つまり、マルサスは『人口論』第三版（一八〇六年）以降の後続諸版においては、動植物が非自発的な抑制の作用によって、生物相互間の依存関係を保持することを否定してはいないとさりげなく指摘しているのである。

こうした視点に立って、『人口論』の各版を通読し直してみると、第二版（一八〇三年）以降の諸版の中に以下のような興味深い章句に出会う。例えば、「自由があるところでは、どこでも増加力が発揮される。その際動植物界では過剰な結果は余地と栄養によって抑制される。さらに動物間では相互の餌（prey）になることで抑制される[85]。」という句に逢着する。さらには、「焼いた木の灰を肥料にすれば、一度はライ麦が大量に収穫できる。しかしそのために多くの若木が犠牲にされ、その土地はその後ほとんど荒涼地となる。またライ麦の収穫後はたまたま成長する草で家畜を飼うのが通例である。もし土地がもともと肥沃ならば、家畜はモミの成長を防止する。

ところが、もしそれがやせているならば、家畜はもちろん長くそこにいることができない。それゆえ風が吹く毎に種子が運ばれ、土地は再びモミで一杯になるであろう。[86]」といったスウェーデンに関する断章に引きつけられもする。

もとより、これらの断片について、マルサスは「無意識的に」食物連鎖（food chains）に触れたにすぎないとも理解できよう。[87]しかし他端では、「生物界の相互依存という全関連に着眼しなかった[88]」という憾みこそあれ、マルサスは「自然の経済という伝統的概念に近い生物間の相互関係という概念を主張している[89]」と断言しても支障ないであろう。

『人間の由来』では文明人の習慣や進歩にも論及されている。この面では、「人間の繋がりは生物の種と同じように集団であり、人間の繋がりをこのようなものと考えることは、ダーウィンがマルサスの読書から得た思考にとって基本的なものであった[90]」という所論に着眼してみたい。すると、明らかに、「ダーウィンはマルサスのほかにも、アダム・スミス（Smith, Adam, 1723–90）やその他の政治経済学[91]の著作を読んで着想を得ていた[92]」。ことに、ダーウィンがステュアート（Stewart, Dugald, 1753–1828）の『アダム・スミスの生涯と著作』（一七九三年）を手引きにして、『道徳感情論』を読み、「社交的な心的傾向や共感」を人間の社会的本能として把握しようとしていた点[93]や、人間の道徳能力を分析していく際にヒューム（Hume, David, 1711–76）の『人間知性の研究』が手掛かりとされていること[94]などはとうてい看過し難い。とはいえ、「ダーウィン＝マルサス連関」の強弱の度合いが至上基準であることには違いはないということになろう。[95]

ダーウィンは『人間の由来』の中で、『人口論』第六版から二ヶ所[96]を引証しつつ、「マルサスが指摘しているように、繁殖力は実際、文明人よりも未開人の方が低いと考えてよい」と論じ、『人口論』を「T・マルサス師による、たいへん貴重な著書」と称賛している。[97]また、その前段にある人口増加の極点を「どの一ヤード四方の空間にも四人の人間が立たねばならなくなるだろう[98]」と言い表しているのも「一ヤードごとに四人の人間が立つというほど[99]」という文言に酷似している。

たんなる賛辞や類似ばかりではない。ダーウィンが『人口論』から何よりも刺激を受け、その補整を試みたのは次の個所と目しえよう[100]。マルサス曰く、「社会の中流部分は、有徳で勤労である習慣にとって、またあらゆる種類の才能にとって最も有利であることが一般に知られている。しかしすべての人人が中流に属しえないことは明白である。上流部分と下層部分が道理上は絶対に必要であるし、また必要であるだけでなく、著しく有益でもある。もし何人も社会において栄達することを望みえず、あるいは転落する恐れがないならば、もし勤労がその報酬を、そして怠惰がその罰をもたらさないならば、今日の一般的繁栄の原動力をなしているわれわれの境遇改善への盛んな活動を目にすることは期待しえないであろう」、と。

このマルサスの中流階級肥大化論[101]の立言に接し、胸を熱くしたダーウィンは四二年六月の「スケッチ」の中に「最も強壮で最も熟練した勤労であるもの」の生存闘争における有利さを書き留めている[102]。さらに、『人間の由来』の結末では、「生存闘争は重要であったし、今でも重要であるが、人間の最も高度な性質に関する限りは、さらに重要な力が存在する。……道徳的性質は、直接的にせよ間接的にせよ、自然選択によってよりもずっと強く、習慣、理性の力、教育、宗教、その他の影響を通して向上するのである[103]」と論結している。ダーウィン研究者の側からは、こうした言説はダーウィンが「本の構成上、仕方なくこの問題に言及したという例外的な性格[104]」を色濃く帯びた個所と間間処理されている。しかし本論文集では、正反対にまさにここにこそ、地方の一ジェントルマンとしてヴィクトリア朝の社会経済事象に対して努めて沈黙を守り通してきた[105]ダーウィンの文明社会観が流露されていると想定する。要するに、まぎれもなく、ウイッグ主義者「ダーウィンはマルサス派ウイッグ党の理想を学んでいた」のであり、「マルサス流の眼鏡」を通して、「中流階級のマルサス主義者」の一員となってい

たと考えられるのである。(106)

第6章以降の諸章はマルサス人口論の一九世紀後半から二〇世紀にかけての受容と変容を扱っている。マルサスが『人口論』で最初に叙述し、ダーウィンが共感して進化論のなかに取り込んだ人口圧と生存競争の理論は、世紀末に向かうにつれて新しい経済発展と、そこから生じた都市問題、貧困問題、社会問題のなかでさまざまな社会進化の理論として受容されまた変容されていく。後半はその代表的な見解についての整理を試みるものである。

ダーウィンの『種の起源』は、生物の共通起源から種の形質の変化を進化ととらえている。生物は人口圧を受けながら自然選択を通じて環境に適応する有利な形質を継承するというのである。ダーウィンはこれをスペンサーの書から着想して適者生存の法則とした。この進化の法則はダーウィンにとって「創造主の法則」でもあった。ダーウィンは『人間の由来』で人間の進化について未開と文明を対比する。未開人は繁殖を抑制しないために人口は増加する。これにたいして文明人は家畜化されているから人口率が高まるものの、文明人は社会本能として道徳が進化するので、同感と内省の精神力が高まる。これがダーウィンの社会進化論の骨子である。ダーウィンは集団的な生存競争について不適者が生き残るという逆選択についても指摘していた。

スペンサーの場合、神の完全に対して人間は不完全であり、神の創造の目的は人間の最大幸福であるとする、神義論の立場からの神学的功利主義が見られるが、人口増加は文明の発展とされた。この文明の発展は人間の「固体化/個性化」を推し進め、共感能力を高めるのだが、その結果人口圧力が弱まる。スペンサーは不適者の苦難を「自然のしつけ」と考えていたのであるが、「文明のパラドックス」も自覚していたのである。

科学的自然主義を標榜するハクスリーも、文明のジレンマを自覚していた。『ロマニーズ講義』で宇宙過程が支配する自然状態に対して倫理過程が支配する社会状態では、スペンサーが見たのと同じように自己抑制を動かせられる個人化が進み、文明の進化が見られるという。さらに『プロレゴメナ』で指摘される、生存競争を緩和する園芸過程では、良心が発達し平和が実現すると考えられている。しかしここでは人口圧が減退するために、ふたたび生存競争への回帰が見られるという。これはスペンサーが指摘した「文明のパラドックス」と同様である。ハクスリーはこのパラドックスを回避するために、社会の利益のために個人の自由を制約する組織された政体を主張するのである。ここで社会の進化を論じる三人とも「文明のパラドック」に気がついていたことを指摘しておきたい。

世紀末になると、人口問題は都市への人口集中問題と、都市で発生する貧困問題・社会問題へとシフトする。都市問題とは、狭い生活空間、汚れた空気と不健康な食事、さらに運動不足の労働者とその失業であった。貴族のミース伯爵の場合、都市環境の改善のために公園や庭園、プレイランドの増設を推奨した。社会主義者の新聞であった『クラリオン』の場合は、悲観的なマルサスの貧困不可避論を批判し、土地の国有化、田園都市、農業の改善を提唱する。マルサスの貧困への処方箋である産児制限を掲げた新マルサス主義者の機関紙その名も『新マルサス主義者』は、労働者の身体悪化の政府報告に接して、改善を提唱する。それは遺伝の重要性を無視し、子供の生育環境の改善として産児制限とともに土地の流動化と土地課税の見直しを求めるものであった。

交通機関と分業の進展、食料輸入の増大による経済の新発展は、古典派経済学に人口法則と賃金基金説として鋳込まれたマルサスの「陰鬱な（dismal）」展望に見直しを迫るものであった。マーシャルが注目するのは、生殖（結婚）を制約し労働者の効率を維持する所得水準、すなわち平均賃金を確保できる労働者の増大である。『産業経済学』によれば、その水準にある労働者の数は「資本と知識」の増大により増加している。マーシャルによれば救貧法による院内・院外のいずれの救済も、活力ある中流の拡大を妨げるものであった。マーシャルは『経済学原理』のなかで人口を生産論の中に包摂し、人口数と生活必需品の相反を批判する。その第六編の国民所得の分配論では、マルサス的な人口圧力が作用する「生活水準」の量的拡張とともに、その水準を超える単なる消費財の消費水準としての「安楽水準」を定義し、これに希望・自由・変化という人間的な進歩の展望を与えている。産業の発達とともにロンドンの集積する人口は、衣料・住宅・光熱といった生活環境を整え、教育と運動を施すことで効率的な労働者に転換させられ、人口論も変質する。

社会進化論には、獲得された遺伝形質の継承を認める用不用説（ラマルク）と、獲得形質の継承を認めないヴァイスマン＝ゴールトンの優生学がある。前者はホブスン、ゲッディス、リチーの立場であり、積極的に社会改良を主張する。後者はゴールトン、ピアソン、キッド、ミルナーなどで、社会改良の国家介入を批判し、優等者の支配の意義を主張する。

ホブスンが一九世紀末の『貧困問題』で抉りだしたのは、チャールス・ブースの社会調査に基づく「被救済貧民（pauperism）」と「貧民（poverty）」という二種類の貧困者の存在とその社会改良であった。ホブスンは機械生産に基づく経済的動態のもとで生産と消費は不均衡となり、所得の不平等に基づき「不労な」社会的余剰が生み出されると、貧困の社会経済的構造を描き出した。この「貧民」は、機会の均等、所得の再分配が自治体や国家により公共政策として実施されれば、道徳的で知的な活力を蘇らせ、「生きるに値する生活」を取り戻す。これがホブスンの主唱した実践的社会主義という社会改良政策であった。そこでホブスンが一九〇〇年の『社会問題』で注目する人口問題は、肉体に精神が一体となった生理学の問題である。ホブスンは人口を量として扱ったマルサスを批判し、ラスキンの「生活なくして富はない」という考えを支持し、人間的価値に値する「人口の質」に注目する。

ホブスンはマーシャルと同じように資源制約（収穫逓減）から競争により賃金は生計費に平均化する作用を認め

ている一方で、生産力の増大、食料の輸入増加、農業の改善が進むと収穫逓増となり、人口は量的に増加すると見ていた。人口増加の視点はマーシャルと同じであるが、ホブスンには「生きるに値する生活」の拡大という審美的で理想的な観点がある。ホブスンにおいて「適者生存」とは、地域の特性に応じて「性格と生活」の改善された人口の増加である。マーシャル同様人口が集中する都市に注目するとき、ホブスンは都市における機械生産の産業的発展は農村における人間回復とアートおよびサイエンス発展の基盤であった。ここでホブスンの「被救済貧民」に対する対策は、自然のままに放置するのではなく、社会的・合理的な社会政策で救済されるべきものであった。

ホブスンの人口論は最晩年の『経済学と倫理』（一九二九年）で最適人口論に仕上がっている。ゲッデスと同じように両性の自由な結合を文明の力と見るホブスンは、マーシャル同様経済発展により生活水準が生存費用以上に高まっているとみる。ここでホブスンは、生存費用を「望まれている（desired）」水準とみて、「望ましい（desiable）」水準と区別する。ホブスンによれば余剰部分は、マーシャル同様、性格や環境、地域的特性に応じて人間的価値を実現する良質な人口の調整を可能とするファンドとなる。ホブスンはマーシャル同様、余剰の国民的再配分を通じた消費者＝市民の平均的な幸福の実現を目指す。この余剰を人口の本源的構成物である人間的価値の形成分と見るところにホブスンの独自性がある。ホブスンの最適人口論は、公共政策により機会均等がもたらされ、多様性のなかで精力・企画・先導力・協力が実行され、人間的価値を実現する適切な人口が形成されるというものであった。

ホブスン同様に、獲得形質は社会継承されるとみる社会改良の社会進化論者として、パトリック・ゲッデスがいる。実践的都市プランナーとなるゲッデスは、『性の進化』（一八八九年）で人口抑制策としてマルサスが採用した予防的防止策とダーウィンが提唱した自由放任を不十分とし、スペンサーの、種差増加に応じた「個性化（individuation）」進展という種の進化に賛同する。このゲッデスにおける個性化は、禁欲的な分別ある内省的な抑制力を発揮するものであった。これは男女両性の自由な結合から成り立つ家族の受胎調整能力を核としている。人口は生活空間のなかで適切に調整されるというわけである。ここで生存競争とは、外部の気候条件・食料・外部環境に適応する計画能力にほかならない。ゲッデスは、このような「種の進化」論に基づき『進化する諸都市』（一九一五年）において産業時代の「公民的共同体（civic communities）」を描き出す。それは周到な社会調査を前提とした公民的効率に満ちた田園都市計画のなかで、平和および繁栄として実現させられるものであった。その視点は、地域の個性化、すなわち地域資源の完全な利用によるその個性の発揮である。こうしてゲッデスは、都市をアートに接触する動態的な進化の空間として描き出す。博物館・図書館・大学といった公共的な施設は地域の特性を指標とし、生き生きした感情・思想・日々の考えが表出される、田園と都市の「公民再生（civic revivance）」の場であった。そのような共同体における人口は、空間のなかで適切に調整されることは言うまでもない。

ゲッデスとともに社会改良による社会進化の立場を堅持したもう一人は、デイビッド・リチーである。主著『ダーウィン主義と政治学』（一八九一年）は、社会進化を思想と制度からなる「政体（politics）の進化」として描き出している。リチーの整理によれば、スペンサーは差異化に基づく統合を指摘し、ゲッデスは同化と異化を論じ、コープは成長力に注目した。これらに対してリチーは、猿から人間に進化した最大の原因を「道徳力」の進化にみる。マルサス理論は、生存競争を経済学に応用して「満足すべき教義」に転換し、自由・平等・博愛を無視して社会の不平等を覆い隠すものであった。リチーが注目したのも、スペンサーの個性化の理論である。ダーウィンが道徳・習慣・知性・宗教を社会的本能に還元したのに対して、スペンサーは理神論を継承し、「善行（beneficent）」と「最適（fittest）」を区別し、経済競争のなかで極貧から抜け出す力として「自己確立（self-consistent)」を重視したからである。リチーは道徳心とともに重視したのは知性である。生存競争とは格闘と反省および模倣を通じた高度な人間精神の発揮である、それは芸術・宗教・科学・哲学といった、生きる美しい「力と高潔」であった。この点リチーはカントとヘーゲルから影響されている。そこでリチーが固体化の完成として指摘したのは、労働者の自由な団結、女性身分の向上、個体化による人口質の改善、植民地における女性の地位の向上であった。このようなホブスン、ゲッデス、リチーの社会改良の思想は、イギリスにおける福祉国家の形成に寄与するものであった。

二〇世紀に入ると人口問題は、帝国主義と移民問題として現れてくる。ボーア戦争におけるイギリス軍の苦戦は、国民的な体力の問題を浮上させる。

一九〇三年五月一五日のバーミンガム演説から関税改革運動に乗り出したジョゼフ・チェンバレンは、関税同盟によりイギリス本国と植民地が「帝国連合(Imperial Federation)」として一大帝国になることを訴えた。その主張は、個人の性格を強め、国家の性格を強化し、国旗に従うアングロ・サクソン種族の優位を海外に拡大するというものであった。これに批判的で自由を重視したホイッグの側も、精力・勤勉・節倹・慎慮・正直というプロテスタント的な「公共的な徳」を体現するシビック・ヒューマニズムを遠隔地での模範とし、海外で「主の徳」を海外に広める政策を承認していた。一八八六年に成立したアイルランド自治法の精神は、このような自由帝国主義の原型となるものであった。人口問題は、植民地との移民の流出入という人口動態のなかで考えられるテーマとなっていた。

一九〇四年に出された「身体的悪化に関する省庁間委員会」報告は、イギリス国民の「人口の質」に関する議論を巻き起こした。この報告書は、国民階層を優等と劣等の構成とみて優等種の尊重と劣等種の指導・排除を主張する「優生学（eugenics）」への関心を刺激した。特に注目されたのは都市労働者の破壊的な状態である。報告書はイギリス国民の身体的な悪化を防止する社会立法に弾みをつけ、一九〇六年の学校給食法、一九〇八年の児童法、一九一二年の精神障害者法といった社会立法を促す。慈善組織協会や救世軍の慈善活動もその対応であった。

このような国民的な強さを帝国拡大の帝国主義に結びつけたのは、ベンジャミン・キッドとアルフレッド・ミルナーであった。

キッドが『社会進化』（一八九四年）で強調したのは、西洋文明力を示す「法の作用」であった。これは西洋民族の優越を証拠立てるものであり、プロテスタントであるアングロ・サクソンもこの優等な民族に含まれる。キッドは、ヴァイスマンの獲得形質は遺伝しないという優生学を支持する。ハックスリーやブースが社会調査で抉りだした都市労働者の悲惨な状態を指摘するキッドは、国家介入を批判し優等なリーダーによる指導の必要性を強調する。またキッドは、「民族の自然的選択の法則」というヴァイスマンの民族種性優生学に賛同して、西洋文明の優越として帝国主義を正当化する。非文明人は「劣等な人種」であるから「優等な人種」である西洋文明人法により指導すべきであるというわけである。このキッドは、指導力の源泉が合理的本能ではなく、超越的な宗教的信仰にあると主張した。

ミルナーは、帝国の問題を貿易問題ではなく外国政策と位置付け、軍・植民地・帝国がユニオンジャックの旗のもとに一体的に統合することを提唱した。ミルナーにとって帝国の臣民は、ブリテン人の国民原理と同じように同じブリテンの王冠を頂くブリテン「帝国の家族（kinsmen）」であった。その教義は教会が説く愛国主義でもある。ミルナーもキッドと同じく優等種と劣等種の共同を認めず、白人中流の良い種性（stock）が帝国で劣等種を指導する新市民となることを期待した。

人口問題に絡み、このような優生思想を優生学および種族優生学として理論化したのは、フランシス・ゴルトンとカール・ピアソンであった。
ゴルトンは『天才論』とそれに続く公開講義のなかで優生学を確立する。ゴルトンの優生学は、獲得形質が遺伝しないこと、すなわち悪い遺伝子は良い遺伝子に転換しないことを前提とし、自由な結婚の結果優生種と劣等種の人口階層が中間層を挟んで統計的に正規分布に収斂することから証明される。この正規分布の偏奇として、遺伝的出現率が優等種に偏ると文明が進歩し、劣等種に偏ると文明が退行するとみる。そこで優等種の優遇と劣等種の排除が主張されることになる。弟子のピアソンもこの生物統計学による優生学を引き継ぎ、獲得形質は遺伝しないというヴァイスマンの見解に賛同し、劣等形質の排除を提案する。人間は遺伝と変異の事実で支配されているのであるから、より良い人間を残そうとするのは神の義務であるというわけである。ピアソンはこの生物統計学を国民的な人間の価値計測に応用し、計量的人類学として科学の名のもとに種族優生学を確立した。この種族優生学は帝国主義の植民地支配を擁護するものであった。

マルサス以後、マルサスの影響は海外にまでおよぶ。ドイツの社会主義者カウツキーもその一人であった。カウツキーは、マルクス主義に転じる前から、自然選択の進化を唱える自然史的なダーウィン主義と、マルサスから影響を受けたその生存競争という考えが唯物論的な歴史の見方に近く、これに共感していた。マルクス主義に転じてから、人口は資本の有機的構成の高度化から生じると分析するようになり、階級的な視点を欠くマルサスの人口法則は一旦批判された。しかし後年のカウツキーはダーウィンの生物進化における自然決定という観点を、歴史貫通的な社会進化の法則として受け入れる一方で、マルサスの人口法則を歴史事象の分析的枠組みとして利用している。カウツキーは、一九世紀末の経済発展を観察し、マルサス人口法則の食糧生産の限界という主張は、技術進歩により改善されたが、二〇世紀に入って目を農業国に向けると、食料価格の上昇が過剰人口を生み出し、これが工業国に移民として流入している、とマスサスの人口法則の部分的妥当性を見出している。また一八八〇年代から普及する避妊法による受胎調節は人口を抑制する新マルサス主義として普及していたが、カウツキーにおいて人口抑制による労働者の貧困対策として受容されるものであった。つまりカウツキーは歴史的な事象の分析にマルサスの人口法則の妥当性を発見しているのである。またカウツキーにおいてマルサス人口法則は、社会主義において過剰労働がないという証明にも援用されているのである。

ところで、マルサス人口論における変数は人口増加と食糧生産であった。マルサスの人口法則は、土地生産物である食糧生産を超える人口増加であり、この側面から人口過剰による貧困を予言した。この食糧生産の限界に起因する人口過剰という『人口論』の命題は、『経済学原理』および『人口論』の後版で変化する。すなわち『経済学原理』では有効需要の変化に応じた市場価格の変化が説明されている。この場合需要の意味がスミスの「需要の範囲」からマルサスでは「需要の強度」に変化していると整理できるとすれば、マルサスの予言は「有効需要不足に伴う過剰生産の予言」と置き替えることも可能になる。

マルサスの予言とは逆に一九世紀後半には農業における化学肥料・機械化・輪作といった技術改善と外国からの安価な農産物輸入により農産物価格は継続的に低下していた。農芸化学の祖とされるユストゥス・フォン・リービッヒや、アンモニアの抽出に成功するフリッツ・ハーバーなどの成功により、マルサス人口法則における「食糧問題」は解決したと思われた。とはいえ、マルサス人口法則の発展である有効需要の理論に目を向けると、農産物供給の過剰という「農業問題」は依然として解決されていなかった。マルサスの有効需要論は、その後の農産物需要の価格弾力性の分析や、農業問題に対処する数値的調査、農産物価格の変動における供給要因と需要要因の識別問題、さらには農産物価格の変動を新古典派理論に整合的に取り込もうとした合理的期待形成理論においてその影響をうかがうことが出来るのである。

以上、本著への道案内や、あるいはまた各章の概要紹介を長々と行ってきた。顧みれば、執筆の締め切りは二〇一八年九月末日であった。しかし共同論文集ゆえに、最後の入稿は二月中頃になってしまった。しかも編者の一人が定年退官を迎え、三月には長崎の地を離れてしまった。最終的には、別々での「序」の慌ただしい作成になってしまった。その不統一や不整合との非難は甘受しなければならないであろう。第1章から第5章までに関しては、田中育久男氏の支援を受けつつ、柳田が道標を示し、第6章以降については、姫野氏が見事な概観、骨子を提示されている。とはいえ、恨みも残ってしまった。紛れもなく、マルサスが造語した「愉楽の標準(standard of comfort)」がミル、マーシャルを経由して、いかにホブソンやA・C・ピグーに受け継がれていったのかの軌跡を巨細に解明したかったが、この点ではまだ判然としない粗描にとどまってしまました。関心のある読者は、とりあえずは、柳田芳伸『[増補版]マルサス勤労階級論の展開』(昭和堂、二〇〇五年、三五、二六〇～六四頁)、尾崎邦博「ホブスン帝国主義論における社会進化論的思考」(『経済学史研究』五四巻二号、二〇一三年、四〇頁註五)、柳田芳伸・諸泉俊介・近藤真司編『マルサス　ミル　マーシャル』(昭和堂、二〇一三年、序文)、およびマルサス学会編『マルサス人口論事典』(昭和堂、二〇一六年、一〇九～一一頁)等をご参照下さると幸いである。

注

(1) ボナァ(堀経夫・吉田秀夫訳)『マルサスと彼の業績』改造社、一九三〇年、四一六頁、また同訳書四三二頁も参照。
(2) 下中弥三郎編『人口大事典』平凡社、一九五七年、六五頁。
(3) S. M. Levin, "Malthus and the Idea of Progress", *Journal of the History of Ideas*, Vol. 27, No. 1, 1996, p. 102.

(4) エリザベス救貧法の概要は、小山路男『イギリス救貧法史論』日本評論新社、一九六二年、マルサスの救貧法論は、渡会勝義「マルサスの経済思想における貧困問題」『Study Series』No. 38. 一橋大学古典資料センター、一九九七年を参照。また、柳沢はマルサスの救貧法論の変遷をたどりながら、マルサスの救貧法論が公的救済の全面的な廃止ではなく、被救済権に基づく救貧法の廃止を企図していたと強調する。その上で、マルサスは、自身の救貧法論の先に、結婚を主体的に判断し、両親が子どもの扶養義務を果たす家族の形成を見据えていたことを指摘している〔柳沢哲哉「マルサス『人口論』における救貧法批判の論理」『マルサス学会年報』二四号、二〇一五年、一～三一頁〕。マルサスの家族観は、柳田芳伸「マルサス主義的結婚システム論の一展開――下層中流階級の家庭生活の分析を通して」柳田芳伸・諸泉俊介・近藤真司編著『マルサス ミル マーシャル――人間と富との経済思想』昭和堂、二〇一三年、四六～七五頁を参照。

(5) たとえば、ブロウグは、スピーナムランド制度がミッドランド地方やイングランド南部の農村地域が限定されていたこと、支給額は当時の農村の実質賃金よりも低く、結婚や出生を促進せず、一方では乳幼児死亡率を低下させたことなどを指摘し、救貧法が過剰人口をもたらしていないと結論づける。また、ディーンも、スピーナムランド制度を採用していないイングランド諸州や、スコットランドやアイルランドの人口よりも急速に増加した証拠がないことを指摘している〔柳田芳伸「マルサス理論と労働者」竹本洋編著『経済学の古典的世界』昭和堂、一九八六年、一八四頁、柳沢前掲論文、四頁を参照〕。

(6) 小山前掲書、一七四～八、二五四～五頁、大前朔朗『英国労働政策史序説』一九六一年、有斐閣、一八六～九三頁を参照。

(7) 大沢真理『イギリス社会政策史――救貧法と福祉国家』東京大学出版会、一九八六年を参照。また、一八一七年の下院救貧法特別委員会の報告に対するマルサスの思想的な影響は、渡会勝義「マルサス『人口論』の救貧法への影響――一八一七年下院救貧法特別委員会報告を中心に」『マルサス学会年報』八号、一九九八年、一三～三五頁が詳しい。

(8) J. Bonar, *Malthus and his works*, G. Allen & Unwin, 1924, pp. 305–5〔堀経夫・吉田秀夫『マルサスと彼の業績』改造社、一九三〇年、四一六頁〕。

(9) 諸泉俊介「J・S・ミルの救貧思想」柳田・諸泉・近藤編著前掲書、七九～一〇二頁を参照。

(10) 小山前掲書、二五四～六頁、安保則夫著／井野瀬久美恵・高田実編『イギリス労働者の貧困と救済――救貧法と工場法』明石書店、二〇〇五年、四七～六二頁を参照。

(11) ニコルズは「アイルランド救貧法はその起源からするとイングランド救貧法の一部かその副産物である。（中略）イングランド救貧法とアイルランド救貧法は同じ原則をもち、同じ目的をもっている。」として、両者の類似性を指摘する〔高神信一「イングランド新救貧法のアイルランドへの導入とG・ニコルズの調査報告書」『大阪産業大学経済論集』八巻二号、二〇〇七年、二七頁〕。アイルランド救貧法の成立後の状況は、斎藤英里「アイルランド大飢饉と歴史論争――「ミッチェル史観」の再評価をめぐって」『三田商学研究』四八巻五号、二〇〇五年、一一三～一二七頁、高神信一「アイルランド大飢饉、一八四五～五二年――文献史的エッセー」『大阪産業大学産業研究所所報』一八号、一九九五年、五三～七〇頁などを参照。

(12) 古家弘幸「古典派経済学とアイルランド大飢饉」勝田俊輔・高神信一編『アイルランド大飢饉――ジャガイモ・「ジェノサイド」・ジョンブル』刀水書房、二〇一六年、九一～一一九頁を参照。

(13) 石田好治「トマス・チャーマーズによる救貧思想の実践――グラスゴー、セント・ジョン教区における私的慈善の試み」『政策科学』一一巻二号、二〇〇四年、七八頁、伊藤文人「トマス・チャルマーズ――隣人愛による社会実験」室田保夫編著『人物でよむ西洋社会福祉のあゆみ』ミネルヴァ書房、二〇一三年、三一～七頁を参照。

(14) R. A. Cage, *The Scottish poor law, 1745–1845*, Scottish Academic Press, 1981, pp. 1-2. G. A. Mackay, *Practice of the Scottish poor law*, 1907, Reprint from Forgotten Books, 2018, pp. 1-8.

(15) T. R. Malthus, *An essay on the principle of population, or, A view of its past and present effects on human happiness: with an inquiry into our prospects respecting the future removal or mitigation of the evils which it occasions*. The Version Published in 1803, with the variora of 1806, 1807, 1817, 1826, ed. Patricia James, 2 vols., Cambridge University Press, 1989, II, p. 246〔吉田秀夫訳『各版対照人口論Ⅰ～Ⅳ』Ⅳ、春秋社、一九四八～四九年、二八三頁〕。

(16) G・ドナルドスン（飯島啓二訳）『スコットランド絶対王政の展開――十六・七世紀スコットランド政治社会史』未來社、一九七二年、三九八～九頁、W・ファルガスン（飯島啓二訳）『近代スコットランドの成立――十八～二十世紀スコットランド政治社会史』未來社、一九八七年、三〇二頁、T・C・スマウト（木村正俊監訳）『スコットランド国民の歴史』原書房、二〇一〇年、三九八～九頁を参照。

(17) その代表の一つとして、一八七〇年に発足した慈善組織協会（Charity Organization Society: COS）を挙げられる。COSは中央本部をもとに地区委員会を設置し、貧民の状態を個別に調査したり、友愛訪問と称して貧民との接触も図ったりした。彼らは貧困を「個人の問題」と捉え、援助の対象を「救済に値する貧民」に限定して救済した。これに対し、一八八〇年代には、貧困を「社会の問題」と捉え、慈善的な施与ではなく、社会改良の必要性を説いたセツルメントが登場する。バーネット（Burnett, Samuel, 1844−1913）は早世したデニソン（Denison, Edward, 1840−70）の取り組みを継承し、一八八四年、妻のヘンリエッタとともに、ロンドンに創設したトインビーホールを拠点に、貧民教育にもとづく社会改良に尽力した。また、一九世紀の末には、貧困の実態と原因を本格的に調査する動きも出てきた。ブース（Booth, Charles, 1840−1916）は、一八八六年から一九〇二年までの間、ロンドンで調査を行い、全人口の三〇・七％が「貧困線」以下で生活し、その原因が不規則労働、低賃金という「雇用の問題」にあると明らかにした。また、ヨーク市の実態を調査したロウントリー（Rowntree, Benjamin Seebohm, 1871−1954）も深刻な貧困状態であると示した〔山田美津子『社会福祉のあゆみ——欧米編』一橋出版、一九九九年、二一〜三頁〕。

(18) ウォルター・I・トラットナー（古川孝順訳）『アメリカ社会福祉の歴史——救貧法から福祉国家へ』川島書店、一九七八年、五〇頁。

(19) ユニテリアンの女性活動家であったディックス（Dix, Dorothea Lynde, 1802−87）は、監獄の日曜学校に教師として招かれた際、精神障害者への過酷な処遇に衝撃を受け、マサチューセッツ州などの精神障害者の実態を調査にのりだした。そして、これまでの精神障害者への治療の成果を根拠としながら、救貧院からの分離を主張した。その際、アメリカ政府に対し、精神障害者や身体障害者（聾唖者）のための施設を建設するために、国有地を州に払い下げることも要求した。その試みは、当時の大統領ピアース（Pierce, Franklin, 1804−69）により却下されたけれども、彼女の行動を契機に、州が主導となり、各地の救貧院での救済対象の分化が進み、やがて精神障害者の分離も促されていった〔一番ケ瀬康子『アメリカ社会福祉発達史』光生館、一九六三年、五四〜六一頁〕。

(20) アメリカでは一八七〇年代以降、慈善活動の組織化が促進した。まず、一八七七年、ニューヨーク州バッファローで慈善組織協会（ＣＯＳ）が設立された。同協会は、一八七〇年にイギリスで設立したものを模範とし、救済を求め、働くことを望む者への計画を提案した。具体的には、友愛訪問員による貧困者への助言指導や、職業紹介などによる自助能力の向上など、被救済者に自助精神を刺激することに主眼が置かれた。その活動はソーシャル・ケースワークやコミュニティ・オーガニゼーションなど後の社会事業技術の母胎となった。

その後、一八八〇年代の恐慌により労働者の団結の動きは活発化し、一八八六年にアメリカ労働総同盟（American Federation of Labor: AFL）が結成された。しかし、熟練工を主体としたため、不熟練労働者や移民との溝が深まり、スラム街が数多く生まれた。このスラム街を中心に、イギリス発のセツルメントが根づいた。セツルメントは、貧困の原因を個人ではなく、環境に求め、従来の慈善事業のような「上からの救済」ではなく、地域の労働者と平等な立場で社会を改善することを目的とした。とりわけ、ジェーン・アダムス（Addams, Jane, 1860–1935）らにより創立したハル・ハウスは、さまざまなクラブ活動を通じて人との結びつきを強め、のちのソーシャル・グループ・ワークの基盤を作った〔山田前掲書、九九〜一〇三頁〕。

(21) マサチューセッツ州の救貧政策を中心に取り上げた研究として、田中きく代『南北戦争期の政治文化と移民――エスニシティが語る政党再編成と救貧』明石書店、二〇〇〇年が挙げられる。田中は、マサチューセッツ州は福祉州として他州の模範となり、アメリカ合衆国における社会福祉の萌芽を示すだけでなく、一九世紀のアメリカ社会の変容や都市化、産業化、移民問題を知るための重要な州と位置づける〔田中同上書、二一八〜九頁〕。

(22) 八杉龍一『一生物学者の思索と遍歴』岩波書店、一九七三年、二五、二六〜七頁。

(23) ダーウィンの孫娘であるバーロウ（Barlow, Nora）編（八杉龍一・江上生夫訳）『ダーウィン自伝』筑摩書房、一九七二年、一〇八〜九頁〔またF・ダーウィン編（小泉丹訳）『チャールズ・ダーウキン――自叙伝宗教観及びその追憶』岩波書店、一九二七年、八二頁、ダーウィン編『ダーウィン自伝とその生活』興学会、一九二八年、八七頁、内山賢次訳『ダーウィン自叙傳』改造社、一九五〇年、八一頁も参照〕。ちなみに、ダーウィンの三男フランシス（Darwin, Francis, 1848–1925）によって編集された全三巻の『チャールズ・ダーウィンの生涯と書簡』（一八八七年）に盛り込まれた『自伝』のその後の変遷については、バーロウ同上訳書、i〜ii頁に詳しい。

(24) ダーウィン（八杉龍一訳）『種の起源』岩波書店、一九九〇年、上、八九〜九〇頁、また同訳書、上、一五頁も参照。

(25) その他、ダーウィンは三八年九月二八日付けでもって第三転成ノート（Dノート）に、「人口は二五年よりもはるかに短い時間で等比数列的に増加する。マルサスのある一津の文章ほど、人類の中に存在する大きな抑止を明白に認めたものはかつてなかった。」と書き留めているし〔ド・ビア（de Beer, Govir）（八杉貞雄訳）『ダーウィンの生涯』東京図書、一九七八年、八七〜八頁、グルーバー（Gruber, Howard E.）（江上生子・月沢美代子・山内隆明訳）『ダーウィンの人間論』講談社、一九七七年、一八二、三九三頁、また松永俊男『チャールズ・ダーウィンの生涯』朝日新聞出版、二〇〇九年、一五二頁も参照〕、四四年夏には試論「種の理論」の中で、『人口論』から引証している〔三輪洋子「ダーウィン自然選択説についての一考察――マルサス人口論との関係」『生物学史研究』四五号、一九八五年、一頁、および五頁注五〕。

(26) 武田時昌「加藤弘之の進化学事始」阪上孝編『変異するダーウィニズム』京都大学学術出版会、二〇〇三年、二八四～五、三〇〇頁。
(27) 春名展生『人口・資源・領土――近代日本の外交思想と国際政治学』千倉書房、二〇一五年、七、九頁。
(28) 松永俊男「日本におけるダーウィン理解の誤り」『現代思想』三七巻五号、青土社、二〇〇九年、四八～九頁。
(29) ミーク（Meek, Ronald Lindley）編（大島清・時永淑訳）『マルクス＝エンゲルス　マルサス批判』法政大学出版局、一九五九年、二三六頁。
(30) これ以前の「ロシアの社会思想家たちのマルサスに対する圧倒的に否定的な反応」〔トーデス（Todes, Daniel P.）（垂水雄二訳）『ロシアの博物学者たち――ダーウィン進化論と相互扶助論』工作舎、一九九二年、一四頁〕については、同訳書第二章を参照。
(31) ペ・ヴアレスカルン／ベ・トーキン共編（松本滋訳）『ダーウイン主義とマルクス主義――ダーウイン五十年祭紀念論文集』橘書店、一九三四年、八〇頁。
(32) 同上訳書、三一～二頁。
(33) プルナン（勝谷在登訳）『ダーウィン伝――生涯と学説』白揚社、一九三八年、一一八頁。
(34) 同上訳書、二四四～八頁。
(35) 八杉前掲書、一九頁。
(36) 同上書、二二頁。
(37) S. Herbert, "Darwin, Malthus, and Selection", *Journal of the History of Biology*, Vol. 4, No. 1, 1971, p. 209, また G. Himmelfarb, *Darwin and Darwinian Revolution*, London: Chatto & Windus, 1959, p. 134 も参照。
(38) P. James ed. *The Travel Diaries of T. R. Malthus*, London: Cambridge Uni. Press, 1966, p. 254.
(39) バーロウ前掲訳書、三二～三頁、並びにデズモンド（Desmond, Adrian）／ムーア（Moore, James）（渡辺政隆訳）『ダーウィン　一八〇九～一八二二』I、工作舎、一九九九年、四三～四頁。
(40) バーロウ同上訳書、三四頁、デズモンドほか同上訳書I、四九頁。
(41) デズモンドほか同上訳書I、四五頁、また同上訳書I、四〇頁も参照。
(42) 『マルサス学会年報』二三号、二〇一四年、九四頁。
(43) もっとも、ダーウィンがケンブリッジ大学のクライスツ・カレッジ在籍時（二七年一〇月に入学し卒業試験を三一年一月に受験、その年間生活費は約一〇〇ポンド）にペイリー（Paley, William, 1743–1805）の『道徳および政治哲学の原理』（一七八五年）や『キリスト教の証験』（一七九四年）を、なかでも『自然神学』（一八〇二年）を猛勉強した際、自ずとマルサス的原理を会得していったとの所説も提出されている〔ド・ビア前掲訳書、一三頁、横山利明『進化論の人文科学』宝文館、一九七九年、五九頁、シュウェーバー（Schweber, Silvan S.）（横山利明訳）『「種の起源」の起源を再訪して』新水社、一九九四年、九七頁、新井明「アングリカニズムとダーウィニズム」鎌井敏和・泉谷周三郎・寺中平治編著『イギリス思想の流れ――宗教・哲学・科学を中心として』北樹出版、一九九八年、一三八～九頁、レイチェルズ（Rachers, James）（古牧徳生・次田憲和訳）『ダーウィンと道徳的個体主義――人間はそんなにえらいのか』晃洋書房、二〇一〇年、一三一～四頁、および松永俊男前掲書、六六頁等〕。このうち、『道徳および政治哲学の原理』の人口論の大要については、橋本比登志「W・ペイリーの人口論と経済思想」久保芳和・真実一男・入江奬編『スミス、リカードウ、マルサス――その全体像理解のために』創元社、一九八九年や、大村照夫『ウィリアム・ペイリーの政治哲学』晃洋書房、一九九六年、第六章を参照。また『自然神学』の梗概（とくに第二六章の）に関しては、シュウェーバー同上訳書、九七頁や、あるいは松永俊男『ダーウィンの時代――科学と宗教』名古屋大学出版会、一九九六年、四七～五七頁が有用である。

(44) この著作の内容については、船木惠子「経済学史におけるハリエット・マーティノゥ『経済学例解』」『武蔵大学総合研究所紀要』一六号、二〇〇七年や、上宮正一郎「マーセットとマーティノー」永井義雄・柳田芳伸編『マルサス人口論の国際的展開』昭和堂、二〇一〇年、四八～七一頁を参照。また、マーティノーの略伝については、さしあたり、ポーキングホーン（Polkinghorn, Bette）／トムソン（Thomson, Dorothy Lampen）（櫻井毅監訳）『女性経済学者群像――アダム・スミスを継ぐ卓越した八人』御茶の水書房、二〇〇八年、第二章をみよ。

(45) さしあたり、ラークソ（Laakso, Seija-Ritta）（玉木俊明訳）『情報の世界史――外国との事業情報の伝達 1815–1875』知泉書館、二〇一四年を参照。

(46) デズモンドほか前掲訳書I、二一〇～一頁、P. I. Hale, *Political Descent*, Chicago: Univ. of Chicago Press, 2014, p. 46.

(47) ポーキングホーンほか前掲訳書、四九頁。

(48) マルサス学会編『マルサス人口論事典』昭和堂、二〇一六年、一三頁。

(49) 長谷川眞理子『ダーウィンの足跡を訪ねて』集英社、二〇〇六年、一四二頁。

(50)　デズモンドほか前掲訳書Ⅰ、一六八〜九、一七二、一七九、二〇九頁。
(51)　デズモンドほか同上訳書Ⅰ、二八九頁。
(52)　デズモンドほか同上訳書Ⅰ、一二八、三五〇頁や、エルドリッチ（Eldredge, Niles）（長谷川眞理子・長谷川寿一・相馬雅代訳）『ダーウィンと現代――「生命の樹」の発見』麗澤大学出版会、二〇一二年、五四頁を参照。
(53)　各土曜日に発行された『アシニーアム』誌は天文学会、植物学会、地理統計学会、気象学会、大英協会、および王立協会などを含んだイングランドの科学学会の総合誌で、ダーウィンは三八年六月にライエル（Lyell, Charles, 1797－1875）の計らいでロンドンの知識層から成るアシニーアムクラブの会員となった〔シュウェーバー前掲訳書、一五一頁注一一六、デズモンドほか前掲訳書Ⅰ、三三六〜七頁、Ⅱ、七二三頁〕。なお、同誌は後年に至り辛辣な反ダーウィニズム論を収録してもいる〔デズモンドほか前掲訳書Ⅱ、九一〇頁〕。
(54)　グルーバー前掲訳書、二七八頁、シュウェーバー同上訳書、八一、九五頁。
(55)　デズモンドほか前掲訳書Ⅰ、二六九〜七〇頁、Ⅱ、九二九〜三〇頁や、デズモンド／ムーア（矢野真千子・野下祥子訳）『ダーウィンが信じた道――進化論に隠されたメッセージ』ＮＨＫ出版、二〇〇九年、二〇九〜一〇頁。
(56)　デズモンドほか『ダーウィン』Ⅰ、二七〇頁。
(57)　デズモンドほか同上訳書Ⅰ、三三一頁。
(58)　長谷川前掲書、一四二〜四頁や、松永『チャールズ・ダーウィンの生涯』一五八〜六〇頁。
(59)　とくに、ケトレー（平貞蔵・山村喬訳）『人間に就いて』上、岩波書店、一九三九年、四六、二五三〜九頁に散見される要諦部。ちなみに、一八四〇年に『人間論』を英訳、公刊したのはノックス（Knox, Robert, 1791－1862）で、後にスコットランドの科学的人種主義の父となった解剖学者である〔デズモンドほか『ダーウィンが信じた道』七六〜八頁〕。
(60)　シュウェーバー前掲訳書、七〜八、八八〜九二頁。
(61)　グルーバー前掲訳書、二〇四頁。
(62)　ここに、二九歳のダーウィンは晴れて三〇歳のエマとの結婚証明書を授与され、父からの祝い金や義父からの持参金を合算して、少なくとも年収一五〇〇ポンドの見通しを立てえた。新夫婦は三八年の年末にユーストン駅にほど近いアッパー・ガウアー・ストリート一二番地にあるテラスハウス（家賃は年一〇〇ポンド）へと転居した〔デズモンドほか『ダーウィン』Ⅰ、三六〇頁、松永『チャールズ・ダーウィンの生涯』一六二〜五頁）。いうなれば、ダーウィンは「マルサス主義的結婚システム」の下に予防的妨げを実践してみせたのである（『マルサス人口論事典』二三一頁）。

(63) マクファーレン（Macfarlane, Alan）（北本正章訳）『再生産の歴史人類学――一三〇〇〜一八四〇年英国の恋愛・結婚・家族戦略』勁草書房、一九九九年、二〜六頁、松永『チャールズ・ダーウィンの生涯』一六〇〜一頁。および内井忽七『ダーウィンの思想――人間と動物のあいだ』岩波書店、二〇〇九年、四四〜八頁。

(64) 松永俊男編『ダーウィンの世界』日本学術協力財団、二〇一一年、九三頁。

(65) シュウェーバー前掲訳書、九五、九九。一〇二頁。

(66) トーデス前掲訳書、一四、四三、六一、八九頁、また同訳書、三〇頁も参照。

(67) シュウェーバー前掲訳書、一一一頁。

(68) エルドリッチ前掲訳書、一三九頁。

(69) ボウラー（Bowler, Peter, J.）（松永俊男訳）『ダーウィン革命の神話』朝日新聞社、一九九二年、一三〜五、三八〜九、二七九〜八〇頁、デズモンドほか『ダーウィン』Ⅰ、一〇〜一頁、Ⅱ、一〇三八〜四二頁、小川眞里子『蘇るダーウィン――進化論という物語り』岩波書店、二〇〇三年、一二四〜四七、一八一〜七頁、『現代思想』三七巻五号、二九二〜五頁、および松永編『ダーウィンの世界』八八〜九一頁等。

(70) 「科学史におけるダーウィン産業は、総合学説の普及が頂点に達していた一九六〇年代に確立した」（ボウラー前掲訳書、一八〇頁）と提示されている。それは、「『種の起源』出版一〇〇年、ダーウィン生誕一五〇年となる一九五八年を契機に、研究の基礎となるきわめて多くの一次資料が広く活用の場に供されてきたという」事情を反映していて、とりわけペッカム（Peckham, Morse）が編じた集注版（variorum）『種の起源』（一九五九年）は白眉である（小川前掲書、一八二〜三頁）。ちなみに、わが国でも丘英通編『ダーウィン進化論百年記念論集』日本学術振興会、一九六〇年が上梓されている。

(71) ほんの一例をあげるなら、カザミアン（Cazamian, Louis）（石田憲次・臼田昭訳）『イギリスの社会小説』研究社、一九五八年、松岡光治編『ギッシングを通して見る後期ヴィクトリア朝の社会と文化――生誕百五十年記念』溪水社、二〇〇七年、B. A. Hilton, *Mad, Bad, and Dangerous People?: England 1783–1846*, Oxford: Clarendon Press, 2008, 松岡光治編『ギャスケルで読むヴィクトリア朝前半の社会と文化――生誕二百年記念』溪水社、二〇一〇年、および田中孝信・要田圭治・原田範行編著『セクシュアリティとヴィクトリア朝文化』彩流社、二〇一六年等。
(72) ボウラー前掲訳書、三八頁、また松永編『ダーウィンの世界』八五頁も参照。
(73) 「一八三八年一〇月にマルサスの『人口論』を読んで自然選択説の骨子が完成したという」〔小川前掲書、二二五頁注四二〕通説は既述のフランシス編『チャールズ・ダーウィンの生涯と書簡』に立脚してきた〔ボウラー前掲訳書、三八頁〕。こうした「フランシス的な描写」〔同上訳書、三五頁〕は今日では、一方では「フランシス・ダーウィンが父の材料をいろいろ操作した疑い」〔シュウェーバー前掲訳書、一六八頁〕をかけられ、他方では限定つきながらも「その価値を失っていない」と評されてもいる〔小川同上書、一八四頁〕。
(74) グルーバー前掲訳書、一七頁。
(75) ダーウィン研究者においても、『人口論』の諸版間における異同は見過ごされてはいない。わけても、初版と第二版との違いには一定の関心が払われてきている〔トーデス前掲訳書、三三〜四頁や、小川前掲書、二三五頁注一八、二四五頁注五を参照〕。
(76) 八杉前掲書、二二頁。
(77) 八杉竜一『進化学序論――歴史と方法』岩波書店、一九六五年、六五頁や、江上生子『ダーウィン』清水書院、一九八一年、一三七〜九頁も参照。
(78) 八杉『進化学序論』九七〜一〇八頁。
(79) リモージュ（横山利明訳）『ダーウィンのノート』宝文館出版、一九八六年、八五頁。
(80) シュウェーバー前掲訳書、七三頁。
(81) 八杉『進化学序論』一〇八〜二〇頁。
(82) 南亮三郎『人口理論』千倉書房、一九六四年、二九〇、二九四〜八頁。
(83) 『マルサス人口論事典』九二〜四頁。
(84) S. M. Levin, "Malthus' conception of the checks to population," *Human Biology*, Vol. 10, No. 2, 1938, pp. 227-8.
(85) 『各版対照人口論』I、一〇頁。
(86) 同上訳書II、三一〜二頁。
(87) ド・ビア前掲訳書、一二頁。

(88) 南亮三郎『人口学総論』千倉書房、一九六〇年、一八七頁。

(89) リモージュ前掲訳書、八七頁、またトーデス前掲訳書、一三頁も参照。なお「自然の経済」というマルサスの用法については、さしあたり拙著『マルサス人口論の源泉』解説、ユーリカ・プレス、二〇〇六年、一四頁註四九を参照。

(90) ギーズリン（Ghiselin, Michael）／ルーズ（Ruse, M.）／キャノン（Cannon, Walter）／オスポヴァット（Ospovat, Dov）（横山利明訳）『ダーウィン論詞花集』新水社、一九九七年、一〇三頁。

(91) スコットランド啓蒙思想家の関連事項がダーウィン・ノートに基づいて、一覧表に整頓されている〔横山利明「チャールズ・ダーウィンに及ぼしたスコットランド学派の影響」『東邦大学教養紀要』二六号、一九九四年、一一五〜八頁〕。そこには、ヒューム、スミス、マルサス、ケトレをはじめ夥多の名が列挙されていて、ダーウィンが愛読していた『エディンバラ評論』誌の創刊に関わったF・ホーナー、F・ジェフリー、S・スミス（Smith, Sydney, 1771–1845）らの評伝が目を引く。とりわけ、「ダーウィンの姻族である改革派ウイッグ党議員」〔デズモンドほか『ダーウィンが信じた道』五五頁〕であったマッキントッシュ（Mackintosh, James, 1765–1832）の『倫理哲学進歩論』（一八三〇年）がダーウィンにどのような陰影を落としているかの吟味が待たれる〔横山同上論文、一〇八〜九頁〕。

(92) ボウラー前掲訳書、五三頁、また渡辺正雄編著『ダーウィンと進化論』共立出版、一九八四年、九五〜六頁も参照。

(93) とくに、シュウェーバー前掲訳書、第五節を参照、また八杉龍一編『ダーウィン』平凡社、一九七七年、一五三〜九頁、江上前掲書、一六八〜七〇頁、日本科学哲学会編／横山輝雄責任編集『ダーウィンと進化論の哲学』勁草書房、二〇一一年、八八〜九頁、高哲男「一九世紀後半イギリスにおけるニュー・リベラズムの台頭とダーウィンの道徳進化論――H・スペンサー、T・ハクスリー、D・G・リッチーを手掛かりに」『エコノミクス（九州産業大学）』一六巻四号、二〇一二年、一〇七〜三四頁、高哲男『アダム・スミス――競争と共感、そして自由な社会へ』講談社、二〇一七年、第六章、ジェイムズ（James, Scott M.）（児玉聡訳）『進化倫理学入門』名古屋大学出版会、二〇一八年、およびワイズ（Wise, Sarah）（栗原泉訳）『塗りつぶされた町――ヴィクトリア期英国のスラムに生きる』紀伊國屋書店、二〇一八年、三一七〜八頁等が有益。

(94) 内井前掲書、五三〜六頁、またジェイムズ同上訳書、一六七〜九八頁。

(95) ジェイムズ同上訳書、三四頁。

(96) 『各版対照人口論』Ⅰ、一二一〜三頁、Ⅱ、二九四〜五頁。

(97) ダーウィン（長谷川眞理子訳）『人間の進化と性淘汰』Ⅰ、文一総合出版、一九九九年、一一八頁、並びに同頁注五一。

(98) 同上訳書Ⅰ、一一八頁。

(99) マルサス（小林時三郎訳）『経済学原理』上、岩波書店、一九六八年、三三五頁。

(100) この文意の追究については、八木紀一郎「マルサスと進化的経済学――自利心・習慣・社会構造」『熊本学園大学経済論集』四巻三・四号、一九九八年、および拙著『[増補版]マルサス勤労階級論の展開――近代イングランドの社会・経済の分析を通して』昭和堂、二〇〇五年、序論、一～四章、七～一〇章等を参照。なお、「存在の連鎖」という観点からは、「楽天主義者は……生存闘争が至る所で行われる自然という、ほとんどダーウィン的またはマルサス的な像を（観念の当然な混同によって）描くに至った」と片付けられている〔ラヴジョイ（Lovejoy, Arthur O.）（内藤健二訳）『存在の大いなる連鎖』晶文社、一九七五年、二三一頁〕。

(101) 周知のように、ダーウィンは文明国における、諸徳目、慎慮的抑制、および良い教育を身につけた「企業家と専門家からなる勤労である中流階級」〔デズモンドほか『ダーウィン』Ⅰ、三七九頁〕に並々ならぬ期待を寄せ、これを人間進化の要因とみなしていた〔デズモンドほか『ダーウィン』Ⅰ、六四、九〇～六、一四六～五九頁、Ⅱ、四五二～五、四六〇～一頁〕。総じて、ダーウィンは「リベラルな中流階級の価値観に忠実に即して」いたと称しえよう〔ハワード（Howad, Jonathan）（山根正気・小河原誠訳）『ダーウィン――進化理論の確立者』未来社、一九九一年、一三六頁〕。

(102) 前掲『現代思想』一九五頁。

(103) デズモンドほか『ダーウィン』Ⅱ、四六一頁。

(104) 渡辺前掲書、一一六頁、またトーデス前掲訳書、二八～九頁。

(105) 例えば、ダーウィンは産児調節の社会化をめぐるブラドロー・ベザント裁判（一八七六年六月）で弁護側からの召喚依頼を受けたけれども、この出廷を拒否している〔デズモンドほか『ダーウィン』Ⅱ、八九〇～一頁〕。ちなみに、後年に熱烈なダーウィン主義者となったフォーセット（Fawcett, Henry, 1833-84）も貧民の人口抑制に賛同していたにもかかわらず、被告側からの証人要請にやはり応じなかった〔佐藤共子「婦人医学生と新マルサス主義――一八七八年に起った事件」『一橋論叢』七五巻六号、一九七六年、六四七～八頁、また柳田ほか編著『マルサス　ミル　マーシャル』一六五～七頁も参照〕。

(106) デズモンドほか『ダーウィン』Ⅰ、二九一、三九〇頁、Ⅱ、六五頁。

第Ⅰ部

一九世紀前半のマルサス救貧法論の展開

アイルランド飢餓の様子

レイ・タナヒル（小野村正敏訳）『食物と歴史』1980年、335頁

第1章　マルサスにおける家族と救貧法

柳沢哲哉

第1節　はじめに

マルサスは『人口論』初版（一七九八年）から救貧法の廃止を主張し続け、『人口論』第二版（一八〇三年）から漸次的廃止計画を打ち出した。通説に従えばマルサスは救貧法廃止論者の代表ということになる(1)。しかし、第二版から多子家族への児童手当を推奨するなど、後述する「核家族の危機」から家族を保護する目的を持つ救貧手当を支持していた。そうした手当は理想的な家族の形成を促進するという積極的な役割も持っていたと考えられる。あるべき家族の姿とあるべき救貧法は切り離せない。にもかかわらず、救貧法廃止論者と位置づけられてきたために、マルサスの家族論と救貧法論との関連は必ずしも明らかにされてこなかったと思われる。『危機』から『人口論』後続版への家族像の発展を追いながら、救貧法論との関連を明らかにするのが本章の目的である。

予備的な考察として、次節ではこの時代の家族に関連する知見を三点ほど取り上げておきたい。それらはマルサスの家族像を理解するうえで、見通しを良くしてくれるであろう。第3節ではマルサスの家族像の原型とも言える『危機』草稿の叙述を検討する。その後の著作で議論される多くの論点の萌芽を確認することができるだろう。第4節では『人口論』初版の予防的妨げを検討する。第5節では『人口論』後続版における家族像を背景に救貧法論を検討する。

第2節　マルサスの時代の家族

一八世紀後半から一九世紀前半のイングランドの家族について、ここではマルサスの家族の捉え方の先駆性を指摘する法制史や歴史人類学等の三つの知見を取り上げたい。いずれも相互に関連し、重なり合う知見であるが、議論を錯綜させないために並列的に取り上げることにする。

(1)　家族責任

ゴドウィンはユートピアにおける家族の廃止を主張した。マルサスは子供の扶養コストを両親ではなく、社会が負担するユートピアでは過剰人口が避けられなくなると批判した。その際、子供の扶養義務を両親が負うことを「自然法」と表現した。マルサスの「自然法」という表現には注意が必要であるが、扶養義務をきわめて自然なものと見ていたのは間違いない。現代の目から見ても、子供の扶養という家族責任は自然なもののように見える。しかし、その歴史は比較的新しい。マルサスの時代は家族責任の観念が確立していく時代であった。例えば経済史家のドーントンは、一八世紀の終わりから一九世紀にかけては、高賃金の経済の是非といった論点よりも、むしろ家族責任の方が継続的な論点になっていたと述べている(2)。救貧法に着目して一八世紀末から一八三四年新救貧法にかけての家族責任を研究した川田は、「家族責任の自覚こそ独立労働者の道徳的資格であって、そのような独立労働者の形成のために救貧法を廃止すべきことを唱えたのが、かの『人口論』の著者ロバート・マルサスであった」とその先駆的役割を強調している[3]。親に扶養能力がない場合に子供を親から分離してワークハウス等に収容することは、一八世紀には当然のことと見なされていた。これは家族責任の観念が普及していないことの証左でもある。ところが、家族責任の高揚が謳われるようになった一八一八年の児童の収容に関する法案審議では、ワークハウスにおける家族の分断は強い反対を受けるようになる。さらに一八二四年賃金調査委員会報告書では「貧民家族のそうした家族責任の自覚を当然のこととして、これをいかに救貧法の保護から切り離すかに関心が向けられた[4]」。これは家族責任が定着したことを示す事例と言える。

家族責任は児童労働の否定とも結びついていたことにも注意する必要がある。児童労働を家計の貴重な収入源と見なし、家族を児童労働力養成の場とする考え方が当時は有力であった。マルサスはこうした考え方を退けた論者でもある。収入と費用という観点について言えば、「独自のイギリス的な精神的気質を持っていたマルサスは、基本的に、子どもを費用がかかる存在と見ていた[5]」。『人口論』初版でピット救貧法を批判しているが、それは人口増加肯定論に対する批判にとどまるものではなく、その前提である児童労働を収入源とする見解への批判も含意していたのである。

(2)　ドメスティック・イデオロギーと家族賃金

家族を養うために男性が外で働き、女性は家庭の中で育児や夫のための憩いの場を作るべきとするドメスティック・イデオロギーは、性別役割分業を合理化するイデオロギーである。ホールによれば、それは一八世紀末のクラパムセクトによるマナーや道徳改良運動を契機として福音主義全体に広まった。もともと新興ブルジョアジーの家庭に向けて開始された改良運動であったが、一方では、反ジャコバン主義という追い風や、T・ギズボーンやハンナ・モアなどの著作によって、他方では、開放耕地の消滅や家内工業の衰退が原因で、主婦が家庭内において収入の獲得に貢献する機会が縮小したことから、ドメスティック・イデオロギーは普及し一九世紀半ばになると労働者階級にまで浸透したという[6]。

家族責任とドメスティック・イデオロギーは、男性労働者の賃金によって家族を扶養できなければならないとする家族賃金の要求と必然的に結びつくであろう。原によれば、家族賃金の観念は一九世紀に初めて成立するのであり、「理論としても政策としても、男子労働者の最低賃金が妻の扶養費を含むという観念は一八世紀を通じてなかった」。一八三四年救貧法改正委員会報告書の参考意見においても「週あたりの賃金が二〇シリングにも上る」から、男性労働者が家族全員を養うというのは不合理な考え方であるという見解が支配的であった[7]。家族賃金の主張は次第に賃金引き上げ要求の目標として掲げられるようになる。『人口論』では女性を育児の主体と見なしているものの、女性の労働を家計を支える収入源の一つとして、その変動要因まで考察している。ところが、救貧法の廃止によって親の扶養責任が果たされるようになると、家族賃金が実現しうるかのように語っている箇所が確かに存在する。そうした点に着目してヴァレンツェは「養育者としての母と一家の働き手としての父の分化した役割を描いている点で、『人口論』は領域分離（separate spheres）に関する一九世紀的見解を最も明確かつ最も早期に解説したものの一つである」と論じた[8]。中産階級像を労働者階級に投影したために、非現実的な想定を抱いたとする限りでは、ヴァレンツェの論評は妥当なものと言ってよいだろう。ただし、家族賃金の想定やドメスティック・イデオロギーの普及については、より詳しい検討が必要であるので後述する。

（3）　マルサス主義的結婚システム

歴史人類学者マクファーレンは結婚パターンとイングランドの急速な経済成長との関係に着目した。イングランドの結婚パターンは、結婚相手の選択を当事者個人の自由な選択に任せるという独特なものである。[9] それは家系維持を目的とする調整婚（arranged marriage）や、結婚相手や結婚時期に関する規範に拘束された結婚システムと対立する。その起源は中世にまで遡れるが、マルサスが描いた結婚のあるべき姿と多くの特徴が合致するので、マクファーレンはマルサス主義的結婚システムと名付けた。[10] 結婚を個人の選択に委ねるマルサス主義的結婚システムは、ロマン主義的結婚というイデオロギーと結びつきながら、「男たちと女たちの双方がおこなう費用効果分析の結果下されるひとつの選択」により結婚年齢を変動させることで、経済状況に適合的な人口調整メカニズムとして機能する。マルサス主義的結婚システムは資本主義の成立を促し、逆に資本主義経済に適合的な結婚システムとして普及した。「マルサスは、彼が唱道する結婚システムと家族システムは、今日なら市場資本主義と呼ぶであろうようなシステムの当然の結果であるとも述べている。……特異な経済システムと政治システムの、家族の次元での特質であった」[11]。結果的にマルサス主義的結婚システムは、晩婚あるいは非婚を通じて低出生率と低死亡率をもたらしたのである。

第3節　家族論の原像と核家族の危機

マルサスの家族像を理解するためには、断片しか残されていないが、『人口論』に先立って書かれた『危機』草稿を無視するわけにはいかない。ワークハウスを批判する文脈で書かれているから、貧民階級の牧歌的生活を過度に美化している点を割り引く必要はあるだろう。しかし、家族およびそれを補完する救貧法についての最初の叙述であると同時に、その後の議論の多くを含んでいる。

自立できそうな人々の心を惑わすほど依存的状況を快適にしようと念願することは決して許されないけれども、しかし自立能力を完全に欠く人々を扶養することは社会の義務であるがゆえに、かかる場合の扶助が受給者にとってきわめて快適になるような仕方で給付されるのが確かに望ましい。これまで人並みに育て上げてきた四、五人の子供を遺されて未亡人となった勤勉な女性ならば、この一家をワークハウスに収容した場合にかかるであろう経費よりもずっと少ない金額を喜んで受け取るであろう。……国家に対してかなり奉仕をしてきたであろう老人たちの場合、働き盛りをすぎるやいなや住み慣れた村・小屋を捨てて、友人・子供・孫の許を去り、そして見知らぬ他人の間の喧騒と不安との中で余生の夕べを送りかつ愛情の対象者たち全員から切り離された孤独な臨終を待つといった生活を余儀なくされるとすれば、それはきわめて苛酷な事態であろう。／どれほど質素でもわが家に優る場所はないとの諺があるが、この種の感情を貧者は確かに強力に持っている。……貧者を現世に繋ぎ留めうるものは、わが家の炉端での一家団欒の夕べと、働きしだいで自分たちの愛情の対象の暮らしを楽にしてやれるのだという自覚の二つのみである。

（『危機』pp. xxxvi–xxxvii, 三六八頁）

愛着を紐帯として家族が成立していること、そして家族への愛着が勤労意欲の源泉になっていることも確認できるだろう。理想的な家族であっても高齢により労働不可能者となる可能性、あるいは未亡人となり自立不可能者となる可能性が常にある。そういったケースは公的に救済されるべきと考えていたのである。これはマルサスの救貧法論の原型と言ってもよい。ここで語られている救貧法に関わる要点を整理しておこう。㈠自立不可能者と可能者の区分。高齢者や自らの収入だけでは子供の扶養が出来ない未亡人は自立不可能な者と見なされている。㈡自立不可能者への院外救済。自立不可能者への救済は「社会の義務」であり、院外救済によって実行される。

るべきと見ている。㈢劣等処遇の原則。ここでの「自立できそうな人々」が何を意味しているかは必ずしもはっきりしないが、「依存的状況を快適にしようと念願することはけっして許されない」という表現は後の劣等処遇原則に連なると言えるだろう。㈣ワークハウス批判。批判の理由には経済的効率性が低いこともあげられているが、何よりも家族の分断に大きな問題点を見出していた。一八三四年新救貧法との異同について言えば、最初の三点が共通点で、最後の一点が相違点と整理できる。

救済されるべき対象について、「核家族の危機(nuclear family hardship)」という観点から補足しておこう。核家族の危機とは世帯が自立不可能化する事態を意味する。リチャード・スミスの議論に従って整理すれば、㈠孤児、㈡生活苦に苦しむ多子家族、㈢老齢、虚弱、病弱による労働不可能化、㈣寡婦の四つに分けられる。孤児を除く三つについては、マルサスもまた危機として認識していたことになる。[12]よく知られているように、イングランドでは早くから核家族化が進行していたから、これらの危機に際して血縁や地縁によって対処することはできず、工業化のはるか以前から、救貧法をはじめとする何らかの対応が必要であった。エリザベス救貧法自体が核家族の危機への対応の一つという性格を有する。そのために、一種のレトリックではあるが、救貧法改正期に現行救貧法を批判する論者たちが、しばしばエリザベス救貧法への回帰を主張することになった。核家族の危機に対して行政的な対応が必要であるという限りでは、マルサスもまたこの伝統の中にいる。

第4節　『人口論』初版における家族

初版にも核家族の危機についていくつかの言及がある。しかし、その行政的な対応としては、州立ワークハウスの提言の中で労働不可能者の収容についてわずかに触れているだけで、院外救済を全面的に否定している。マルサスを救貧法廃止論の代表とする従来の見解は、初版には確かに妥当する。しかし、ピット救貧法案批判の熱気の中で執筆されたという事情が、初版に特異な性格を与えていることを考慮する必要がある。ピット法案が議会に上程されたのは一七九六年であるが、マルサスの証言によれば上程後もしばらくは救貧法案を支持していた(『初版』p. 134, 八九頁)。したがって、初版は法案批判に転じてから、ほどなくして執筆されたことになる。ピット法案のうち、とりわけ問題にしたのは、三人以上の子ども一人あたりに付き週一シリングの手当を支給するという条項であった。そうした手当が有害無益であることを説明するために、農村が窮乏化した理由をマルサスはすでに実行されている手当に求めた。スピーナムランド制度と総称される賃金補助的性格の強い院外救済——一七九六年にウィリアム・ヤング法によって追認された——は、食料を増加させずに人口増加を刺激したというのである。

『危機』で語られた農村の牧歌的風景は『人口論』初版で姿を消す。代わりに描かれているのは、不十分な栄養に起因する子どもたちの発育の遅れと死亡率の高さである。「ペザントの息子と娘たちが、物語で描かれているようなバラ色の天使と認められることは、実人生においてはないであろう」(『初版』p. 73, 五六頁)。食料不足に苦しむ窮乏の農村の様子は『人口論』の一般的なイメージであると言えるだろう。しかし、初版の貧民像は特異なものと見た方がよい。第二版以降、イングランドにおける窮乏にあえぐ貧民像、さらには院外救済がもたらす弊害の認識は次第に修正されていく。[13]

初版の特異な性格を示すものとして、州立ワークハウス設立の提言も挙げることができるだろう。[14] 家族を分断するという理由から『危機』ではワークハウスを批判したが、初版でも既存のワークハウス内での食料の消費がワークハウス外における「勤勉で価値がある人たちの分け前を減らす」(『初版』p. 84, 六二頁)、という理由から否定的に扱っている。『人口論』後続版でもワークハウスは批判の対象でしかない。[15] にもかかわらず、初版では

「貧民の幸福を増大させる」計画として新たな州立ワークハウスを提言した。その理由は、セツルメント条件を緩和することで労働移動を容易にするというだけでなく、おそらくピット法案の院外救済への対抗を意識していたからであろう。それゆえ、初版以後、ピット法案批判が不要になるとともに、州立ワークハウスの提言も『人口論』から外される運命にあったと言えよう。

このように初版特有の見解もあるが、『危機』で描かれた愛着を紐帯とする家族はゴドウィン批判と救貧法批判の中でより詳細に論じられていく。ゴドウィンの『政治的正義』によれば、ロマンティックな心情にもとづく結婚も一人の女性を占有し続けようとする「最悪の独占」にほかならない（『政治的正義』p. 508, 九三頁）。結婚制度が廃止されても害悪は生じず、単なる性欲にもとづく乱交に陥るのではなく、より高尚な満足をもたらす知的な交渉が自由に行われるようになる。私有財産があるから個人の利害と社会の利害に矛盾が生じるが、私有財産のないユートピアにおける個人は最初から社会化されており、個人と社会の対立はない。

人口や家族に関する見解にゴドウィンの立場がよく表れている。ユートピアでも社会的に望ましい人口水準があり、何らかの人口増加の妨げが必要であることをゴドウィンも否定しない。「人間社会の本性（the nature of human society）の中には一つの原理があって、……あらゆることはその水準に向かい、最も幸運な方法で進むように思われる」（『政治的正義』p.516, 九九頁）。人口問題も「社会の本性」によって自然と解決されるというのである。しかし、そのメカニズムについての説明はない。愛着という紐帯は男女間を束縛するだけでなく、不平等な育児の負担を母親に負わせている。これに対してユートピアでは、不平等な負担も他人によって喜んで分担されると想定されている。育児についても個人と社会は調和しているのである。家族の機能はいわば社会の中に溶け込んでしまう。

マルサスはこうした家族の扱いを全面的に否定し、ゴドウィンの説く原理の不在を問題にした。「唯一の問題は、この原理がいかなるものかということである。それは不可解な神秘的な原因なのか。それは、一定の時期に男性を性的不能にし、女性を不妊にする天のある神秘的な干渉であるのか」（『初版』p. 193，一一九頁）。マルサスにとって家族は個人と社会を媒介する不可欠の存在である。文明社会における人口調整は、家族を持つことと持たないこととの比較考量から実行される予防的妨げによって主に行われる。[16] ゴドウィンに対抗して、愛着を紐帯とする家族の形成・維持を高く評価する。『人口論』における家族は、人口調節の機能を担い、子どもの教育も含めた人口再生産の場であり、労働や貯蓄のインセンティブを与えるなど、多くの役割を果たす。それでは家族と関係の深い予防的妨げを中心に見ていきたい。

最初に確認しておくべきは、予防的妨げの位置づけである。上述した窮乏にあえぐ農村の描写から、下層階級の間で主に作用していたのは積極的妨げであるかのような印象を受けやすい。しかし、その描写は積極的妨げが優位であることを意味するものではない。都会における積極的妨げの存在は以前から知られていたものの、農村における存在はほとんど知られておらず、死亡表における幼児死亡率の高さから推測されるだけで、その作用の大きさを正確に把握するのが困難であると述べている（『初版』p. 72，五六頁）。農村の描写は積極的妨げの状況証拠にすぎない。予防的妨げの作用が弱いと見ていたのは、むしろその必要性が少ない上流階級の方である。「この種の予防的妨げは下層にいくほど重要性を増す対象」なのである。初版の構成において、積極的妨げより前に予防的妨げを論じたのは、説明が不要なほど予防的妨げの存在を自明なものと見ていたからである。「予防的妨げは、イングランドの全社会階層にわたってある程度（in some degree）作用していると思われる」（『初版』p. 63，五〇頁）[17]。

マルサスは家族を扶養する困難の予見からヨーロッパでは予防的妨げが普及しているとして、イングランドをその典型例として取り上げたのである。結婚の延期を「一種の不幸」（『初版』p. 89，六五頁）と表現しているから、結婚それ自体を幸福と見なしていたことになる。この幸福の増大と、結婚による生活水準の低下という「放棄しなければならない想像上の快楽」(『初版』p. 63, 五〇頁)との比較考量によって、予防的妨げが、すなわち結婚の抑制が決定されると考えている。この比較考量はいわば短期的な幸福の大きさの比較である。これが全階層に共通する予防的妨げの決定要因である。労働者階級の場合には、さらに結婚から予想される長期的な帰結が重要な判断要素に含まれてくる。このような結婚という便益とそれによる費用との比較考量は、マルサス主義的結婚システムの重要な柱である。各階層における予防的妨げの説明は、初版から最終版までほぼ同一のまま繰り返されていくから、基本的な考え方に変更はない。マクファーレンをはじめとして多くの論者によって引用されてきた箇所ではあるが、労働者階級の予防的妨げの内容を確認しておこう。

一日一八ペンスを稼ぎ、独身者としてある程度安楽に暮らしている労働者は、一人でやっと足りるに過ぎないと思われるだけのわずかな収入を、四、五人の間で分けるとなると、その前には少しはためらうであろう。彼は、愛する婦人とともに生活するのだから、より貧しい生活やより多くの労働も甘んじて受け入れるだろう。しかし、少し考えてみれば、多くの家族を持って何らかの不幸におそわれた場合、どんなに倹約しても、どんなに体を酷使しても、子供を餓死させ、自らも独立できなくなり、家族の扶養を教区に頼らざるをえなくなるという、引き裂かれるような感情(rending sensation)から逃れられなくなることに気づく。独立を愛する気持ちを胸中から奪われたいなどと誰も望みはしない。しかしながら、イングランドの教区法は、この感情を次第に弱めるのに最も適した制度で、ついにはそれを完全に根絶させるかもしれないと認めない訳にはいかない。(『初版』pp. 67–8, 五二～三頁)[18]

文明社会に共通する労働者の家族形成のあり方がここには凝縮されている。要点を整理しておこう。㈠家族を形成するためには、自らの生活水準の低下と労働の増大を受け入れる。なぜならば家族を形成することで、それを埋め合わせるだけの幸福の増大があると判断するからである。㈡「何らかの不幸におそわれた場合」、すなわち核家族の危機への懸念が予防的妨げの決定的な要因である。初版でも家族の危機に注意を払っているが、自らの貯蓄による対応を示唆するにとどまっている。別の箇所では、危機の懸念が結婚後の貯蓄行動にも影響を与えると論じている。「自分の死あるいは疾病の際に……家族が餓死するか、あてにならない施しの世話になるしかないと理解していれば、自分の稼ぎを浪費することをためらうかもしれない」(『初版』p. 88. 六四頁)。㈢独立心が維持されている。家族の独立を喪失した際に抱く感情を「引き裂かれるような感情」と表現していることから分かるように、独立心はきわめて強いとマルサスは考えている。別の箇所では、救貧法によって奪われつつあるが、「イングランドにとって幸いなことに、独立の精神はまだペザントリーの間に残っている」(『初版』p. 84. 六二頁)と述べている。㈣救貧法がなければ、労働者階級は慎慮にもとづいて、このような結婚抑制行動をとっているはずだと考えていた。以上四点に整理できる。

第5節 『人口論』後続版における家族

(1) 情念の発展

一般に『人口論』第二版の主要な変更点として道徳的抑制の導入が指摘される。本章にとって重要なのは、道徳的抑制そのものよりも、道徳的抑制の導入に伴って情念の範囲を拡張させた点にある。(19) 初版では人口原理を導出するために両性間の情念の不変性が強調された。この情念はほぼ性欲と言い換えることができる。初版にも情念よりも広範な意味を持つ「友愛によって高められた有徳な愛（virtuous love, exalted by friendship）」（『初版』p. 213, 一三〇頁）という表現があるが、第二版の情念はそれよりも包括的である。道徳的抑制を扱った第四編第一章は「人間精神の形成と進歩」（『後続版』vol. 2, p. 94, 五三九頁）という枠組みの中で議論が展開されていく。それは低次元の情念から高次元の情念への進歩を論じた章と見ることもできる。[20]

マルサスは情念をあらゆる快楽、苦痛、幸福、窮乏、徳、これらに共通する要素（materials）とする。情念は社会によって確定しているものでも、先天的に確定しているものでもない。欲望が容易に満たされる「南方の国々」では「情念は単なる動物的欲望」（『後続版』vol. 2, p. 92, 五三六頁）に留まってしまう。文明が進歩することで人口圧が高まり、容易に欲望充足ができなくなる。その場合は、理性により情念を統御して、欲望を満たすまでの耐忍期間が必要となる。[21] 耐忍期間中に独身者は「節制、勤勉および節約の習慣」という徳性を身につける（『後続版』vol. 2, p. 97, 五四二頁）。耐忍期間があることで両性間の情念はその対象を拡張させ、夫婦間の愛情、親子間の愛情、住環境、生活の安定など、家族の形成・維持に関する事柄全般を包括するように働くようになる。情念の対象の拡張は幸福の源泉の拡張でもある。

> 両性間の情念は、その直接的な満足を考えるときにのみ、人間の行為に作用し、影響すると仮定するのは非常に大きな誤りである。……この情念の満足の期待と、そこから生まれる子供の扶養とに強く結びつかないものは多くないと考えたい。夕食、暖かい住居、そして快適な一家団欒も、それらを分かち合うべき愛情の対象について考えてはいけないとすれば、その興味の半分を失うであろう。（『後続版』vol. 2, p. 91, 五三五頁）

両性間の情念をそのあらゆる方向と関係の中で考察し、またそれから生じる親子の親愛の情を含めれば、それが人間の幸福の主たる要素の一つであることを否定しようとする人はほとんどいないであろう。(『後続版』vol. 2, p. 92, 五三六頁)

情念がこのように発展した社会では、子どもの扶養それ自体が幸福の源泉となっている。もはや家族は単なる人口の再生産の場にとどまるものではない。個人と社会を媒介する家族の役割が真に発揮されるようになるのは、子どもの嗜好や性格形成においてである。自らの道徳的振る舞い、あるいは逆の悪行が子どもに影響するのを自覚した親は、教育を付与する役割まで果たすはずだとマルサスは考えている。

天啓のこのような伝承について知ることは、どれほど道徳的努力を奮い立たせ、活気づけるのに役立つであろうか。この確信をもって進もうとする時、子供に良い教育を授けて、この世における子供の将来の地位に備えようとする両親の努力は、いかに熱烈で間断のないことであろうか。(『後続版』vol. 2, p. 144, 五九一頁)

ここには理想的な中流階級の姿が投影されていると言わねばならないだろう。初版から最終版まで、上層と下層は絶対に必要で「全ての人々が中流に属しえないことは明白である」と述べている(『後続版』vol. 2, p. 194, 六四四頁)。しかし、後続版では、ヨーロッパ諸国で中流階級の占める割合に違いがあることから、その比率の増大を極めて楽観的に展望するようになる。クリアされるべき条件はいくつかあるにせよ、確かに「マルサスは、ひとたび循環プロセスが始まれば、それが持続し、すべての人の利益になると信じていた」のである。[22]

もし下層階級の人々が、現在のように窮乏と死亡率を増大させることなく、労働供給を定常的ないしは逓減的でさえある需要に比例させる習慣を獲得したならば、最近きわめて急速に進展している人間労働の短縮過程が、将来のある時期には究極的に現在よりも小さな個人的努力でもっとも豊かな社会のすべての必要を満たしうるであろうし……過酷な労役に雇用される人々の数を減少させるであろうという希望を我々は抱くことができよう。社会の最下層がこのように減少し、中流階級が増加すれば、労働者は勤勉と努力によってより高い地位へと上昇しうるという一層合理的な希望を満たせるであろう。勤勉と徳の報酬は数量的に増加し、人間社会の富くじは、空くじが減って、賞金が多くなるように思われる。そして社会の幸福の総計は明らかに増大するであろう。(『後続版』vol. 2, pp. 194–5, 六四四頁)

このような中流階級増加の展望は、『人口論』から一般にイメージされているものとかけ離れているかもしれない。しかし、救貧法の漸次的廃止計画を論じた章には、家族賃金を前提としているかのような叙述さえも確かに存在する。

妻子の扶養が男性のみに依存していることを彼が自覚しているならば、妻子を遺棄するほど残忍な男が一〇人も生きているとはほとんど信じられない。(『後続版』vol. 2, p. 142, 五八九頁)

文字どおりに受け止めればヴァレンツェの言うように家族賃金を前提としていたことになる。中流階級化の楽観的な展望と合わせて考えれば、必ずしも荒唐無稽な想定とは言えないにせよ、ある程度、割り引いて受け止める必要がある。引用箇所の直前で「自然の法則 (the laws of nature)」により、子供は両親の保護に完全に委ねられ、母親は夫の保護に「もっぱら（almost）」委ねられると書いている。したがって、夫のみで家族の生活が成り立つという厳密な意味での家族賃金を前提としていたというよりも、主要な収入の担い手である夫が妻子を放棄すれば、妻子の生活が成り立たなくなるという意味で解釈すべきであろう。

親の扶養義務について「自然の法則」という表現が用いられているので、自然法思想との関係について補足しておこう。自然現象についてマルサスはしばしば「自然の法則」という表現を用いたが、社会的な関係について明示的に「自然法」と表現したのは、夫婦と親子の家族関係についてだけだと思われる。マルサス自身がそれらを自然なものと見なしていたのは間違いないし、自然法という表現を用いている以上、自然法思想と無縁ではないのも明らかである。救貧法は自然の法則に逆らうものであるから、捨子の救済をすべきでないとマルサスは主張する。遺棄された子供にとって理不尽としか言いようのない主張を正当化するために、神の十戒を引き合いに出して「この世の道徳的支配に当たっては、父親の罪が子供に報いることが明らかに必要と思われる」と論じた（『後続版』vol. 2. p. 144. 五九一頁）。こうした論法を見る限り、自然法思想の影響と解釈して問題がないように思われる。[23] しかし、マルサスの「自然の法則」という用法には注意が必要である。

この時代は家族責任の観念が確立していく時代であり、扶養義務を否定するゴドウィンの存在もあった。さらに、救貧法により捨子が教区によって救済されるために、家族責任の観念が崩壊する懸念もあった。マルサスにとって家族は単に自然なものとして済ませるわけにはいかない、その責任の正当化を必要とする存在であった。それゆえ、ゴドウィンを批判する際に、親の扶養義務を廃止すれば、人口原理の作用で人口増加が抑制できなくなるという理由を用いて、扶養義務を伴う結婚制度を正当化する必要があった。帰結による制度や行為の正当化は功利主義の立論であり、後続版でも貫徹している。「自然の衝動は抽象的には善と見なされ、ただその結果によって区別されるべきものであるから、これらの結果を厳重に注意し、それらに応じてわれわれの行為を調節することは、われわれの主要な義務と考えなければならない」(『後続版』vol. 2, p. 93, 五三七頁)。

初版では、私生児出生の罪を女性だけがもっぱら負わされることを「自然的正義の蹂躙である」と表現している。しかし、帰結が悪を防ぐのであれば、その起源が自然に反した習慣や制度であっても、「自然なものに見える」(『初版』p. 203, 一二三頁)という立場をとった。自然という言葉を用いているが、制度や習慣の功利主義による基礎づけと言ってよいだろう。救貧法廃止を主張する後続版の議論の中にも徹底した功利主義を見出すことができる。マルサスは遺棄された子どもを救済しないことを救貧法廃止の核心と見ている。遺棄された子供にとって理不尽な事態を次のように正当化する。

児童(infant)は、他のものと比較するならば、社会にとって価値がない[第三版から「ほとんどない」に変更]。……その主たる価値は、それが人間性におけるもっとも喜ばしい情念の一つ、すなわち親の愛情の対象であるという点にある。しかしこの価値が、それを感じうる唯一の人によって顧みられないとしても、社会はその代わりを務めることを要求されてはいないし、子供の扶養義務のある人たちの遺棄ないしは虐待という罪を罰する以外には、子供の保護に立ち入る必要はない。(『後続版』vol. 2, p. 141, 五八八頁)

子どもを児童労働の源泉と見ていないマルサスにとって、子どもは親の幸福の源泉という存在意義しかない。それゆえ遺棄された子供は社会的な価値を持たない。だから、捨子を犠牲にしても社会的な幸福に影響しないというのだ。これは功利主義の恐るべき適用と言わざるをえないだろう。このようなロジックを持ってしてでも、現行救貧法の廃止を根拠付ける必要があると考えていたのである。

（2）　家族と救貧法

予防的妨げの検討で明らかにしたように、不測の事態の想定が結婚を抑制する主要な要因であった。初版でも後続版でも自らの貯蓄による家族の危機への対応が想定されている。独身時代に「すべての夫婦が不測の事態に備えて一定額を準備している」ならば、「すべての赤貧が社会から除去されるか、あるいは、いかなる慎重さも先見性をもってしても備えることのできない不幸に陥る人々はせいぜいごく少数に限定される」と述べている（『後続版』vol. 2, p. 97, 五四二頁）。ただし、仮に少数ではあっても、マルサスがそうした不幸を放置しようとしていたわけではない。第二版で提言された多子家族への児童手当は救済策の一つである。初版では語られることがなかったが、『危機』で主張していた核家族の危機への対応の復活である。

マルサスは子どもを扶養する見込みが持てるまで、具体的には六人（三版から、「五または六人」に変更）の子どもが養える見込みがなければ、結婚を控えるべきだと主張している。しかし、「人は結婚すれば何人の子供を持つか分からない」から、それ以上の子どもには児童手当を支給すべきと主張したのである。

……現実の労働価格では援助を受けずに妻と六人［第三版から「五人または六人」に変更］の子供を養っていける見込みが無い時には、結婚を控えるという慎慮の習慣が彼らの間に広く普及することをわれわれは仮定しなければならない。……／人は結婚すれば何人の子供を持つか分からないし、多くの人は六人以上持つので、この程度の慎慮では必ずしも役に立たないと言われるかもしれない。それは正しいし、その場合にはこの数を越える子供に全て一定の手当を与えても、何ら害悪が生ずるとは思わない。しかし、この手当の目的は大家族を持ったことに対して褒賞を与えることではなく、当然予想すべきであったとするには無理であるような困窮から彼を救済することなのである。（『後続版』vol. 2, p. 195, 六四五頁）

多子家族は予想できない事態であるから、児童手当は「どの点から見ても結婚に対する刺激物としては作用しないであろう」と考えていた。マルサスが懸念していたのは、救貧法廃止論が過度に推し進められて、公的救済の全廃論が支持されることであった。

> これらの問題に関する一般的原理は、常に念頭に置いておく必要があるが、しかしこれを過度に推し進めるべきではない。また現在の困窮の救済から生ずる善が、遠い将来の結果から生じる恐れのある悪を埋め合わせて余りある場合が多いということは、すでに述べたところである。／怠惰で不用意な習慣に起因するのではない困窮への救済は、いかなるものも明らかにこの部類に属している。一般的には次のように言うことができるだろう。貧民がどんな行動をとっても、安心して頼れてしまう組織的で確実な救済方法だけが一般的原理と抵触してしまうのである。（『後続版』vol. 2, p. 189, 六三九頁）

理想の家族であっても核家族の危機に陥ることは避けられない。「怠惰で不用意な習慣に起因するのではない困窮」は救済すべき対象である。救貧法廃止の主張も、廃止により「庶民の幸福の集計量」が増大するという功利主義に立脚したものであり、初版から最終版まで同じ文言が繰り返されている（『初版』p. 94, 六七頁。『後続版』vol. 1, p. 361, 四二〇頁）。同様に児童手当も功利主義にもとづいた提言であった。救貧法廃止も児童手当の提言も整合的なものであり、その意味で第二版で基本的な見解の変更があったというわけではない。『ウィットブレッド宛書簡』（一八〇七年）では、「高齢者と自分ではどうすることもできない人たち、および通常の慎慮で避けられない不幸に遭遇した人たち」にも手当を支払うように主張し、そのような救済が行われれば「善が害悪を凌駕すると言っても差し支えないだろう」（『書簡』pp. 14-5, 二一七頁）と述べている。[24] さらに言えば、『食料高価論』

（一八〇〇年）では凶作時の院外救済を提言し、『人口論』第五版（一八一七年）から不況時の公共事業による失業対策も提言した。このように、マルサスが救済すべきとした「怠惰で不用意な習慣に起因するのではない困窮」の範囲は広い。核家族の危機をおおよそカバーしていると言えるだろう。『書簡』では手当の効果を次のように述べている。

結婚している誰もが勤労と善行によって自立を保てるという正当かつ合理的な希望を抱くことができるのである。（『書簡』p. 15, 二一七頁）

家族責任を果たそうとしている独身者にとって、結婚行動を抑制する最大の要因は不測の事態に対する懸念であった。それゆえ、家族の危機に際して公的な救済が与えられるということは、そうした懸念を払拭して家族形成を促すように機能するはずである。

児童手当に関して、手当の対象となるのは子どもの扶養見込みを持てるようになって結婚した家族のみで、それ以外の者については「全ての教区扶助が拒絶されるべき」（『後続版』vol. 2, p. 141, 五八八頁）と明言している。児童手当以外の救済に関しての救済範囲を明示していないが、おそらくこれに準じたものを想定していたはずだ。独身者を度外視するならば、家族責任を果たせる家族だけが核家族の危機から保護される家族ということになる。マルサスがこれらの救貧政策を提言したのは、保護される家族とそうでない家族を区分することで、家族責任を果たす家族の形成を促す狙いがあったと言えるだろう。

第6節　むすび

救貧政策に関する叙述は『人口論』初版と後続版とで大きく異なっているが、『危機』で描かれた家族像は初版から後続版へと貫かれている。家族は個人と社会を媒介する役割を担っている。家族は、第一に予防的妨げを作動させて人口を調節する役割によって、第二に嗜好や性格形成、教育を授ける役割によって、個人と社会を媒介する。これに対応して、家族責任は二つの観点から正当化されていると言ってよいだろう。人口原理を用いた家族制度の正当化が消極的な家族の説明であるとすれば、情念が発展した社会における幸福の源泉としての結婚制度の正当化は積極的な家族の説明である。情念が発展した社会では子供の扶養は幸福の源泉となっているから、もはや義務とする必要もない。救貧法の漸次的廃止計画章でマルサスが「自然の法則」を引き合いに出して扶養義務を論じたのは、救貧法により希薄化されかねない家族責任の観念を厳格なものとして提示する狙いがあったと考えられる。

マルサスは法律や慣習に従って婚姻を規制することを批判し、たとえ家族を扶養できる見込みがない場合でさえも婚姻の自由は守られるべきであると主張した。マルサス主義的結婚システムを本来の人口調整メカニズムとして機能させることがマルサスの願望であった。そのシステムが機能すれば、中流階級化が進行するであろうという楽観的な展望を抱いていた。家族形成の障害となる核家族の危機から家族を保護しさえすれば、合理的な希望のもとで家族責任を果たす家族の形成が促されるとマルサスは期待していたのである。

注

(1) 通説が広まった背景には、マルサス自身が「救貧法の廃止」という表現を不用意に用いていたために、救貧法批判の論理が明確にされてこなかったという事情がある。詳細は拙稿「マルサス『人口論』における救貧法批判の論理」『マルサス学会年報』二四号、二〇一五年を参照されたい。

(2) M. J. Daunton, *Progress and Poverty: An Economic and Social History of Britain, 1700–1850*, Oxfotd U.P., 1995, p. 455.

(3) 川田昇『イギリス親権法史――救貧法政策の展開を軸にして』一粒社、一九九七年、五七、五九頁。

(4) 川田同上書、一〇五頁。

(5) A. Macfarlane, *Marriage and Love in England: Modes of Reproduction 1300–1840*, Blackwell, 1986, p. 67［北本正章訳『再生産の歴史人類学――一三〇〇～一八四〇年英国の恋愛・結婚・家族戦略』勁草書房、一九九九年、七八頁］.

(6) C. Hall, "The Early Formation of Victorian Domestic Ideology", S. Burman ed., *Fit Work for Women*, Oxford U.P., 1979. 原剛『一九世紀末英国における労働者階級の生活状態』勁草書房、一九八八年、二三一頁も参照されたい。

(7) 原同上書、二三一、二三九頁。

(8) D. Valenze, *The First Industrial Woman*, Oxford U. P., 1995, p. 137.

(9) Macfarlane, *op. cit.*, p. 122, 一四四頁。

(10) マルサス主義的結婚システムについては、柳田芳伸「マルサス主義的結婚システム論の一展開――下層中流階級の家庭生活の分析を通して」柳田芳伸他編著『マルサス　ミル　マーシャル――人間と富との経済思想』昭和堂、二〇一三年、中澤信彦「一八世紀中葉～一九世紀初頭のイングランド社会の結婚パターンとその思想史的意義――ハードウィック結婚法をめぐるバークとマルサスの見解を手がかりにして」(『経済論叢』一九一巻一号、京都大学経済学会、二〇一七年) も参照されたい。

(11) Macfarlane, *op. cit.*, pp. 323–4, 三九三頁。

(12) リチャード・スミスもマルサスの一般的なイメージを覆す『危機』のこの叙述に着目している。R. Smith, "Fertility and family system in England. 1541–1871", in *Population and Development Review*, vol. 7, no. 7, 1981, pp. 606–11［鬼頭宏訳「出生力・経済・家族形成」斎藤修編著『家族と人口の歴史社会学――ケンブリッジ・グループの成果』リブロポート、一九八八年、一五八～六七頁］.「地域の共同基金によってこの原則を維持しようとする辛抱づよい努力は、一六〇〇年から一八五〇年にわたって週払いの救貧費と週給の間に見られた関係のなかに体現されていたと言える。概括するとこの期間全体にわたって、受給者への支払額は平均賃金のおよそ三〇%であった」(ibid., p. 610, 一六六頁)。

(13) イングランドの農村の貧しさに関する類似した表現が後続版にないわけではない。「私はノルウェーの下働きの息子や農家の少年が、イングランドの同年齢で似たような境遇の少年よりも太って大きく、足のふくらはぎが発達していることに気づいていた」(『後続版』vol. 1, p. 153, 一九〇頁)。

(14) 「極度に貧困に陥っている者に対しては、州のワークハウスを設立するのが良い。それは、王国全土で地方税によって維持され、どの州の人でも、さらに全ての国民が無料で入れる。ただし、食事は粗末で働けるものは働かなければならない。そこはひどい困難の中から逃れる居心地のいい避難所ではなく、苛酷な困窮がいくらか緩和される場所にすぎないと見なされるのが望ましい。」(『初版』pp. 97-8, 六九頁)

(15) 後続版では、狭い場所に押し込められることで熱病が発生し、幼児死亡率を高めていると批判している(『後続版』vol. 1, p. 253, 二七六頁。p. 298, 三五四頁。p. 358, 四一七頁。p. 363, 四二三頁)。

(16) ボナーの見解は示唆的である。「家庭生活が彼の心を掴んだために、主要な目的を孤立した単位の個人的な幸福とする考え方を越えて、本当の単位は一つの集団[=国家]であることを示した。アリストテレス同様に、マルサスにとっての国家は家族の総体であった」(J. Bonar, *Malthus and His Work*, Macmillan, 1924, pp. 346-7 [堀経夫・吉田秀夫訳『マルサスと彼の業績』改造社、一九三〇年、四七四～五頁])。

(17) 第二版から「かなりの程度」へと表現が代わる。「わが国の社会をざっと見渡しただけでも、全階層にわたって、人口に対する予防的妨げがかなりの程度(in a considerable degree)、普及していることを確信せざるを得ない」(『後続版』vol. 1, p. 250, 二七三頁)。

(18) ヴァレンツェはここに家族賃金を読み込んでいるが、厳密な家族賃金とまでは言えないであろう。この点は後述する。

(19) 道徳的抑制の概念は第二版からの導入であるが、理性による情念の制御という発想は初版から存在する。ただし、道徳的抑制が人口に影響を与えるほど人間の理性はまだ発展してはいないと考えていた(『初版』p. 216, 一三一頁)。拙稿「道徳的抑制」マルサス学会編『マルサス人口論事典』昭和堂、二〇一六年も参照されたい。

(20) 後続版第四編第一章は、神学的議論こそ希薄になっているが、初版の神学章(一八、一九章)に多くの点で対応している。

マルサスの情念の扱いについては、岩澤美帆「マルサス人口論における結婚制度（大会報告ノート）」『人口学研究』二三号、一九九八年も参照されたい。

（21）ヴァレンツェは『人口論』の中で女性が男性に選ばれる受動的な存在であると指摘する（Valenze, *op. cit.*, p. 135）。マルサスは現実の結婚行動をそのように描いたが、結婚の真の自由が女性に与えられれば、女性は受動的存在ではなくなると想定している。「その不自由が男性にとっていかに耐えきれないものであっても、それは女性にはすぐに喜んで支持されるであろう。もし女性が本当に自信をもって二八歳か三十歳［五版から「二七歳か二八歳」に変更］で結婚できると期待しうるならば、この問題が彼女らの自由な選択に任された場合には、二五歳で大家族のあらゆる雑事にかかわるよりも、明らかにこの時期を選ぶと私は確信する」（『後続版』vol. 2, p. 99, 五四四頁）。

（22）Macfarlane, *op. cit.*, p. 15, 一八頁。

（23）マルサスはベンサムのように功利主義を自覚的に徹底化させようとした論者ではない。しかし、不徹底ではあるがやはり功利主義の陣営に位置付けるべきであるし、神学的功利主義という従来の位置づけは妥当なものである。この点については拙稿「マルサスの功利主義」仙台経済学研究会編『経済学の座標軸』社会評論社、二〇一六年を参照されたい。これに対して大村は功利主義ではなく自然法思想の陣営にマルサスを位置づけようとする（大村照夫『ウィリアム・ペイリーの政治哲学』晃洋書房、一九九六年、第八章）。自然法思想によるマルサス解釈をカトリック的解釈として、メイヒューがマルサス解釈の変遷を考察している（R. J. Mayhew, The publicaition bomb: the birth of modern environmentalism and the editing of Malthus's Essay, Mayhew ed. *New Perspectives on Malthus*, Cambridge U.P., 2016, ch. 9）。

（24）ウィットブレッドとマルサスとの関係については、田中育久男「救貧法改革におけるウィットブレッドとマルサスの交流」柳田芳伸・山﨑好裕編『マルサス書簡のなかの知的交流——未邦訳史料と思索の軌跡』昭和堂、二〇一六年、も参照されたい。

文献

ゴドウィンとマルサスの著作

Priestley, F. E. L. ed., *Enquiry Concerning Political Justice by William Godwin*, vol. II, The Univetsity of Toronto Press, 1946

〔白井厚訳『政治的正義（財産論）』陽樹社、一九七三年。『政治的正義』と表記〕.
Crisis, Otter's Memoirs Annexed to Malthus's *Principle of Political Economy*, 1820〔橋本比登志訳「危機」同著『マルサス研究序説——親子書簡・初版『人口論』を中心として』嵯峨野書院、一九八七年。『危機』と表記〕.
An Essay on the Principle of Population, 1st ed., 1798〔永井義雄訳『人口論』中公文庫、一九七三年。『初版』と表記〕.
An Essay on the Principle of Population, Patricia James ed., 2 vols〔南亮三郎監訳『マルサス人口の原理［第6版］』中央大学出版部、一九八五年。『後続版』と表記〕.
A Letter to Samuel Whitbread Esq. M. P.: on his proposed bill for the amendment of the poor laws, 1807, Wrigley and Souden eds., *The Works of Thomas Robert Malthus*, vol. 4th, Pickering, 1986〔田中育久男訳「マルサスからウィットブレッド宛の書簡」柳田芳伸・山﨑好裕編『マルサス書簡のなかの知的交流——未邦訳史料と思索の軌跡』昭和堂、二〇一六年。〔『書簡』と表記〕.

※本研究は科研費JP15K13008の助成を受けた。

第2章　救貧法改革におけるウェイランドとマルサス

田中育久男

第1節　はじめに

本章は、下院議員サミュエル・ウィットブレッド（Whitbread, Samuel, 1756–1815）による救貧法改正法案（一八〇七年二月一九日）（以下、救貧法案と略記）に端を発し、著述家ジョン・ウェイランド（Weyland, John, 1774–1854）が刊行した小冊子の分析を通して、当時の救貧法論争の一端を明らかにすることを目的とする。

一八世紀後半から一九世紀初頭にかけてイギリスは、産業革命の進展により飛躍的な経済発展を遂げる一方、国内では貧困問題が深刻化し、その対応策の一つであった救貧法をめぐる議論が本格化していた。年を追うごとに増え続ける貧民を前にして、同法は、貧民の救済を救貧院に限定するという従来の原則を緩和させ、院外救済や賃金補助制度などを容認する「救貧法の人道主義化」を進めた。しかし、その結果、救貧税も増加の一途をたどることになり、黙視しえない事態と化していた。こうした状況とほぼ照応しながら、「救貧法が人口を増やし、貧困を深刻化させる」とし、同法の漸次的な廃止を主張するマルサス（Malthus, Thomas Robert, 1766–1834）

の思想的な影響力も高まっていた。その渦中において、ウィットブレッドは救貧法改正に関わる演説を行うこととなった。後にその内容は、『救貧法に関する演説の要旨（*Substance of a speech on the poor laws*）』（一八〇七年二月）として公に知らされることになる。

ウィットブレッドが演説後に提出した救貧法案は、マルサスの思想を意識しながらも、救貧法の部分的な修正を施すことにより、貧民の道徳的な改善を意図したものであった。その諸提案のなかには、貧民の区別や貧民の劣等処遇、救貧行政の中央集権化など、後に成立する新救貧法（一八三四年）の骨子につながる萌芽的な要素も含まれていたといえる。この救貧法案には、マルサスも公開書簡『救貧法の改正法案に関するサミュエル・ウィットブレッド氏宛ての書簡（*A letter to Samuel Whitbread, Esq. M. P.: on his proposed bill for the amendment of the poor laws*）』（一八〇七年三月二七日）（以下、『書簡』と略記）を刊行して応答した。また、これに対しウィットブレッドもマルサス宛の書簡（一八〇七年四月五日）により自身の見解を述べていたことは、すでに旧稿で明らかにしている。[1] しかし、救貧法案は社会的な反響があり、マルサスのほかにも多くの思想家たちが、さまざまな媒体を通じて応答してきた。その一人として、ウェイランドを挙げることができる。

ウェイランドは、カワードが「［マルサスの］人口原理に最も体系的な反論を試みた」[2]と評する主著『人口および生産の諸原理（*The Principles of Population and Production*）』（一八一六年）により、人口の増加に合わせて食料の増産を行っていくという独自の人口法則を表明した人物である。また、マルサスにより『人口論』第五版（一八一七年）の附録のなかで批評されていたことも、すでに多くの先行研究で明らかにされている。しかし、ウェイランドが救貧法案に関心を持ち、小冊子『ウィットブレッド氏の救貧法案およびイングランドの人口に関する考察（*Observations on Mr. Whitbread's Poor Bill, and on the population of England*）』（一八〇七年）（以下、『考察』と略記）を刊行し、応答していたことは、これまでさほど光を当てられることはなかった。[3] ウェイランドは、一貫して救貧法の存続を主張しており、マルサスの対極に位置する人物であった。マルサスもすでに『書簡』のなかでウェイランドを取り上げており、早期より強い関心を示していた。まさにポインターが「[マルサスにとって]侮れない敵対者（redoubtable opponent）」[4]と指摘するように、看過できない人物の一人とみなしていたとみられる。それゆえ、救貧法案に対し、マルサスの応答とともに、ウェイランドのそれも合わせて検討することは、当時の救貧法論争を明らかにしていく上で重要な作業の一つであると考える。

そこで、本章では、ウェイランドの『考察』を検討することにより、同じく『書簡』で救貧法案を検討したマルサスの救貧法論との比較を行い、彼らの差異を確認していく。そして、彼らは、当時の救貧法改革をどのように受け止め、何を共有していたのかを考察したい。まず第2節では、ウェイランドの生涯とともに、『考察』が刊行される背景を確認し、ついで第3節において、ウェイランドの『考察』の内容を明らかにする。第4節は、救貧法案に対するマルサスとウェイランドの救貧法論を整理する。そして、第5節で、救貧法案をめぐる論争において、ウェイランドを取り上げる意義を考察する。

第2節　ウェイランドの生涯と『考察』の背景

(1)　ウェイランドの生涯[5]

ウェイランド家は古くからノーフォーク州の一族であった。そのなかには著名な商人で、のちにイングランド銀行の取締役も務めたマーク・ウェイランド（Weyland, Mark, 1661–1742）がいた。マークの孫のジョン・ウェイランド（Weyland, John, 1744–1825）は、オックスフォード州の州知事（一七七七～七八年）を務め、この州における最も進歩主義的な農夫の一人として知られた人物でもあった。ジョンは、妻のエリザベス・ジョアンナとの間に三人の息子と六人の娘をもうけており、その一人で、父と同名であった長男こそが、ウェイランドである。

ウェイランドは、一七七四年一二月四日、ウェストミンスターで生まれた。一七九二年、オックスフォードのクライスト・チャーチに入学したけれども、彼はのちに当時の自身のことを「[この学校に]相応しくない一員(an unworthy member)」([9] p. vi)であったと回顧している。その二年後にセントメアリー・ホールに移り、学位をとることなく退学した。その後、リンカンズインやインナーテンプルで学び、一八〇〇年に法廷弁護士の資格を得た。そして、彼は一八〇二年以降の一〇年間はロンドンで弁護士としての手腕を振るい、クラレンス卿(duke of Clarence)に雇われていた。またその頃、私生活の面では、一七九九年三月、ウィットシェド・キーン(Keene, Whitshed, 1731–1822)の娘エリザベスと結婚している。キーンは、一七六八年から一八一八年までの五〇年にわたり下院議員の職にあった人物でもあった。ウェイランドは、彼を介してバーク州のホーソンヒルに居住し、バーク州やオックスフォード州、サリー州の治安判事として活動するようになる。その後、王立協会のフェローに選出されたほか、農業主義者のアーサー・ヤング(Young, Arthur, 1741–1820)とは友人の関係にあり、農業委員会(board of agriculture)の常任委員も務め、活動の幅を広げていった。

他方で、ウェイランドは、当時の主要な定期刊行物であった『エディンバラ・レビュー』や『クォータリー・レヴュー』に並ぶ評論誌の発刊を企図し、一八一一年三月、『ブリティッシュ・レヴュー・アンド・ロンドン・クリティカル・ジャーナル(*The British review, and London critical journal*)』を創刊させている。特定の政党の影響を受けず、福音主義を軸とした同誌は、宗教や神学のほか、奴隷貿易や救貧法、教育制度などさまざまな社会問題を取り上げ、ハナ・モア(More, Hannah, 1745–1833)も賛辞を贈るほどであった。その編集者には福音主義の活動家ウィリアム・ロバーツ(Roberts, William, 1767–1849)が迎えられた。以後、一八二五年一一月に廃刊するまで、年に四回の刊行を続け、社会への発信を怠らなかった。(6) さらに、一八三〇年に至ると、ウェイランドは、友人の兄で下院議員のアーサー・ゴフ・キャルソープ（Calthorpe, Arthur Gough, 1796-1836）の引退で空席となったウィルト州ハインドンの選挙区から出馬し、下院議員としての活動（一八三〇～三二年）も経験した。[7]

ウェイランドは一八五四年五月八日にこの世を後にしている。およそ八〇年の生涯において、彼が最も関心を示したのは救貧問題であった。治安判事としての経験が、貧民の救済や雇用、教育への関心を強めることになり、いくつかの救貧関連の著作を著したのである。[8] 主著である『人口および生産の諸原理』（一八一六年）では、人口の増加を「神の意図」と捉え、この意図のために人間は勤労を必要とし、食料の増産が求められるという独自の人口法則を打ち出している。かつ、それに立脚しながら、貧民救済を神の慈悲として必要不可欠とする考えを明らかにし、救貧法の存続を唱えたのであった。[9] 同著は、マルサスの人口法則の批判も意図しており、マルサスが『人口論』第五版（一八一七年）の附録で応答したことにより、注目されることとなった。しかし、実際には、マルサスはそれ以前からウェイランドを意識していた。彼は、『書簡』の追伸で、ウェイランドの処女作である『救貧法の政策、慈愛、過去の諸効果などに関する小研究（*A Short inquiry into the policy, humanity, and past effects of the Poor Laws*）』（一八〇七年）（以下、『小研究』と略記）を取り上げている。そして、その内容に全面的な賛同はできないとする見解を抱懐しながらも、「これまで目にしてきたどの研究よりも異議を唱えるところが少なく、明らかにあなたのご関心をひきつけるのに十分に値する作品」であるとし、一定の評価を下すばかりか、ウィットブレッドに一読を薦めているのである（[4] pp. 204-5, 二二〇～一頁）。この『小研究』の要約と補足を意図しながら、救貧法案を検証するために、ウェイランドが刊行した小冊子が『考察』であった。

（2） ウェイランドの『小研究』

『考察』の副題でもある『小研究』は、ウィットブレッドが救貧法案を提出する九日前の二月一〇日に刊行されている。その序文において、ウェイランドは、マルサスの『人口論』第二版（一八〇三年）やカフーン（Colquhoun, Patrick, 1745–1820）の救貧活動などに触発されながら、自身も救貧法の問題に着手しようとしたことを示唆している。彼は、近年の救貧行政に対する不満が深刻なものとなっており、そのなかでマルサスの思想的な影響が非常に大きいことも強く認識していた。しかし、彼は貧民の救済には救貧法が必要であると判断し、マルサスの「救貧法は人口を増加させ、貧困を深刻化させる」とする主張にも懐疑的な姿勢を示していた。彼は、歴史的な流れをたどりながら、救貧法が過剰人口をもたらしておらず、救貧税も物価変動や食料価格の高騰などを考慮すれば大きな変化はないと主張し、救貧法批判の根拠を退けようとするのである。その一方で、救貧法の改革の必要性は認めており、貧民の居住権や雇用、教育、救貧税の負担などの問題を幅広く扱っている。[10]『考察』においてウェイランドは、「［ウィットブレッドが提出した救貧］法案がよって立つ政策の原理について詳述するほんの少し前に、その法案のなかにみいだされる多数の実に現実的な改善に関わる概要を公にした」（［7］p. 2. 一二一〜三頁）とするように、ウィットブレッドの救貧法案で発せられた提案の多くをすでに『小研究』で先行して議論したことを明らかにしている。それゆえ、『考察』では、適宜『小研究』の該当箇所と照らし合わせながら、救貧法案を検討していく。

『小研究』は、後に福音派の定期刊行物『クリスチャン・オブザーバー』（*Christian Observer*）』第六巻第七号の記事（一八〇七年七月）（［5］）においても、ウィットブレッドの救貧法案の要旨やマルサスの『書簡』とともに批評されており、当時の救貧法をめぐる論争に影響を与えた著作の一つとして捉えられていたと考えられる。

（3） カフーンの救貧活動

ウェイランドに影響を与えた人物の一人であるカフーンは、一八世紀の末よりコンドンで有給治安判事を務め、慈善学校や病院の設立に出資したり、貧困家庭の質入れ品を買い戻すための基金の創設やスープ配給所を設置したりするなど、救貧活動に精力的に取り組んだ。しかし、単なる金銭や食料の提供による救済では、人びとを堕落させるのみと考え、小冊子『首都における困窮者の状態と通常の貧民の状況（*the State of Indigence and the Situation of the Casual Poor in the Metropolis*）』（一七九九年）において、貧民の状態を「貧困（poverty）」と「困窮（indigence）」に分ける必要性を主張している。(11) そして、景気の変動や大家族の扶養など不測の要因に由来する前者のみを救済の対象とし、怠惰など本人の生活習慣に由来する後者は対象から外すべきとした。さらに救済を申請する場合は、前者の状態であることを「尊敬に値する富裕な戸主」に証明してもらうことを条件に掲げた。こうした彼の見解は、後に『困窮に関する論文（*A treaties of Indigence*）』（一八〇六年）において、より精緻化されることになった。

カフーンは、貧民を組織的に救済できる唯一の方法として救貧法を支持する一方、現行の救貧法に対する改革を求める。彼は、救貧税や困窮の増大の原因が、マルサスのように人口が資源を上回るからではなく、救済が地方の手にゆだねられたことにあるとし、従来の教区中心の地方分権型の救済から、国家中心の中央集権型の救貧行政に変更を求めた。とりわけ貧民の移動を制限する居住法は、浮浪や貧民雇用の妨害を招き、救貧法の意義を捻じ曲げるものとして批判した。加えて、警察の監視により人びとの犯罪や怠惰を防止するとともに、全国的な預金銀行（deposit bank）や教育制度の創設により、人びとの困窮の状態への転落を防止するための計画を構想するなど、より徹底した貧民管理を提唱した。(12)

ウェイランドは、こうしたカフーンの救貧活動にも刺激を受けながら、『小研究』の読者に対し、「ロンドンや大都市に活用できる多くの計画……を内包するものとして、［まずは］カフーン氏の論文を熟読されることを強くお薦めする」と促している。それと同時に、ウェイランド自身も「地方の貧民［の状況］に精通している」治安判事の一人として、救貧法に関する研究を進めることを示唆していた（[6] p. xviii）。そうしたなかで、ウェイランドは、現行の救貧法制度の本格的な改革を試みるウィットブレッドの救貧法案に目を向けていくことになる。

（4） ウィットブレッドの救貧法案(13)

ウィットブレッドは救貧法案を提出するにあたり、近年、被救済者の数が急速に増加し、それに伴って救済の費用も一八〇三年の段階で「一七八三、八四、八五年のおよそ二倍、さらに一七六六年の……およそ三倍」（[10] p. 6. 六三〜四頁）に膨張している事態を深刻に受け止め、「いかに人間の悪徳と悲惨を軽減し、いかに人間の幸福と徳を広げるのか」（[10] p. 1. 六〇頁）が重要な問題であると考えていた。その際、彼が何よりも意識したのが、マルサスの『人口論』であった。彼は、人口原理を応用して救貧法の漸次的な廃止を説くマルサスの思想が、いまや社会にとてつもなく大きな影響を与えていることを認識していた。そして、自らも『人口論』を熟読したことを明らかにしている（[10] p. 10. 六六頁）。彼はマルサスの原理の正しさを認め、貧民が絶えず存在することは神の摂理であるとして、救貧法があらゆる貧民の扶養をかなえる万能な法には到底なりえないことも承知していた（[10] pp. 10-6. 六六〜七〇頁）。しかし、救貧法の廃止を選択することは、王国全体に多大な混乱を招き、貧民に負の影響をもたらすことになるとして、現状では絶対に不可能との判断を下したのである。とはいえ、単に現行の救貧法制度を甘受しようとしたわけではない。彼の真の目標は、救貧法を廃止することではなく、「適切な手段を講じることによって、救貧法が将来にほぼ無用な存在」になることであったのである。そして、そのためには「下層階級の人格を向上させること」、すなわち救貧法に頼らなくても自活できる勤勉な人間を育成することが不可欠と捉えたのである（[10] p. 21. 七三頁）。その実現のために彼が救貧法案で提案したものは多種多様であり、全国教育制度、貧民の貯蓄、教区会の改革（複数投票制度）、地方税（救貧税）の負担の公平化、貧民の賞罰、小屋の免税と建設、救貧院の改革、貧民の雇用対策など、貧民の自立心や節約心を刺激しながら、彼らの境遇の改善を図ろうとした。ここでは、後にマルサスやウェイランドが特に注目した提案を中心に確認しておきたい。

ウィットブレッドが、貧民の境遇改善のために何より期待を寄せていたのは、貧民の教育を全国的に普及させることであった。彼は、優れた教育があるゆえに、救貧法の役割が小さいとするスコットランドを例に挙げながら、教育の有効性を強調した。とりわけ、友人であり、教育者であったランカスター（Lancaster, Joseph, 1778–1838）を絶賛し、彼の「有益性や効率的な運用が明らかにみえる」とする助教制度（monitorial system）を教育方法の基本としながら、読み、書き、算術などの知育と宗教教育を想定していた（[10] pp. 33–5, 106–7, 八〇～一一頁、一二～一二六頁）。

また、ウィットブレッドは貧民をその性質により二つ（勤勉な者と怠惰な者）に区別する必要を求め、賞罰制度を提案する。まず、教区の救済をうけずに六人以上の子どもを育てた勤勉な労働者には金銭的な褒賞を与え、さらに優れた者には、功績をたたえる栄誉記章を添えた証明書やコート、帽子などを授与する。これは、彼の故郷であるベッドフォード州で設立した農業協会（agricultural society）での成果を基にしており、貧民の自尊心への刺激を期待して、イギリス全土への拡大を企図したものであった（[10] pp. 71–5, 一〇四～六頁）。これに対し、怠惰な貧民には罪状を示した身分証の着用を義務づけることを提案した（[10] pp. 80–1, 一一〇頁）。救済を受ける貧民の待遇も「依存的な貧困の格を下げ、常に自立した勤労ほど望ましい状態はない」（[10] p. 22, 七三頁）とする劣等処遇を基本とし、院内救済を原則とするなど厳格な対処を想定した。ただし、孤児や病人、老齢者、虚弱な貧民など自活できない不運な貧民には例外的に院外救済も認めていた（[10] pp. 79–88, 一〇九～一五頁）。

他方で、救貧行政の改革の一つとして提案した「税負担の公平化」は、地方税の課税対象を従来の土地や家屋だけでなく、個人財産にも拡大することを旨とした。最終的にはグレート・ブリテン全体への適用を意図しており、中央集権的な救貧行政への転向も見据えていたといえる（[10] pp. 57–70, 九五～一〇三頁）。また、貧民の暮らしにおける健康や安楽に気を配るウィットブレッドは、住宅不足により生じる貧民の劣悪な住宅事情(14)を考慮して、各教区に「小屋の増設」を権限として認める提案も行っていた（[10] pp. 75–8, 一〇六～九頁）。

このようにさまざまな視点から発せられた救貧法案は、同年に審議の対象とされることが決まった。しかし、その内容が複雑多岐であることから、四月一七日の審議で四つに分割され、さらに七月一三日には、その一つである教育の部分のみが「教区学校法案（Parochial School Bills）」として審議されることとなった。その内容は、各教区に地方税を財源とする学校を設立し、貧しい子弟に無償で教育を実施することを意図したものであり、イギリス議会に提出された初めての教育法案であった。だが、この法案もまた八月一一日の審議をもって廃案となる運命にあったため、ウィットブレッドが提出した法案はいずれも日の目を見ることはなかった(15)。とはいえ、救貧法案には、貧民の区別を基本としながら、院外救済の制限、劣等処遇、救貧行政の中央集権化など、後の新救貧法の骨子につながる要素も含まれており、後の救貧法改革に向けて重要な役割を担ったと考えられる(16)。

（5） マルサスの応答

マルサスは、ウィットブレッドの救貧法案が提出されて一か月半ほど経過した三月二七日に『書簡』を刊行した。彼はこの『書簡』でも、救貧法の漸次的廃止を基本的な立場としながら、救貧法案の検討を行っている。彼は、貧民の区別を基本として貧民の境遇改善を図ろうとするウィットブレッドの方針に賛同し、救貧法案全体に関しても「わが国の救貧法制度を改善することを計画されている」（[4] p. 204, 二二〇頁）として一定の評価を下している。とりわけ、教育の実現には、ウィットブレッドと同様、熱烈な期待を寄せており、「仮にこの［教育の］部分だけでも達成できたのならば、わたしの見解ではわが国に最も重要な恩恵をもたらしてくれる」（［4］p. 191, 二一三頁）として、その実現を大いに望んでいた。

しかしその一方で、「小屋の増設」と「税負担の公平化」の提案には、救貧法案の実現を損なうものとして厳重な警告を発する。マルサスは『人口論』第二版（一八〇三年）より、「早婚を妨げる最も健全で最も害の少ない」方法として「小屋の不足」を挙げていた（［3］II, p. 190, IV、一六八頁）。後に、これを根拠として『人口論』第三版（一八〇六年）の附録のなかで、救貧法が結婚を奨励し、人口増加を助長する効果を断言できないとする主張も加えており（［3］II, p. 226, IV、二四七頁）、その姿勢は『書簡』においても変わることはなかった[17]。すなわち、マルサスにとって「小屋の不足」は、救貧法の負の効果を抑制するための有効な予防的妨げとして重視していたのである。それゆえ、彼は安易に小屋の増設を認める提案はどうしても受け入れられなかった。マルサスによれば、小屋の増設で人口の増加が促されれば、自立労働者の賃金が低下し、彼らの境遇は悪化する。ここに「税負担の公平化」の提案が加わり、個人財産も課税対象にすれば、雇用者は利益を確保しようと、労働者をさらに低賃金で雇おうとするため、家族を抱える労働者の生活はますます苦しくなる。しかし、彼らに扶助を与えれば、人口の増加が刺激されるため、労働供給はさらに増加し、労働者の救済への依存度をますます強めることになる（［4］pp. 192-8, 二一三〜六頁）。それゆえ、「小屋の増設」と「税負担の公平化」を同時に実現すれば、その相乗効果により、過度に賃金の低下を招き、労働者を悲惨な境遇に陥れることになるとして、断固反対するのである。実際、マルサスは、貧民に強いられる悲惨な住宅事情を認めていた。しかし、たとえ困難や害悪が付きまとうとしても、救済に依存した貧民を可能な限り減らすことが、貧民の道徳的な改善には不可欠と考えていた（［4］p. 196, 二一五頁）。

このようにマルサスはウィットブレッドの救貧法案に対し、断固受け入れられない部分はある一方、両者は救貧法の将来的な消滅を展望しており、そのために貧民の境遇改善を図ろうとする方向性を共有していた。これに対し、ウェイランドは、あくまでも救貧法を存続させる立場から、救貧法案を検討していく。

第3節　ウェイランドと『考察』

ウェイランドの『考察』の刊行時期は、一八〇七年であること以外には明らかにされていない。しかし、いくつかの手がかりから、ある程度、時期を特定することはできる。それは、第一に、『考察』での検討の対象が救貧法案にとどまらず、教区学校法案（一八〇七年七月一三日～八月一一日）にまで及んでいること（［7］pp. 29–34, 一三六～八頁）、第二に、『クリスチャン・オブザーバー』（一八〇七年七月）の記事のなかで、「ごく最近、ウェイランド氏により刊行済みのウィットブレッド氏の法案に関する考察も考慮に入れなければならないが、今はまだそれに目を通すだけの暇がない。」（［5］p. 451）との記述を確認できることである。これらの事実を踏まえると、『考察』は一八〇七年の七月頃に刊行されていたと推定できる。[18] それゆえ、先述の審議の過程と照らし合わせれば、『考察』が刊行された時期には、すでに救貧法案は分割されていたことになるけれども、ウェイランドは、なおも救貧法案に議論の余地があるとみていたと考えられる。

ウェイランドは、ウィットブレッドの救貧法案について、「期待される結果は、実施できる望ましい程度でのものですら全く不十分」としながらも、「おそらくはいくらかの改善を施せば、民衆のなかで最も有益で関心を引く階級の一時的で、かつ普遍的な幸福を促進する果てしない役割を演じるかもしれない」（［7］p. 3, 一一三頁）として、マルサスと同様、その趣旨に共鳴している。しかし、救貧法案の究極的な目標として、ウィットブレッドが「貧民の道徳的・政治的状態を改善することにより、救貧法を廃止させること」を展望していたことは、断固として受け入れられなかった（［7］pp. 3–4, 21–2, 一一三、一三二頁）。

ウェイランドは、救貧法が「過剰人口や悲惨、貧困による早期の犠牲」をもたらしてはおらず、過去に類似する社会の状態にあった時の人口と比べても、現在の人口は少ない状態にあると捉えていた（［7］p. 61, 一五一頁）。また、過去二〇年、三〇年のうちに救貧税が二倍、三倍に膨張したとするウィットブレッドの主張も容認できなかった。それどころか、『小研究』と同様、物価や食料価格の変動などを考慮すれば、救貧税は「二〇年以内に二倍どころか、三分の一すら増えることはなかった」（［7］p. 60, 一五〇頁）とまで述べて、救貧法批判の根拠を退けるのである。(19)

しかしその一方で、ウェイランドは、もしも救貧法の廃止に可能性があるとするならば、マルサスの推奨する予防的妨げを社会全体に普及させることにあると示唆している。彼は、「（仮にあらゆる時代、あらゆる国の経験に反して、最下層の人びとの間に広く予防的妨げを普及させることができるとするならば、）労働不足が労働価格をその国の通常の賃金で労働者が大家族を養えるのに十分足るほど引き上げるまで、継続的に人口を減らすことになる」として、人口に対する予防的妨げの有効性を認めていた（［7］pp. 13–4, 一二八頁）。しかし、ウェイランドは、予防的妨げが普及して人口が減少した場合、労働の希少性によって招くことになる「賃金の上昇」を懸念していた。

ウェイランドが救貧法案の項目を検討する際、何よりも重視したのは、貧民の実情であった。彼は現在の労働者の平均的な賃金であれば、家族構成が夫婦と二人の子どもを「無理なく養うのにほぼ十分である」（［7］p. 7, 一二五頁）とみていた。(20)さらに、『小研究』では、二人以下の子どもを持つ夫婦や、子どものいない夫婦、独身者であれば、自分の稼得から少額であれ、将来のための貯蓄ができると言及してもいる（［6］pp. 145–6）。この点から、ウェイランドは夫婦と二人の子どもを標準的な家族の形態と捉えていたと考えられる。(21)それゆえに、教区の扶助に頼らず一定数の子どもを養う労働者に金銭的な褒賞を与える提案には、その基準となる子どもの数を、ウィットブレッドの「六人以上」から、少なくとも「三人以上」に引き下げるべきと修正を迫るのである（[7] p. 47、一四四頁）。また、こうした見立てから、彼は『小研究』において、現行の救貧法制度に追加すべき規定を導き出している。すなわち、「いかなる時代、またはいかなる状況においても、二人の子どもを一定の年齢になるまで育てたという証明をしない限り、あるいは実際にさらに多くの子どもたちを扶養する義務を負わされたことが明らかにならない限り、地方税による救済を受ける資格を与えない」（[6] pp. 146-7）ことであった。この提案は、現在の平均賃金で生活できる分は自助努力に任せ、それ以上の負担がかかる場合のみ救済することを意図しており、貧民の自立心を促すものであったと考えられる。ここから、ウェイランドが無差別に貧民を救済するのではなく、救済対象を明確に選別しようとしていたことが窺える。[22]

他方で、ウェイランドは「若く活力に満ちあふれ、情欲も盛んで、多額の金銭を持っていて、しかもその［金銭の］管理ができない小農民や製造業者」たちの存在も認めていた。その上で、彼らが安易な賃金の上昇により身につける習慣は、貯蓄の心得を持たせず、家族を支えるためのあらゆる勤労も失わせる恐れがあると考えていた（[7] p. 17、一三〇頁）。一八世紀の末、カフーンは人びとの生活を脅かす「過度の飲酒」を誘発する場所としてパブを調査し、小冊子『パブに関する所見と事例（*Observation and Facts Relative to Public Houses*）』（一七九四年）をまとめている。そのなかで彼は「パブには夫だけでなく、妻や年端もいかない子どもまでもが入り浸っていた」事実を明らかにしており、「子どもたちの教育はここで始まり、ここで終わる」ことに危機感を募らせていた。[23] こうした状況なども背景に、ウェイランドは「たとえ若い頃に最高の教育を受けたとしても、多額の金銭を持つことから生じる怠惰への誘惑に耐えられなければ、若く、活動的で、社会への奉仕に用いるのに最善と判断され、最も切望される労働の大半が失われる」（[7] p. 14、一二八～九頁）として、救貧法が存続する現状よりも、いっそう深刻な事態に見舞われる恐れがあることを危惧していたと考えられる。それは、ウィットブレッドが模範とするスコットランドも例外ではない。ウェイランドは、同地が素朴な生活であり、また確かに優れた教育[24]のおかげで、現在の救貧支出は大家族や孤児のために適切に用いられていることを認めていた（[7] p. 20, 一三一頁）。しかし、彼らも「大躍進を遂げ、富と奢侈の一般的な普及にあずかる前に、若者の怠惰を防ぐための別の妨げが導入されなければ」、結果的にはイングランドと同じ状況に陥るであろうとみていた（[7] pp. 20–1, 一三一〜二頁[25]）。ウェイランドが望んだことは、人びとの勤労を妨げることなく「わが国の最下層に生活状況を変えずに、これまで決して得られなかった実体の伴った幸福」をもたらすことにあった（[7] pp. 61–2, 一五一頁）。それゆえ、むやみに賃金の上昇を人びとにもたらせば、彼らを怠惰の道へと誘い、不品行と放蕩の習慣を身につけさせるといった道徳的な弊害が生じると警告するのである（[7] pp. 14–5, 一二九頁）。ウェイランドは、人間の性質や実情を踏まえ、救貧法の廃止は望ましいものではなく、それによってもたらされる悲惨な状況にこそ目を向けるべきと考えたのである[26]。

ウェイランドは、下層の人びとが「慎慮をもって結婚するのに十分な蓄えをするまで独身を維持するという見通しよりも、結婚生活に伴う見通し（chances）にまかせて、その生活の愉楽」を選んできた存在であることにも着目していた。そして、彼らには「極端に厳密な優美さを期待もできなければ、促すこともできない」として、彼らの道徳的な改善や自立を楽観視することはできなかったのである（[7] p. 25, 一三四頁）。それゆえ、ウェイランドの目には、ウィットブレッドが救貧法案で真っ先に発し、またマルサスも高く評価して、実現に期待を寄せていた全国教育制度の提案でさえも、慎重に検討すべき対象として映った。

ウェイランドは、教育の普及には、その対象を貧民にまで広げることを最低条件としながら、ウィットブレッドの教育の提案を検討している（[7] p. 31, 一三六頁）。まず、宗教や道徳の教育は、貧民に対し「神への義務の正しい見解、隣人に対する自分のおかれた立場の特有の義務へと導くための適切かつ満足のいく手段になる」として、その重要性を十分に認識していた。[27] しかしその一方で、書法や算術などの一般的な知識の学習は、「最も下品な肉体労働で生計を立てなければならない人びとにどの程度、自らの定めに満足させ、幸福にすると考えるのか。またその結果、どの程度、彼らを社会のより善良な構成員にさせると考えるのか」と問うて、その有効性を疑っていた。ウィットブレッドが救貧法案で想定していた助教法は、年長の生徒の何人かを助教（monitor）とよばれる教師の補佐役とすることで、多数の生徒の一斉指導を可能にするため、確かに効率的な方法ではあった。しかし、助教は教師から学んだことを機械的に伝えることが主であり、生徒たちが本当に内容を理解しているかどうか疑わしい側面もあった。[28] それゆえ、ウェイランドは、その考案者であるベル（Bell, Andrew, 1753–1832）やランカスターの方針も、ウィットブレッドほど手放しで歓迎することはできなかったのである（［7］p. 28, 一三五頁）。

また、ウェイランドは、子どもたちの通学環境にも言及している。彼は、もしも数百人の子どもたちを一斉指導することになれば、「わが国のいたる所で、その子どもたちのなかの何人かに毎日九マイルか一〇マイルを歩かせる」（［7］pp. 28–9, 一三五頁）必要が生じ、貧民の気質からして、規則性を身につけさせることは不可能と考えていた。それゆえ「教室の数が、その大きさよりもはるかに」重要であるとして、子どもたちが通学しやすい学校環境の整備の必要性を訴えている（［7］p. 31, 一三六頁）。なお、この問題は、翌年にウェイランドが刊行した小冊子『下層階級の教育に関するカントリー・ジェントルマンへの書簡（*A letter to a country gentleman on the education of the lower orders*）』（一八〇八年）のなかでも取り上げられることになる。[29] このように、ウェイランドは教育の方法や学校運営の細部にも意識を傾けながら、教育案の実現を期待していた。

他方、貧民の区分（勤勉な者と怠惰な者）に基づいて、前者には栄誉記章を与え、後者には罪状を示した身分証を着用させる提案には否定的な見解を示している。まず栄誉記章は「あまりにも実態がなさ過ぎて、貧しく教養のない者の行動に大きな影響を与えることができない」として、その効果を疑った（［7］p. 48，一四五頁）。それゆえ、栄誉記章にふさわしい人物の選別には、忍耐強い調査に加え、治安判事の判断だけでなく、同胞のそれも考慮に入れることを求めている。そうすることで、その選別が好意やひいきによるものではないことを明らかにしなければ、たちまち「悪評でののしられるばかりか、妬みや他の悪い情念の温床」になると警告するのである（［7］p. 49，一四五頁）。また、身分証の着用にしても、貧民たちは「怒りを込めて身分証をむしり取る」として、貧民の境遇改善の有効策としては不十分と判断していた（［7］p. 49，一四五頁）。このようにウェイランドは、貧民の性質を踏まえながら、マルサスが「［救貧法案の］目的を達成する」（［4］p. 192，二一三頁）と判断していた提案にも厳格に応答している。[30]

マルサスが断固反対していた「小屋の増設」の提案には、ウェイランドも同じ立場をとった。しかし、住宅の不足した地域に若干の小屋を建設することに、一定の理解を示してもいた。彼は、労働需要が労働供給を上回るような人手不足の地域では、雇用者が賃金の上昇を防ぐため、勤勉な家長を生み出す住居を提供することにより、労働人口の増加を促す対策をとるであろうとみていた[31]（［7］p. 52-3，一四七頁）。とりわけ、労働需要が絶えず変動する製造業地域では、居住地を制限しようとする試みが得策ではないと考えた（［6］pp. 201-2）。とはいえ、救貧法案にみられる小屋増設の「無差別な認可、すなわち、居住者がみられる所にはどこにでも、たとえ労働需要がなくとも、公費での小屋の建設を認める」（［7］p. 53，一四七頁）ことには同意できなかった。彼は、この提案が怠惰ゆえに救済を受ける者たちのために、人びとに莫大な負担を強制し、労働需要のある場所への移住を促すこともなく、単に住居を提供するだけの政策であるとして、「慈愛に満ちた方法には程遠い」と批判するのである（［7］p. 54，一四七～八頁）。

他方で、「税負担の公平化」の提案に対しては「救貧法の成功や正当な運営に、そして国家の将来的な繁栄に、非常な重要性」があるものとみなしていた。彼は、土地や家屋のみに課税される不公平感を問題視し、この課税方法が実現できれば「たとえ負担の公正かつ公平な配分をもたらすことから全く程遠いとしても、重要な改善をもたらす」（［7］pp. 41-2, 一四二頁）提案として強い期待感を抱いていた。これは、彼がいくつかの州の地主という立場にあったことも要因の一つと考えられるが、実際に州により救貧費は異なっており、[32] 救貧行政のより円滑な見直しを求めていたと考えられる。

第４節　救貧法案をめぐるウェイランドとマルサス

ウェイランドの『考察』の内容を踏まえたうえで、ウィットブレッドの救貧法案をめぐるマルサスとウェイランドの救貧法論の特徴を考察する。マルサスは『書簡』においても、人口原理を応用し、救貧法の漸次的な廃止の立場を維持した。彼は、人口の増加が労働者に賃金の低下を招くことになり、救貧法への依存度が高まることを懸念していた。彼は、「小屋の不足」を最も害の少ない予防的妨げと捉え、救貧法の効果を弱める方法として重要な位置づけをしていた。それゆえ、人口を故意に増加させる恐れのある「小屋の増設」の提案は、どうしても受け入れられなかった。彼は、劣悪な住宅事情を認めても、また害悪や困難が付きまとうとしても、救済に依存する貧困をできる限り抑制することが、貧民の境遇改善に不可欠であると考えていた。

これに対し、ウェイランドは、常に貧民の実情に適っているかどうかを意識しながら、救貧法を必要とする立場をとった。彼は、マルサスの人口原理、とりわけ予防的妨げの有効性を認めていた。しかし、それによって人口が抑制され、多額の金銭を受け取ることで怠惰の誘惑にかられる貧民の実情を見つめ、賃金の上昇に伴う道徳的な弊害にこそ目を向けるべきと考えたのである。そして、救貧法の存在する現状よりも深刻な事態を招くことを想定し、マルサスやウィットブレッドが展望する「救貧法の廃止」は、断固として認められなかった。その背景の一つには、彼がカフーンと同様、治安判事という実務家の立場から、貧民の実態を注視しようとしたことがあったと考える。

他方で、両者には共通点もあった。第一に、救済する対象の選別を前提としていたことである。マルサスは、救貧法に否定的であったが、あらゆる救済を否定したのではなかった。彼は、「老齢者や身体障害者、通常の慎慮では避けられない不幸に遭遇した人びと、予想以上の子どもをもうけた人びと」など自身の力ではどうにもならない人びとへの救済を認めていた（[4] pp. 198–9, 二一七頁）。一方で、救貧法を擁護するウェイランドも、無差別な救済を認めていたわけではない。彼は、救済対象を老齢者などのほか、二人以上の子どもを育てたことを証明できる者に限定すべきと考えていた。すなわち、彼の見立てで、現在の賃金で生活できるとする家族の人数以上の家族を養育しようと奮闘する人びとに対してのみ救済を認めようとしていたといえる。また、彼が「小屋の増設」案に反論する時、自身は「勤勉でよく働く家長の間での人口の増加に加担している」（[7] p. 53–4, 一四七頁）と明言しており、彼が勤勉な労働者を支持し、やみくもに人口を増やすことを認めていたわけではないことがわかる。これらの点から、救貧法の存続を支持しながらも、救済の対象を選別することにより、貧民の道徳的な改善を図ろうとしていたと考えられる[33]。

第二に、救貧法の改正を容認していたことである。マルサスとウェイランドは、救貧法の存廃をめぐり、対極的な関係にあった。しかし、ウィットブレッドの救貧法案に対しては、両者とも一部を除き、賛同していた。すなわち、救貧法の部分的な修正を施すことにより、貧民の自立心や節約心を刺激しながら、彼らの道徳的な改善および境遇改善を図ろうとするウィットブレッドの姿勢に、一定の理解を示していたといえる。ウェイランドは、『小研究』の最終章のなかで、救貧法に対する思いを次のように述べている。

何より救貧法の改善（improvement）が重要である。他のどんな重要といわれることと比べようとも、これに勝るものはない。……これが救貧法の自由な運営には不可欠なのである。（［6］p. 372）

この言葉から、救貧法の賛否を問わず、救貧法制度の改革の必要性があることを共有していたことがわかる。ウェイランドは、救貧法存続を支持する立場にあっても、貧民の実情を通して、貧民の境遇改善ができるものとして救貧法をより有益なものにすることを望んでいたといえる。

第5節　まとめ

以上、ウィットブレッドの救貧法案に応答したウェイランドの小冊子『考察』を中心に取り上げ、『書簡』で応答したマルサスとともに、両者の救貧法に対する見解の差異を考察してきた。最後に、救貧法案をめぐる論争において、ウェイランドを取り上げる意義を指摘しておきたい。

第一は、救貧法案を介して、救貧法の賛否を越えた共通の目標を確認できることである。ウィットブレッドの救貧法案は、貧民の区別をもとに、教育や貧民の賞罰制度などを提案することで、貧民の境遇改善、さらに将来的には救貧法の廃止も視野に入れたものであり、社会的な反響があった。そのなかで、救貧法を批判するマルサスと、救貧法を擁護するウェイランドという対極に位置する二人の人物が、救貧法案という共通の資料を介して、自身の見解を表明しようとしていたことは興味深い。マルサスは、人口法則を応用し、あくまでも救貧法の漸次的な廃止を説いた。これに対し、ウェイランドは、マルサスを意識しながらも、貧民の実情と照らし合わせながら、救貧法の存続を唱えた。しかし、両者は、救貧法案について、認められない箇所があるとはいえ、全体として一定の理解を示し、現行の救貧法を部分的に修正し、勤勉で自立した労働者を育成しようとしたウィットブレッドの趣旨を共有していたといえる。とりわけ教育案に対しては『クリスチャン・オブザーバー』が「彼ら［ウィットブレッド、マルサス、ウェイランド］は、たとえほかの論点で異なる見解を示したとしても、下層階級のために組織される全国教育制度に絶大な重要性を置いていることには、完全に一致している」（［5］p. 451）と評したように、労働者の境遇改善における重要な提案と捉えていた。

第二は、マルサスの思想的な影響を確認できることである。救貧法に対する見解に差異があるとはいえ、ウィットブレッドの救貧法案にしても、またウェイランドの『考察』や、その前著である『小研究』にしても、いずれもマルサスの『人口論』に端を発していることは看過できない。まさに知的源泉としてのマルサスの思想的な影響が、一八〇七年の救貧法案をめぐる論争においても垣間見ることができる。他方で、マルサスも、この時期に『人口論』の第三版（一八〇六年）や第四版（一八〇七年）を、かつまたその前後に『書簡』を立て続けに刊行している。これらの著作のなかで、彼は自身の救貧法論に対し集中的に修正を加えており、救貧法に対する関心の高さを伺い知ることができる。[34] 周知のとおり、救貧法はその後、新救貧法（一八三四年）として改正された。そして、貧民の増大に伴う救済の拡大は不可能とするマルサスの思想は、院外救済の制限などを柱とする新救貧法の成立にも影響を与えた。

しかし、マルサスが最終目標として、救貧法を改正することではなく、一貫して救貧法の漸次的な廃止を主張していたことも忘失できない。実際の新救貧法行政は、統一的な運営にはならなかった。北部の製造業地域では組織的な反救貧法運動などを背景に、実質、旧救貧法を維持させることとなった。また、新救貧法行政に着実に移行していった南部でも、農業地域特有の季節的失業者に対する救済の必要性などにより、院外救済を得策とみなすようになっていた。[35] さらに、イングランド以上に厳格に実行されたとされるアイルランド救貧法（一八三八年）でさえ、アイルランド大飢饉（一八四五年）を契機に、次第に院外救済を認めるようになっていった。[36] そして、その後も救貧法は廃止されることはなく、国民扶助法（一九四八年）に代わるまで存続した。こうした史実からすれば、マルサスやウィットブレッドのように救貧法を廃止するという展望は現実のものにはならず、むしろウェイランドのように救貧法を必要とする路線が選択されたといえる。それゆえ、救貧法の廃止論のみならず、同法の存続論にも光を当てる余地が残されていると考える。

本章は、一八〇七年の救貧法案をめぐる論争の全体像、またウェイランドの思想を明らかにしていくための試みの一つにすぎない。ウェイランドは、論争の一〇年後、マルサスにより『人口論』第五版（一八一七年）の附録の大半を割かれて、主著『人口および生産の諸原理』（一八一六年）を批評されることになる。そのなかには予防的妨げの問題をはじめ、人びとの勤労に関わる議論が含まれており（[3] II, pp. 237–51, Ⅳ、二六七～九一頁）、注目に値すると考えられるが、この点は別の課題としたい。

注

（1）　本章第2節のウィットブレッドやマルサスの記述は、旧稿、田中育久男「救貧法改革におけるウィットブレッドとマルサスの交流」柳田芳伸・山﨑好裕編著『マルサス書簡のなかの知的交流——未邦訳史料と思索の軌跡』昭和堂、二〇一六年を補正したものである。

（2）　R. G. Cowherd, “Raymond Gibson”, *Political economists and the English poor laws: a historical study of the influence of classical economics on the formation of social welfare policy*, Ohio University Press, 1977, p. 31. 引用部の［　］は筆者による。以下同。

（3） Cowherd, op. cit., J. R. Poynter, *Society and Pauperism: English ideas on poor relief, 1795–1834*, Routledge & K. Paul, University of Toronto Press, 1969, K. Smith, *The Malthusian controversy*, Routledge, 1951, 大前朔朗『英国労働政策史序説』有斐閣、一九六一年、などで部分的に触れられている。

（4） Poynter, *op. cit.*, p. 177.

（5） ウェイランドの伝記は、*Oxford DNB*（2004）, Vol. 58, pp. 335–6, *The House of Commons, 1820–1832*, ed., by D. R. Fisher, 7 vols, published for the History of Parliament Trust by Cambridge University Press, vol. 6, 2009, pp. 723–8 を参照。なお、この部分は［7］の訳一一四〜六頁を補正したものである。

（6） *British romantic prose writers, 1789–1832*, ed., by John R. Greenfield, 2nd series, Gale Research, 1991, pp. 281–91. 同誌にはイギリスのロマン派詩人のバイロン（Byron, George Gordon, 1788–1824）に関わる評論が多く掲載された。そのほか、ベンサムやマルサス、リカードウ、エッジワース、チャーマーズなどの思想家の著作も取り上げられた。マルサスは、一八一一年に『人口論』第四版（一八〇七年）が書評されている。彼はその書評に不満を抱き、後にジェフリー（Jeffrey, Francis, 1773–1850）に宛てた書簡で、「私にはブリティッシュ・レヴューの記事の大部分において明らかに相当な誤りがあるように思えてならないのです」［P. James, *Population Malthus: his life and times*, Routledge & Kegan Paul, 1979, p. 207］と吐露している。

（7） ウェイランドが選出された翌年（一八三一年）には、実弟で元軍人のリチャード（Weyland, Richard, 1780–1864）もオックスフォード州より議員に選出され、一八三七年までその職にあった（*The House of Commons, 1820–1832*, pp. 727–8）。

（8） ウェイランドは、救貧法関連のほか、穀物法や狩猟法、インドの宗教問題に関する著作なども残している。

（9） ［9］pp. 1–10, 大前前掲書、二〇二〜二三頁、Poynter, *op. cit.*, pp. 177–85 を参照。

（10） ［6］pp. v–xviii, 大前同上書、二〇二〜二三頁を参照。

（11） さらにカフーンは、貧民を五類に分類した。具体的には⑴有益な貧民（the useful Poor）、⑵浮浪貧民（the vagrant Poor）、⑶困窮貧民（the Indigent Poor）、⑷老齢者と虚弱者（the aged and infirm）、⑸幼い貧民（the Infant Poor）である。⑴有益な貧民は労働能力があり、働く意思がある者を指す。彼らの貧困（poverty）の状態を、むだに困窮（indigence）の状態に貶めないように、政府の最大限の配慮を必要とする。⑵浮浪貧民は、労働能力はあっても働く意思のない者を指し、特に注意を要する。彼らは仕事がないだけでなく、現在、無分別に実施される慈善の施与で得た金銭を浪費することが問題視された。しかしカフーンは、その多くが自らの選択というより、欠乏（necessity）のために物乞いをしているとして、同情と配慮に値するとした。彼らの対策としては雇用の確立が不可欠と考えていた。⑶困窮貧民は、仕事がないこと、不健康、浪費、精神障害、疾病のために自活できない者を指す。彼らの対策は、以前の職場に復帰できる者を選別し、その者を職に就かせることが先決であり、できる限り早く、上記⑴の有益な貧民に戻すことが重要であるとした。⑷老齢者と虚弱者は、全く働くことができず、かつ生活手段のない者を指す。もしもその者が誠実で勤勉でありながら、家族を養うための労働や努力ができないほど衰えているならば、晩年を愉楽ある暮らしになるように、避難所（asylum）に入居する資格を有しているとした。⑸幼い貧民は、過度な困窮や両親との死別のために、公衆（public）により育てられる者を指す。ロンドンの救貧院では全収容者の五分の一を彼らが占めていたとされる。カフーンは、彼らには道徳的かつ宗教的な教育が最も有益と考えていた（[1] p. 18-22）。

(12) 林田敏子「富と国家――パトリック・カフーンと一八、一九世紀転換期イギリス社会」『摂大人文科学』一一号、二〇〇三年、一六～七頁、poynter, *op. cit.*, pp. 204-6.

(13) R. Fulford, *Samuel Whitbread, 1764-1815: a study in opposition*, Macmillan, 1967, D. Rapp, *Samuel Whitbread (1764-1815): A Social and Political Study*, Garland Publishing, 1987, 田中前掲論文を参照。

(14) ウィットブレッドは、貧民の住宅事情について「村落でさえ、二つかそれ以上の家族が辛うじて一つの家族でいっぱいのはずの小屋に押し込められて」おり、「性別や年齢を問わず、両親と子どもたちがあらゆる品位に反して、一つ部屋で眠り、衛生的に有害なことを余儀なくされる」とみていた。そして、この状況が人口増加の要因でもあると訴えていた（[10] p. 76, 一〇七頁）。

(15) 松井一麿『イギリス国民教育に関わる国家関与の構造』東北大学出版会、二〇〇八年、一〇一～六頁。マルサスとの関連は柳沢哲哉「マルサスと民衆教育」『香川大学経済論叢』六六巻四号、一九九四年、を参照。その後も数多くの教育法案が提出されたが、イギリス議会は、初等教育法（一八七〇年）が制定されるまで、悉く廃案に追い込んでいった（松井同上書、七六頁）。

(16) 貧民の区別を基本として公的救済を抑制し、貧民の自立心や節約心を刺激し、彼らの境遇改善を図ろうとした救貧法案の方向性は、一八一七～一九年のスタージェス・バーン（Bourne, William Sturges, 1769-1845）を委員長とする下院救貧法特別委員会の改革や、一八三四年の新救貧法の成立にも受け継がれていったと考えられる（田中前掲論文を参照）。救貧法の変遷は大沢真理『イギリス社会政策史——救貧法と福祉国家』東京大学出版会、一九八六年、小山路男『イギリス救貧法史論』日本評論新社、一九六二年、バーンの改革に対するマルサスの思想的な影響は社本修「マルサス貧民政策論についての一考察」『明治学院論叢』二六三号、一九七七年、渡会勝義「マルサス『人口論』の救貧法への影響——一八一七年下院救貧法特別委員会報告を中心に」『マルサス学会年報』八号、一九九八年、などを参照。

(17) マルサスは、『書簡』で「イングランドでは人口全体に占める出生や結婚の割合が、ヨーロッパのほかの大半の国ぐによりも小さいと思われるのです。……わたしは、この予想外の結果の特定の原因が、住居獲得の難しさにあることを少しも疑っておりません。」と「小屋の不足」の有効性を強調する（[4] pp. 192-3, 二一三頁）。

(18) 小林は、マルサスが『書簡』の追伸でふれた著作が『小研究』ではなく『考察』を指すと注釈を付している（小林時三郎『マルサスの経済理論』現代書館、一九七一年、二二三頁）。しかし、この諸事実から『書簡』の刊行時期（三月二七日）とは整合しない。それゆえ、マルサスの記述どおり『小研究』の可能性が高い。

(19) また、ウェイランドは『小研究』において、「バーク州の治安判事は非常に明確な根拠をもって判決を下し」、貧民の生活状況に合致したものとして、スピーナムランド制度の意義を暗に示唆している（[6] pp. 139-40）。ブロウグは、スピーナムランド制度の実態を北部工業州と南部農業州の比較などを通して検証し、救貧法は過剰人口に対応した結果であり、過剰人口をもたらす原因ではなかったとして、マルサスの救貧法論に修正を迫り（M. Blaug, "The Myth of the Old Poor Law and The Making of the New", *The journal of economic history*, vol. 23, no. 2, 1963, p. 173. 柳沢哲哉「マルサス『人口論』における救貧法批判の論理」『マルサス学会年報』二四号、二〇一五年、四頁、柳田芳伸「マルサス理論と労働者」竹本洋編『経済学の古典的世界』昭和堂、一九八六年、一四八頁）、ウェイランドの救貧法に対する主張を裏づけてもいる。

(20) ウェイランドは、夫婦と二人の子どもの生活費の見積もりを以下のように提示している。年間の総支出は三五ポンド二シリング四ペンス〔週間支出〔食物（一人につきパン塊半分）八シリング、ろうそく五ペンス、スープ五ペンス、紅茶四ペンス、砂糖六ペンス、バター五ペンス、教育費三ペンス〕の年額二六ポンド一七シリング、男性の衣類一ポンド一〇シリング、女性、子どもの衣類各一ポンド、薬代一ポンド、地代二ポンド、燃料一五シリング、災難、悪天候による出費一ポンド〕に対し、年間の総収入は三五ポンド一六シリング〔夫婦の年収（週一三シリング）三三ポンド一六シリング、農繁期の追加収入二ポンド〕であり、およそ一四シリングが手元に残る。ここで、さらに子どもが生まれた場合、一人当たり六ポンド一九シリングの追加費用がかかり、救済がなければ生活は困難と判断していた（[7] pp. 7-11, 一二五〜七頁）。なお、一八〇六年当時の平均年収は、カフーンが次のように算定している。貴族は八〇〇〇ポンド、紳士は三〇〇〇〜一五〇〇ポンド、裕福な商人、銀行家は二六〇〇ポンド、製造業者は八〇〇ポンド、裕福な聖職者は五〇〇ポンド、法律関係者は三五〇ポンド、医者、文学者、芸術家は二六〇ポンド、大小の自由土地所有者は二〇〇〜一二〇ポンド、小売商は一五〇ポンド、将校は一四九〜一三九ポンド、借地農は一二〇ポンド、職人は五五ポンド、農業労働者は三一ポンドであった（都留信夫編著『イギリス近代小説の誕生——十八世紀とジェイン・オースティン』ミネルヴァ書房、一九九五年、二五二〜三頁）。このカフーンの算定から、ウェイランドが想定したのは農業州の労働者と推される。彼は、各州の状況を詳述していないが、少なくとも彼が治安判事を務めていた州（バーク州、オックスフォード州、サリー州）は、上記のように把握していたと考えられる。

(21) この点は、マルサスの認識とほぼ一致していたと考えられる（J. Bonar, *Malthus and his work*, G. Allen & Unwin, 1924, p. 251［堀経夫・吉田秀夫訳『マルサスと彼の業績』改造社、一九三〇年、三四七頁］、柳田芳伸「マルサスにおける奢侈と道徳的抑制——「マルサス理論」と関連させて」『千里山経済学』二〇号、一九八七年、六〇頁、七〇頁注）。ラスレットは、女性が出産できる期間に産む子どもの数は平均して七人強であるが、子どもを産めなかったり、晩婚であったり、出産により命を落としたりすることもあり、実際には四人強程度とみている（ラスレット［川北稔・指昭博・山本正訳］『われら失いし世界——近代イギリス社会史』三嶺書房、一九八六年、一五七〜八頁）。

(22) マルサスは、手当を支給する基準として、五〜六人より多い子どもを育てる場合を想定していた（[3] II, p. 195, IV、一七六〜七頁）。柳沢は、マルサスがセンサス報告で平均的な子どもの数を三〜四人と把握し、自覚的に高い基準を設定したとみている（柳沢「マルサス『人口論』」二五頁）。

(23) 林田前掲論文、一八〜九頁。

(24) スコットランドは一四九六年に「ヨーロッパ最初の義務教育法」が制定されて以来、教区学校制度による教育環境が整備され、識字率の高さでも注目されてきた。また、一七〇七年のイングランドとの合邦後も独自の教育制度を維持し続けてきた。S・J・カーティスは、スコットランドの教育の特質として、(1)数世紀にわたり、特に中等教育および大学教育を重視し、最高の質の教育を得ようと努力してきたこと、(2)民衆の学校である教区学校は初等教科を教えるだけでなく、優秀な生徒には古典や数学などの高等教科も教え、さらには大学にも入学させたこと、(3)学校には民主的な伝統があり、身分や生活環境によって、教育を受ける権利を奪われなかったことを挙げている。

しかし、上記には異論もある。これらの事例は一部の地域にみられる極端なものであり、識字率の高さもローランド地方に限定した調査とされ、単純にスコットランド全域に教育が浸透していたわけではなかった。スマウトは、アダム・スミスをはじめとするスコットランド人の誰もが、教育の機会の完全な平等を信じなかったと主張する。確かに一九世紀初頭のスコットランドの教育制度は、多くの労働者階級に基礎的な読み書き能力を身につける機会を与え、そのなかにはより高度な学習の機会を得た者もいた。しかし、それは一握りであり、大半の場合、読み、書き、算術以上の学習は意図しなかったとされる（角替弘志「スコットランドにおける教区学校制度の成立」『静岡大学教育学部研究報告（人文・社会科学篇）』一八号、一九六七年、一五四頁、松下みゆき「近代スコットランドの教育制度に関する一考察——一九世紀における教区学校の変容」『人間文化学研究集録』九号、一九九九年、二九頁を参照）。

(25) 後にマルサスは『人口論』第五版（一八一七年）の附録で、スコットランドを取り上げ、「この国には本来救貧法がなかったといってよいのに、過去五〇年間、その自然資源に比して農業と商工業ではたしかにイングランドをしのぐ急速な発展を遂げた」（[3] II, p. 246, IV、二八三頁）と述べており、ウェイランドとは主張を異にしている。

(26) 林は、当時の労働のとらえ方には、生活水準を向上させるための労働と、慣習的生活水準を維持するための労働があると整理している。アダム・スミスは、実質賃金の上昇に伴い、いっそう勤労に励むという勤勉な労働者像を描いたのに対し、アーサー・ヤングは、実質賃金の上昇に伴い、余暇を先行するという怠惰な労働者像を描いていた（林達『重商主義と産業革命』学文社、一九八九年、一一五頁）。マサイアスは、ウェイランドの労働者観を後者に位置付けている（P. Mathias, *The transformation of England : essays in the economic and social history of England in the eighteenth century*, Routledge library editions. Economic history. Routledge. 2006. p. 150）。

(27) さらにウェイランドは『小研究』で、単に宗教や道徳を形式的に繰り返し教え込むだけでは意味がなく、宗教的、道徳的な義務を文章だけでなく、その言葉の真の意義を伝えることにより、勤勉や礼儀、従順を伴う習慣が身につくとみていた（[6] pp. 165–7）。

(28) 教師の指導を受けた助教は、一人につき一〇人ほどの生徒を受けもった。助教は年長の生徒のほか、八歳の子どもに任せることもあった。その指導は、当時、唯一入手できた聖書により行われることが多かった。生徒は助教の発声に続き、文字を繰り返し発音して学んだ。紙の不足のため、通常は書くのではなく、空で学んだ。その後、助教による質疑応答の試験が行われた。例えば、「蜂の綴りは？」「B－E－E」、「蜂とは？」「小さな昆虫」というように、単純な問答形式であった。そのため、助教は完全に理解していなくても教えられるし、生徒も問答の順序を少し変えられただけで正解にたどり着けないこともあった。すなわち、学習内容の正確な理解ができていたかは疑わしかった。こうした状況も背景に、ウェイランドは助教法が教育方法として不十分とみていたと考えられる。

生徒の規律は非常に厳しく、不誠実な生徒は部屋に閉じ込めるか、上着を裏向きに着せて辱めるなどの罰を与えた。これに対し、勤勉な生徒には報奨カードを与え、八枚たまると一ペニーが与えられた（U・T・J・アークル［松村昌家・森道子・新野緑・島津展子訳］『イギリスの社会と文化　二〇〇年の歩み』英宝社、二〇〇二年、一五一～三頁、細谷俊夫ほか編『教育学大事典』第五巻、第一法規出版、一九七八年、二二四～五頁）。

(29)　［8］p.78. ウェイランドは、以下のような教育計画を提案している。⑴学校の規模が大きすぎたり、子どもたちの住居から遠すぎたりしてはならないこと、⑵男性教師（master）の任命は現職者（incumbent）か、治安判事によりなされること、⑶男性教師の報酬は生徒数に応じて支払われること、また、残りの報酬は公衆（public）によって支払われること、⑷子どもの通学を両親に強制しないことを挙げている（［6］pp. 171–3）。そのほか、教室用校舎の増設などのために課税を命じる教区学校法案の条項にも注目し、公金の横領や課税評価の不正、税負担の加重を招き、教育制度の確立を程遠いものにしかねないと注意を促している。加えて、地方の村落には、子どもたちに規則的な出席が可能な距離のところに、広めの休憩室（common room）を備えた小屋を有しており、校舎の増設は全く不要として、地方の実情に即した提案を求めた（［7］pp. 30–1, 一三六頁）。

(30)　他方、ウェイランドは、院外救済を部分的に認める提案には賛同する。その根拠として、第一に院外救済の費用が、院内救済のそれよりも安く抑えられること、第二に貧民が救貧院ではなく、親戚との暮らしのなかで心を躍らせる愉楽や家族のつながりも享受できることを挙げる。彼は救済費について、救貧院で扶養される貧民にかかる費用が週五シリングに対し、老齢の男女ならば院外救済でも週三シリングの費用で非常に手厚く扶養されるとみており、老齢者の院外救済を受ける自由を求めていた（［6］pp. 176–8.）。

実際の救貧院は、一部の例外を除いて過酷ではなく、食事も並みであった。しかし、犯罪者同然に扱われるため、貧民は救貧院に恐怖心を抱いており、事態が改善した一九世紀後半以降も変わらなかった。その頃、救貧院に収容される貧者の数は全人口の一％未満であり、院外救済者はその二倍以上であった（アークル前掲訳書、一〇二頁）。

(31) ウェイランドは、都市も地方も実際に、農業や製造業における労働需要の増加とともに、住居の数も相当増えているとし、その例として、スタッフォード州やシャロップ州、ダービー州、ランカ州、ハンプ州、リンカーン州などを挙げている（［6］pp. 70-3）。

(32) ブロウグによると、一八〇二年の一人当たりの貧民救貧費は、南部のサセックス州（二二シリング七ペンス）と北部のランカ州（四シリング五ペンス）の間に大きな差異があった。当時、ウェイランドが治安判事を務めていた州は、バーク州が一五シリング一ペンス、オックスフォード州が一六シリング二ペンス、サリー州が一〇シリングであった（Blaug, op. cit., pp. 178-9. 吉尾清『社会保障の原点を求めて――イギリス救貧法・貧民問題（一八世紀末～一九世紀半頃）の研究』関西学院大学出版会、二〇〇八年、四二～三頁］）。

(33) ウィットブレッドは、後にマルサス宛ての返信で、小屋の増設の対象を「生活手段を十分に有する人びと」、あるいは相対的に貧しい南部の農村地域に限定し、無差別の救済を意図したものではないと応答した（［11］pp. 82-3. 二二四頁）。それゆえ、彼は救済対象の選別を前提とした提案を行っていたと考えられる。

(34) マルサスは、『人口論』初版（一七九八年）より一貫して、救貧法は食料の増加を伴わず、人口を増加させ、結果的に貧民の増加を促すこと、また貧民の生活を向上させる一方、貧民以外の労働者の生活水準を低下させ、労働者全体のそれを押し下げることを指摘し、救貧法の漸次的廃止を主張した（［2］pp. 83-5. 六一～二頁）。マルサスは『人口論』第三版（一八〇六年）の附録でも、救貧法の効力が「結婚の奨励」にあり、「謹厳と節約を阻害し、怠惰と捨て子を助長し、そして徳と罪悪を救貧法がない場合に比べて同一水準に置く傾向がある」として、その害悪を否定しない。しかし、より注意深く精読すると、その効力も疑問であり、「人口の増加を大いに刺激するとは断定的に言うつもりはない」として、自らの考えを修正する。さらに第四版（一八〇七年）ではこの主張が「事実ならば、本書で主張した救貧法に対する反対論のいくつかは削除される」として自身の救貧法論に明確な変更を加えている（［3］II. p. 226. IV、二四七～八頁）。マルサスの救貧法論の変遷は、森下宏美『マルサス人口論争と「改革の時代」』日本経済評論社、二〇〇一年、柳沢「マルサス『人口論』」、渡会勝義「マルサスの経済思想における貧困問題」『Study Series』三八号、一橋大学古典資料センター、一九九七年、一～四〇頁、などを参照。

(35) 小山前掲書、二五四～六頁、安保則夫著／井野瀬久美恵・高田実編『イギリス労働者の貧困と救済――救貧法と工場法』明石書店、二〇〇五年、四七〜六二頁を参照。

(36) 齋藤英里「アイルランド大飢饉と歴史論争──「ミッチェル史観」の再評価をめぐって」『三田商学研究』四八巻五号、二〇〇五年、高神信一「アイルランド大飢饉、一八四五〜五二年──文献史的エッセー」『大阪産業大学産業研究所所報』一八号、一九九五年を参照。

引用文献（邦訳書からの引用は一部改訳したところもある。引用部の角括弧は筆者による。）──

［1］ P. Colquhoun, *The state of indigence, and the situation of the casual poor in the metropolis*, 1799.

［2］ Malthus, *Thomas Robert, First essay on population 1798*, Macmillan, 1966［永井義雄訳『人口論』中公文庫、一九七三年］.

［3］ Malthus, Thomas Robert, *An essay on the principle of population, or, A view of its past and present effects on human happiness: with an inquiry into our prospects respecting the future removal or mitigation of the evils which it occasions*. The Version Published in 1803, with the variora of 1806, 1807, 1817, 1826, ed. Patricia James, 2 vols., Cambridge University Press, 1989［吉田秀夫訳『各版対照 マルサス人口論』Ⅰ〜Ⅳ、春秋社、一九四八〜四九年］.

［4］ T. R. Malthus, A Letter to Samuel Whitbread, Esq. M. P. on His Proposed Bill for the Amendment of the Poor Laws, *Introduction to Malthus*, ed. D. V. Glass, Watts, 1953, pp. 185–205, 柳田芳伸・山﨑好裕編著『マルサス書簡のなかの知的交流──未邦訳史料と思索の軌跡』昭和堂、二〇一六年、二〇九〜二二三頁。

［5］ *The Christian Observer*, Vol. 6, No. 7, 1807 (July), pp. 450–66.

［6］ J. Weyland, *A short inquiry into the policy, humanity and past effects of the poor laws; and into the principles upon which any measures for their improvement should be conducted; in which are included a few considerations on the questions of political œconomy, most intimately connected with the subject; particularly on the supply of food in England*, 1807.

[7] J. Weyland, *Observations on Mr. Whitbread's Poor Bill, and on the population of England: intended as a supplement to A Short inquiry into the policy, humanity, and past effects of the Poor Laws & c.*, 1807［柳田芳伸・田中育久男訳「ウェイランドの救貧法に関する考察」『長崎県立大学論集（経営学部・地域創造学部）』五一巻三号、二〇一七年、一一三〜五九頁］.

[8] J. Weyland, *A letter to a country gentleman on the education of the lower orders*, 1808.

[9] J. Weyland, *The principles of population and production, as they are affected by the progress of society : with a view to moral and political consequences*, 1816.

[10] *Whitbread, Samuel, Substance of a speech on the poor laws: delivered in the House of Commons, on Thursday, February 19, 1807. With an appendix*, 1807［柳田芳伸・田中育久男訳「ウィットブレッドの救貧法に関する演説」『長崎県立大学経済学部論集』四九巻三号、二〇一五年、四九〜一三六頁］.

[11] S. Whitbread, Samuel Whitbread to Malthus (5 April 1807), *T. R. Malthus: The unpublished papers in the Collection of Kanto Gakuen University*, ed. J. M. Pullen and Trevor Hughes Parry, vol. 1, Cambridge, 1997, pp. 80–5, 柳田・山崎編著前掲書、二三三〜七頁。

第3章　大飢饉下におけるアイルランド救貧法論争
――スクロウプ、シーニア、ミル――

森下宏美

第1節　はじめに

一八四五年秋にアイルランドを襲ったジャガイモ胴枯病は、その後も発生を繰り返し、ジャガイモを主食としていたアイルランドの貧しい農民たちは、四〇年代後半を通じて深刻な食料不足に直面した。いわゆる大飢饉（Great Famine）の到来である。この時期に飢餓や疫病で命を失った者は一〇〇～一五〇万人、また、ほぼ同数の者が海外へ移住したと推計されている(1)。当時のイギリス政府は、さまざまな救済策を繰り出してこの未曽有の惨禍に対処しようとしたが、飢饉による犠牲者の拡大を防ぐことはできなかった。

本章は、胴枯病発生から一年を経た四六年一〇月から一二月にかけて、三人の経済学者たちのあいだで繰り広げられたひとつの論争をとりあげる。その論争とは、飢饉救済策としての救貧法の是非をめぐって、スクロウプ（Scrope, George Poulett, 1797–1876）とシーニア（Senior, Nassau William, 1790–1864）、ミル（Mill, John Stuart, 1806–73）とのあいだで交わされた論争である。

論争が交わされたこの時期は、飢饉の破局的な結末がだれの目にも明らかとなりつつあるときであった。種イモの不足によりジャガイモの作付け面積が前年の半分に減る中、食料不足に苦しむ貧農たちに厳しい冬が訪れようとしていたのである。

このような緊迫した状況に臨んで、当時の経済学者たちは、アイルランドの窮状の解決のためにどのような思考をめぐらしたのであろうか。その一端を、この論争の中に探り出すことが本章の目的である。

彼ら三人のうち、シーニアとミルは著名な経済学者である。シーニアは、一八二五年から三〇年のあいだ、オックスフォード大学に新設されたドラモンド経済学講座の教授をつとめ、「利潤の節欲説」の提唱で知られるばかりでなく、チャドウィックとともに『救貧法委員会報告書』の作成にあたり、三四年の新救貧法の実質的な立案者となるなど、政策形成の場で多くの仕事をした人物でもある。ミルは、いうまでもなく、リカードウ以後の古典派経済学をけん引した人物であり、主著『経済学原理』は、マーシャルの『経済学原理』が登場するまでのあいだ、経済学の標準的なテキストであった。また、社会哲学、政治哲学の分野でも多大な功績を残した思想家でもある。

それに比してスクロウプは、あまりなじみのない人物であろう。スクロウプは、一八六七年に退くまでの約三〇年間、ホイッグの下院議員として、自由貿易や移民問題、救貧法改革やアイルランドの貧困問題に取り組み、さまざまな社会改革に携わった人物である。スクロウプは、これらの諸問題に関する自らの主張を数多くのパンフレットに著した。そのため「パンフレット・スクロウプ」というあだ名がついたほどである。一八三三年に『経済学原理』を出版したほか、一時期、経済学関係のレヴュアとして『クォータリ・レヴュ』誌上に多数の論文を寄せ、一貫した反マルサスの立場から、救貧法改革に関する自説を展開した(2)。スクロウプはまた、火山学者としても大きな業績を残している。『経済分析の歴史』の中でシュンペーターは、「スクロウプは、暇さえあれば刻苦勉励するような愉快きわまるイギリス人の一人であって、われわれの科学は……この種の人物に非常に多くを負うている。……失業保険案や公共事業の弁護……に含まれている……彼の分析的洞察は、「その日付を考えると」、彼をして当時の普通並みの経済学者の上に高く聳えさせる」と述べている。(3)

本章は、このスクロウプに照準して論争を分析する。当時スクロウプは、国会議員として、自らの救済策の実行を政権に迫るべく、活発な言論活動を展開していた。大飢饉に関する精力的な研究で知られるクリスティン・キニーリは、イデオロギー的関心よりも人道的関心をこそ優先させなければならない飢饉の最中にあって、その意志に欠けるホイッグ政権を粘り強く批判者した人物としてスクロウプを挙げ、アイルランド人の広い尊敬が彼に寄せられた理由もそこにあるとしている。(4) そのスクロウプが掲げた救済策は、第2節で詳しく見るとおり、《救貧法＋荒蕪地開墾》計画とでも呼ぶべきものであった。労働能力者（able bodied）を含むすべての困窮者に対する被救済権（right to relief）とワークハウス外での救済すなわち院外救済（out door relief）の承認、政府による荒蕪地の買い上げと自作農の創設、これらはいずれも、当時の社会・経済構造の根幹に関わる問題であった。スクロウプは、そのような問題を、飢饉という緊急時における生命の保護にかかわる争点として提起したのである。

第2節　政府の対応 ―― 緊急食料輸入・公共事業・救貧法 ――

そこでまずはじめに、論争の背景として、胴枯病発生から四七年にかけての政府の対応を概観しておこう。胴枯病発生時に政権をとっていたのは保守党のロバト・ピールであった。ピールは、救貧法による救済を原則としたが、それに加えて、臨時救済策として食料輸入と公共事業を行った。これらは、以前からアイルランドの飢饉の際にとられていた対策であった。食料として輸入されたのはアメリカ産のトウモロコシ粉であり、各地に設置した食料貯蔵所で販売が行われた。無償ではなく、当初は原価で、その後は市場価格で販売された。それは、ピールの目的が、地方の商人が穀物価格を不当に上昇させるのを防ぐことにあったためである。次に公共事業であるが、一八三一年に設立されたアイルランド公共事業局の監督の下に、イギリス政府の統合基金と地方地主の地方税を原資とする公共事業の実施を企図したが、本格的な展開は、次のジョン・ラッセル政権に委ねられた。(5)ラッセル内閣が発足したのは四六年七月である。ラッセルは、市場メカニズムに信頼を置く立場から、トウモロコシ粉の緊急輸入を停止し、救貧法と公共事業による救済策を講じた。

公共事業に関しては、四六年八月に労働税法を制定し、公共事業局の再組織化をつうじて公共事業の中央管理化を推し進めるとともに、費用の全額を地方税でまかなうこととした。これにより、四六年一〇月に二万六〇〇〇人であった雇用人数は、一一月には二八万六〇〇〇人、一二月には四〇万人、翌四七年三月には七〇万人を超えるまでとなった。この公共事業には、四七年春までに、連合王国全体の財政規模の一〇%に相当する約五〇〇万ポンドが投入されたと言われているが、まさにこの期間にもっとも多い死者を出した事実に照らせば、救済策としては失敗であった。財政負担の問題、事業の不効率性や食料生産から人が引き抜かれるなどの問題、公共事業での賃金では高騰する食料を十分手にすることができないなどの問題により、四七年五月までに、公共事業局による公共事業は中止された。あらたな救済手段として、政府は、四七年二月に「アイルランド窮民暫定救済法」(通称、スープ・キッチン法)を制定し、各地に食事配給施設を設置した。また同じ二月には、「土地開発法」を制定し、地主に三〇〇万ポンドを融資し、土地開発のための困窮者の雇用を促そうとした。(6)

次に、救貧法による救済を見てみよう。アイルランドには、一八三四年のイングランド新救貧法をモデルとして、三八年に救貧法が導入されたが、両者の間にはいくつかの重要な相違があった。その一つは、イングランド新救貧法では、労働能力者については、劣等処遇に基づく院内救済が原則とされたが、老齢・身体虚弱による労働無能力者については院外救済が認められていた。のみならず、労働能力者についても、厳格なルールのもとで院外救済が認められていた。[7] それに対してアイルランド救貧法では、全ての困窮者の救済はワークハウス内で行なわれるものとされ、飢饉の際にもこの原則が厳格に適用された。いま一つは、イングランド新救貧法では認められていた被救済権[8]が、アイルランド救貧法では認められていなかったことである。[9]

大飢饉初期における救貧法による救済の現実は以下のようなものであった。アイルランドは一三〇の教区連合に分割されていたが、四五年までには一一八のワークハウスが利用できるようになっていた。四五年一二月におけるワークハウスの収容者数は三万八〇〇〇人、ジャガイモの不足が次第に感じられるようになった四六年三月には四万一〇〇〇人となったが、それでもワークハウスの収容能力の半分にも満たなかった。救貧法は、大飢饉の初期の段階では、ある程度機能していたといえる。しかし、四六年一二月になると、半数のワークハウスが満杯になり、収容設備の追加が必要になっていた。[10]

このような経過の中で、四七年六月と七月に救貧法が改正され、「拡大救貧法」が成立した。それにより、これまで認められていなかった院外救済が認められることになった。[11] ただし、院外救済を受けるためには、あらかじめ救貧法委員会の承認が必要とされ、しかも救済期間は二ヵ月以内とされた。労働能力者に関しては院外救済は最後の手段であり、それを受ける場合には、毎日最低八時間は砕石などの仕事に従事しなければならなかった。また、救済は現金ではなく調理された食事で行われることとされた。[12] このようにして、四七年秋以降は、飢饉の救済策として救貧法が大きな役割を果たすことになるのである。

第3節　スクロウプの《救貧法＋荒蕪地開墾》計画

ピール政権下の一八四六年三月から四月にかけてスクロウプは、アイルランドの窮状を救うための二つの法案を下院に提出している。「アイルランドの困窮者のよりよき救済のための法案」（三月二五日）、「アイルランドにおける荒蕪地開墾を促進するための法案」（四月二八日）がそれである。[13] そこで彼が示した救済策は、アイルランド救貧法をイングランド救貧法と同等のものにまで拡大すること、そして、荒蕪地開墾による自作農（yomanry）の創設である。[14] ミルの表現を借りるならば、《救貧法＋荒蕪地開墾》計画とでも言うべきものである。[15] 第4節で見るように、荒蕪地開墾を通じてアイルランドに自作農を創設すべきとする構想は、ミルの唱えるところでもあったが、スクロウプにとってそれは、アイルランド救貧法の拡大と分かちがたく結びつけられねばならないものであった。

スクロウプがまず提案するのは、アイルランド救貧法の拡大である。先に見たように、アイルランド救貧法においては、いかなるかたちでの院外救済も、また被救済権も認められていなかった。「アイルランド救貧法をイングランド救貧法と同等のものにまで拡大する」ということは、まさに、アイルランド救貧法において院外救済と被救済権を認めることに他ならなかった。

スクロウプが、アイルランド救貧法における被救済権の承認を強く求めるのは、その不在こそが、アイルランドの窮状の原因となっていると考えたからである。アイルランド人の道徳的資質の低さこそが大飢饉の原因であるとする見解に対し、スクロウプは、アイルランド人が肉体的・精神的に弱められた状態にあるのは、彼らに生存の保障がないからであるとする。イングランドの農民は、救貧法によって一定レベルの生活水準以下に陥ることを防がれており、アイルランド農民に対する彼らの優越的な地位と高い生活水準はこのことに帰せられる。したがって、アイルランドにおいても、被救済権を保障する法律を徹底して機能させることが必要なのである（Scrope, 1846b, pp. 3–5）。

また、困窮時における生存保障の不在は、他人の財産の侵害や破壊といった治安の悪化、安全の欠如をもたらし、そのことが資本投資を妨げてしまう。それによって困窮の度は深まり、さらなる治安の悪化を招き、資本投下をいっそう妨げる。アイルランドはこの悪循環の中にあるのである。

［アイルランドでは、］土地の三分の一は荒蕪地であり、残り三分の二も中途半端にしか耕作されていない。……鉱山、炭鉱、採石場も稼動しておらず、豊富な水力も使われないままになっている。……［その一方で、］……六〇〇万人の人口のうち二五〇万人が、雇用がないために絶対的困窮の状態にあり、一〇〇万人が、物乞いをしたり原野の雑草や小動物を食べて命をつないでいる。……この大いなる矛盾の原因は何か？……浅薄な人は、「資本が少ないからだ」と言う。……ではなぜ、資本の過剰が言われてきたイングランドから資本が流入してこないのか？　アイルランドに蓄積された資本でさえ、アイルランドで生産的に用いられる代わりに、投資のためにイングランドに流出するのは何故なのか？　その原因は……安全の欠如である（Scrope 1846b, pp. 15–6）。

この悪循環を断つための唯一の方策は、いままさに仕事がなく飢えているすべての人たちを雇用することである。それは、自然に任せておくのではなく、うまく考案された救貧法（well contrived Poor Law）を導入してこそ実現できるものである（Scrope 1846b, p. 17）。

うまく考案された救貧法のもとで仕事を与えること、そのためにスクロウプが提案するのが、荒蕪地開墾での雇用である。スクロウプにとってそれは、アイルランド救貧法の拡大のための、すなわち、労働可能な困窮者の被救済権を、雇用というかたちでの院外救済によって保障するための重要な手段に他ならなかったのである（Scrope 1846a, pp. 48–51, p. 60）。スクロウプは、労働能力者の救済は院内救済に限定される必要はなく、むしろ、公共事業における仕事というかたちで与えられる院外救済が望ましいと考えている。院内救済では彼らに生産的な仕事を与えることができず、彼らを怠惰にさせ、彼らの習慣や性格を破壊してしまうからである。そして、院内救済における劣等処遇と同じように、院外救済においても、救済とひきかえに労働を要求するということが、困窮を判断する有効なテストになるからである（Scrope 1846b, pp. 44–6）。

スクロウプの計画は以下のようなものである。まず国は、公共事業局を通じ、荒蕪地を一エーカー当たり三ポンドと見積もられる現在の価値で買い上げる。その開墾のために年間一〇万人の労働者を雇用し、そのための賃金として一五〇万ポンドを支出する。開墾地一エーカー当たりの総費用は一〇ポンド程度と見込まれる。このようにして開墾された土地を五〜一五エーカーに分割し、それぞれに家屋を建て、それらに明確な所有権をつけて市場価格で売るか、あるいは固定地代で永久貸与（あるいは九九年貸与）する。市場価格は少なくとも一エーカー当たり二〇ポンド、地代は総費用の七％が見込まれ、総支出にたいして一〇〇％の利益を得ることができるであろう。一方、アイルランド農民は、このような価格で開墾地を購入するに足る貯蓄を有しており、購入者は容易に見つけることができる。このようにして毎年二万の農場を作り二万の自作農の創設が可能である。開墾に従事するす労働者一〇万人と自作農二万人、合わせて一二万の家族構成が五人だとすると、この方法で六〇万人を養うことができる（Scrope 1846a, pp. 54–8, Scrope 1846c, par. 5）。

スクロウプにとってこの計画は、労働可能な困窮者の院外救済という意味をもつばかりではなく、自作農の創設によるアイルランドの農業制度・土地制度の根本的改革につながるものであった。スクロウプは、自らの勤労の全果実を刈り取ることを保障された自作農こそ、勤労を最高度に発揮するのであり、アイルランドでもっとも渇望されているものの一つだと述べている（Scrope 1846a, p. 52, 59）。

ところでスクロウプは、アイルランド救貧法の拡大について語るとき、「エリザベス救貧法の原理の適用」という表現を用いている。スクロウプの解釈するその原理とは、すべての困窮者の被救済権を承認し、労働無能力者には衣食や保護を与えるというかたちで、労働能力者に対しては彼らを「仕事に就かせる（set to work）」というかたちで救済が与えられなければならないということである（Scrope 1846a, p. 46, pp. 49–51, p. 62）。スクロウプは、一八三四年の新救貧法制定時における改正論議においても、エリザベス救貧法の原理に基づく被救済権の確立を主張したが、労働能力者および労働無能力者の被救済権と院外救済が認められた点に、新救貧法におけるエリザベス救貧法の原理の実現を見ている(16)。

さらにスクロウプは、貧民の被救済権について語る際、自由労働制＝資本賃労働関係の成立との密接な関係を説いている。スクロウプは、人間の自然権の一つに「創造主の恵みに対する自然権」あるいは「神が与えた共有ファンドの上で自ら労働し、自らの生計の資を手に入れる権利」を挙げ、土地の占有化・私有化とともに生じた自由労働制のもとで、その権利の行使が何らかの事情によって不可能になったとき、その見返りとして、社会は、法的な扶養を与える義務を負うのであり、それを請求する権利が彼ら自由労働者に与えられねばならないとし、そのことを定めたものこそエリザベス救貧法に他ならないと述べている(17)。同様に、未開拓の荒蕪地の開墾による自作農創設の計画もまた、自然権を根拠として、すなわち、「神が与えた共有ファンドの上で自ら労働し、自らの生計の資を手に入れる権利」、さらに「自分自身の努力によって自然から獲得したものはその者の財産となる」という財産に対する権利を根拠として主張されている(18)。

以上が、スクロウプの《救貧法＋荒蕪地開墾》計画の概要である。続いて、この計画をめぐるシーニアおよびミルとの論争を見てみよう。

第4節　スクロウプとシーニアとの論争

一八四六年一〇月にシーニアが、「アイルランド救貧法の拡大を求める提言」と題するスクロウプ批判の論説を『エディンバラ・レヴュ』誌上に発表すると、スクロウプは直ちに、『モーニング・クロニクル』と『タイムズ』の両紙に反論を寄せている。

スクロウプの荒蕪地開墾計画に対するシーニアの批判は次のようなものである。荒蕪地の開墾はたしかに有益なものではあるが、それが利益をもたらすまでには時間を要する。それまでのあいだ、スクロウプの言う二五〇万人の絶対的困窮者を雇用するための賃金を支払うだけでも、アイルランドの全地代収入を超えてしまうであろう。これは、財産の「没収」と呼ぶしかない計画である（Senior 1846, pp. 272–3）。しかし、地代の存在はきわめて重要である。というのも、最も大きな剰余をもたらすことのできる人数に土地を貸すことが地主にとっての利益であり、そのことが、人口を労働需要に釣り合わせるための唯一の手段だからである。これが失われれば、国全体が巨大な人口で満ち溢れる「野獣のような人間たちの飼育場（a waren of yahoos）」になってしまうであろう（Senior 1846, pp. 274–5）。スクロウプのように、地主はすべての人に、家族を養える賃金で雇用を与えなければならないと主張することは、土地を無尽蔵のファンドと考えることに他ならない（Senior 1846, p. 280）。

より多くの地代収入を得ようとする地主の存在の重要性を説くシーニアの主張は、アイルランドにおける自作農の創設に対する否定的な考えと結びついている。つまり、活力にも慎慮にも欠けた無教育なアイルランド人たちは、機会さえあればつねに土地を過剰な人口で溢れさせるのであり、したがって、彼らは自作農には向いていないとシーニアは考えているのである。(19)

スクロウプは、自身の計画を「没収」に等しいと非難するシーニアに対し、次のように反論している。シーニアの批判は、アイルランドの労働可能な困窮者に対して法的に雇用を保証することは不生産的であるという断定、貧民の法的扶助に反対するマルサス的偏見に基づいている。アイルランドにはこのような困窮者を、現在の少なくとも四倍の生産性で雇用できる十分な資源が存在しており、それにより、現在の二倍から三倍の地代を得ることができる。これは、レッセ・フェール体制のもとでは実現することはできず、法による強制的な介入が必要であり、また、農民や貧民のためだけではなく、地主自身の利益にもなることなのである（Scrope 1846c, par.12–3, 1846d, par.8）。

次に、スクロウプのエリザベス救貧法の解釈に対するシーニアの批判を見てみよう。前節で見たように、スクロウプは、労働能力者を含むすべての困窮者に被救済権を認めることがエリザベス救貧法の原理であるとし、それをアイルランドにも広げるべきであると主張していた。これに対してシーニアは、エリザベス救貧法のもとでは、労働能力者は、救済の対象ではなく治安の対象であり、雇用主を失ったり不十分な収入しか得られない労働能力者に対してとられた「仕事に就かせる」という措置は、彼らを浮浪者として懲罰的に扱うことを意味していたとし、スクロウプが自らの計画をエリザベス救貧法の原理に基づくものだとするのは言葉の乱用であると批判している（Senior 1846, p. 271）。

これに対してスクロウプは、困窮者を救済の対象と治安の対象とに分けること自体に異を唱えている。浮浪と物乞いを防止するという意味では労働不能者に公的な扶助を与えることも治安の一環であり、また、労働能力者を継続的な労働に従事させることも救済の一つだからである（Scrope 1846d, par.2）。このように述べてスクロウプは、エリザベス救貧法はすべての困窮者に被救済権を認めていると主張するのである(20)。

では、アイルランド救貧法をイングランド救貧法と同等のものにまで拡大することに対して、シーニアはどう考えていたのであろうか。シーニアは、まず一般論として、人種、宗教、文明、豊かさの点できわめて対照的なイングランドとアイルランドの両国に、同じ制度と法律をしくことは、賢明な統治の破壊につながるとし（Senior 1846, p. 267）、どのような法律であれ、イングランドにそれが存在しているからという理由だけで、アイルランドに当てはめてはならないと主張する（Senior 1846, pp. 267–8）。そのうえで彼は、救貧法の施行に関して次のように述べている。

公的救済をうまく与えるためには、劣等処遇の原則に基づくことが必要である。しかし、文明化の程度の低いアイルランドの労働者が慣れ親しんでいる生活水準はきわめて低く、院外救済においてその水準以下の処遇を行うことは、多くの反感を生まずにはおかない。また、困窮者の多くが日々重労働に従事している農業労働者であることを考えれば、それ以上の過酷な条件で公共事業に就かせることも難しい。したがって、アイルランドにおける公的救済は院内救済に限らざるをえないのであり、この相違を無視して、アイルランド救貧法をイングランド救貧法と同等のものにまで拡大しようとすることは、大きな誤りと言わざるをえない[21]（Senior 1846, pp. 303–4）。

スクロウプは、先に見たように、救済とひきかえに労働を要求するということが、困窮を判断する有効なテストとなるのであり、労働能力者の院外救済も安全に実行できると考えていた。それ以上に、飢饉が深刻の度を増す中で、院内救済を受けることができずに苦しむ多数の困窮者の存在を目にしながら、なおも院外救済を拒否し続けることが、真に実践的な英知と言えるのかどうかを問うのである（Scrope 1846d, par.11–3）。

第5節　スクロウプとミルとの論争

ミルは、一八四六年一〇月から翌四七年三日までの約六ヵ月間に、「アイルランドの状態」と題する四三本の論説をはじめとして、アイルランドに関する論説を『モーニング・クロニクル』紙に寄せている。ミルもまたスクロウプと同様に、荒蕪地開墾による自作農創設の必要を唱えていたが、救貧法の拡大には反対であった。

まず、荒蕪地開墾と自作農創設に関する両者の見解を見てみよう。ミルもスクロウプも、自作農こそ、「慎慮、自己規制、生産的勤勉」という道徳的資質のよき担い手であり、このような主体の形成こそ現在のアイルランドにもっとも必要なものであると考えていた（Scrope 1846c, par.7, Mill 1846b, p. 911）。ミルは、スクロウプの荒蕪地開墾計画をきわめて高く評価する一方で、自作農創設の方策としての有効性に疑問を呈している。

ミルの計画は、政府が地主所有の荒蕪地を現在の価値で購入し、それを小作人に分与して開墾させ、自作農（pesant property）を創設するというものである。[22] それに対してスクロウプの計画は、国が労働者を雇用して開墾した土地を、農民に売却ないし貸与するというものであった。スクロウプは、この計画によって国は、総支出にたいして一〇〇％の利益を得ることができるとしていた。それに対してミルは、国家が得る利益の分だけ土地の販売価格ないし地代は高くならざるをえず、アイルランド農民による土地の入手はそれだけ難しくなると言うのである（Mill 1846b, p. 912）。

スクロウプは、アイルランド農民には開墾地を購入するに足る貯蓄があり、購入者は容易に見つけることができると考えているが、そこに示された貯蓄額では二エーカーの土地さえも購入できず、そうなれば、アイルランド農民以外の者が土地を購入することになり、自作農創設という計画は完全な失敗に帰する。したがって、国家は損をしなければそれでよしとすべきであり、国家が利益を得ることよりも農民に土地を与えることを優先すべきである。また、国家は家屋まで建てる必要はなく、多数の労働の協力がなければできないことだけを行い、それ以外の改良は、土地を分与された各人が行えばよい（Mill 1846b, pp. 912–3, Mill 1846j, pp. 1013–5）。

次に、スクロウプの救貧法計画に対するミルの批判を見てみよう。ミルは、新救貧法制定時において、シーニアらの『救貧法委員会報告書』の立場を積極的に支持する論説を多数著し、労働能力者に対する院外救済の禁止と劣等処遇の原則を高く評価していた。また、新救貧法に反発する反救貧法運動に対しても、「皮相な博愛主義」としてそれを批判していた(23)。

ミルは、アイルランドに生まれるすべての者に食料と仕事を与えようという計画、しかも、現在の緊急時においてばかりではなく、永続的にそれを与えようとするスクロウプの計画は、労働者から独立心を奪い、有用な能力を弱め、救済に依存する状態にしてしまう「破壊的な」計画であると批判する(Mill 1846a, pp. 881–2, Mill 1846c, pp. 925–6)。救貧法は緊急時のための一時的な制度なのではなく、永続的な制度としてそれが人々の精神に及ぼす影響の観点から、是非が問われねばならない(Mill 1846d, p. 930)。どのような種類の救貧法の拡大も、統治のアートにおけるきわめて繊細な操作であり、準備と注意と科学的技術を必要とするのであり(Mill 1846e, p. 945)、緊急時を乗り切るために継ぎ当てを施すようなことを行って、救貧法を無秩序なものにしてしまってはならない(Mill 1846g, pp. 991–2)。

アイルランド救貧法を拡大して、貧民の被救済権を認めるにしても、それは、真にそれを必要とする者以外の者による請求を拒否するという条件のもとでなされなければならない(Mill 1846e, pp. 944–5)。しかもその場合、彼らに認められる権利は、社会の費用で援助を受ける権利ではない。そうではなく、彼ら自身が生活の糧を見出すことへの援助を受ける権利であり、彼ら自身で生活の糧を見出すことを不適切にも妨げるような法律の廃止や社会制度の改革を要求する権利であり、地上の自然の資源の正当な分け前にあずかる権利であり、未開墾・未使用の土地の一部に対する権利である(Mill 1846f, p. 979)。

スクロウプの言うように、欠乏による困窮のリスクから守られることがなければ、農民は、貧困と無思慮の循環から抜け出すことはできない。彼らが再生の機会を得るためには、彼らは食料と雇用を持たねばならない。しかし、食料と雇用に対する権利を持つべきではない。彼らはそれらを獲得できる存在でなければならないのであり、それを要求する権能を与えられるべきではない（Mill 1846i, p. 1005）。いまアイルランド人に必要なものは、熱心な努力によって食料や雇用を見つけ出すことへの援助の保証である（Mill 1846i, p. 1006）。

スクロウプが提唱する公共事業、すなわち荒蕪地開墾は、たしかに現在行われているような不生産的な事業――行き先のない道路の建設、邪魔にもならない丘の切り崩しなど――とは異なり、原理的で組織だったものであるが、それが院外救済として与えられる限り、人々の精神に与える影響において異なるところはない。四六年一〇月三日には二万六一九三人だった公共事業での雇用者が、一一月二八日には二七万三〇二三人にまで急増しているが、この事実は、スクロウプの救貧法拡大計画がもたらす帰結を予示している（Mill 1846e, p. 944, Mill 1846f, pp. 978–9, Mill 1846g, p. 992）。

スクロウプは、荒蕪地開墾計画と救貧法計画とを不可分のものとして推し進めようとしているが、救貧法計画は、荒蕪地開墾計画の遂行を容易にするどころか、かえってその妨げになる。したがって、荒蕪地開墾計画が実行に移されるまで、彼の救貧法計画は一時停止されるべきである（Mill 1846e, pp. 943–4）。

人々の精神に与える救貧法の負の影響を重視するミルの主張に対し、スクロウプは、たしかにさまざまな濫用はあったが、エリザベス救貧法の原理のもとで、二四〇年間にわたってイングランドの貧民は被救済権を享受し続けてきたことを強調する（Scrope 1846h, par.8）。ミルは、このわずか二ヶ月の経過を見て、しかも、誤った公共事業のもたらした結果を示して、あたかもスクロウプの救貧法計画の必然的帰結であるかのように結論づけているが、それはきわめてアンフェアである（Scrope 1846h, par.12）。人々が公共事業に殺到するのは、ワークハウスが収容者で飽和状態になっている状況の下で、そこに収容しきれない困窮者が救いを求めてくるからである。しかし、公共事業に救済を求めることができるのは労働能力者だけであり、労働無能力者は、救済されないまま飢餓の状態で放置されている。その救済のためには院外救済が必要であり、イングランドにおける同様の者たちと区別なく（universally）扱うべきことを、政府は拒否すべきではない（Scrope 1846f, par.5–6, Scrope 1846g, par. 4, 9）。飢饉がすでに全土に広がりつつある中で、無駄な道路の建設に多大の時間とカネを浪費するべきではないのである（Scrope 1846h, par.12）。

このように、スクロウプにとっては、救貧法計画と荒蕪地開墾計画とは一体のものとして推し進められねばならないものであった。そしてスクロウプは、多発する農民たちの暴力と騒擾の裏に、「さもなくば不可避的に飢えるか盗むかせざるをえない多数の人々に仕事と賃金を与えるに際して、あくまでも経済学の厳格な規則に従おうとすることへの憎悪に満ちた敵意」（Scrope 1846h, par.12）を見て取るのである。

一八四七年一月二五日、首相ジョン・ラッセルはひとつの提案を議会で行なっている。一〇〇万ポンドを充てて地主から荒蕪地を購入し、灌漑や道路の敷設、必要な建物の建設を行い、そのようにして開墾した土地を二五～五〇エーカーの地片に分割して、小農たちに販売または貸与するという提案である。そしてラッセルは、この計画を通じて小土地所有者が生まれれば、彼らは、自らの勤労と独立心により、将来のアイルランド社会を担う貴重な存在となるだろうとの期待を表明するのである（*Hansard*, 3rd ser. vol. 89, cols. 442–3）。これはまさに、スクロウプとミルが唱えた計画に他ならなかった。しかし、この提案は結局のところ撤回を余儀なくされ、実現することはなかった[24]。

その後、飢饉救済策としての役割を担ったのは「拡大救貧法」であった。しかしそれは、院外救済は認めたものの、スクロウプの荒蕪地開墾計画を実現するものではなかった。この「拡大救貧法」についてスクロウプは、もしこれがなければ命を失ったであろう多くの人々を救うことができたこと、そして、小作人たちや貧民の状態に対して土地所有者として負うべき責任を、アイルランドの地主に自覚させることができたこと、この二点において良い結果をもたらしたと評価する一方、労働能力者の就労による院外救済という決定的に重要な要素を欠いたことが、四六年と四七年のもっとも危機的な二年間に行政が直面した多大な困難の主要な原因であったと述懐している（Scrope 1849, pp. 7–11）。

第6節　おわりに

ジョン・グレイは、大飢饉期のアイルランド問題に関するシーニアの立場を、チャールズ・トレヴェリアンに代表されるような「モラリスト」と、スクロウプのような「ラディカル」——シーニアは「アナキスト（的）」という表現さえ用いている（Senior 1846, p. 298, 300）——との双方に距離を置く、ホイッグ陣営における「穏健派リベラル」と規定している。「モラリスト」は、アイルランド人の道徳的欠陥こそ彼らの窮状の原因であるとみなし、とりわけ、アイルランド地主への反感から、飢饉救済策の費用を彼らに対する一種の懲罰として担わせようとした。シーニアのスクロウプ批判は、アイルランドの賃金基金すなわち雇用のための資源は限りなく大きいと考える点で共通する「モラリスト」に対する暗黙の批判でもあった。シーニアは、アイルランドに関してはレッセ・フェールの立場へと転向するのであるが、シーニアと「モラリスト」は、飢饉の只中にあったアイルランド民衆の苦しみに意図的に目をつむったこと、彼らの生命の保存に重きを置かなかったことで共通している、とグレイは結んでいる(25)。

このようなシーニア像を借りてスクロウプの立場を描けば、どのようなものになるであろうか。スクロウプもシーニアと同様、アイルランド人の道徳的欠陥に彼らの窮状の原因を見る「モラリスト」の考えには否定的であった。シーニアがアイルランド地主の経済的役割を重視する立場に立ったとすれば、スクロウプが目指したのは貧農の自作農への転換であった。地主に対しては、小作人に対する土地所有者としての責任・義務の自覚を問うたが、より完全な救貧法のために彼らに求めた負担は、懲罰的なものというよりは彼等自身の利益につながるものと考えられた。そして、レッセ・フェールの立場、あるいは「マルサス派経済学」の立場が、飢饉という緊急時に無力であることを批判しつつ、うまく考案された救貧法のもとでのすべての困窮者の被救済権・生存権の保証こそ、飢饉の救済とアイルランドの繁栄に不可欠であると主張したのである。

注

（1）勝田俊輔「アイルランド大飢饉——概略と歴史認識」勝田俊輔・高神信一編『アイルランド大飢饉——ジャガイモ・「ジェノサイド」・ジョンブル』二〇一六年、一四～五頁。

（2）スクロウプの経済学については、R. Opie, "A Neglected English Economist: George Poulett Scrope", *Quarterly Jouanal of Economics*, 44, 1929, in: M. Blaug ed. *George Scrope*（*1797–1876*）, *Thomas Attwood*（*1783–1856*）, *Edwin Chadwick*（*1800–1890*）, *John Cairnes*（*1823–1875*）, *Pioneers in Economics*, vol. 20, E. Elgar, 1991, P. Sturges, *A bibliography of George Poulett Scrope*, Baker Library, 1984, 森下宏美『マルサス人口論争と「改革の時代」』日本経済評論社、二〇〇一年、井坂友紀「スクロウプの自然権論とレッセ・フェール批判」『経済学史研究』六〇巻一号、二〇一八年を参照されたい。

（3）J. A. Shmpeter, *History of Economic Analysis*, Oxford University Press, 1954, p. 489〔東畑精一訳『経済分析の歴史（三）』岩波書店、一九五七、一〇三三頁〕.

（4）C. Kinealy, *The Great Irish Famine, Impact, Ideology and Rebellion*, Palgrave, 2002, p. 48.

（5）高神信一「政府の救済策」勝田・高神編『アイルランド大飢饉』二〇一六年、一二五～三〇頁。

（6）徳永哲「アイルランド、ジャガイモ大飢饉研究」『日本赤十字九州国際看護大学 Intramural Research Report』四号、二〇〇五年、四五頁、勝田前掲論文、一一頁、高神同上論文、一三〇～三一頁。

(7) 大沢は、一八三四年の新救貧法について、それは、労働能力者の院外救済を禁止した立法ではないこと、また、労働能力者が労働能力者として救済の対象であることを確認している点を正当に評価するべきであると述べている（大沢真理『イギリス社会政策史——救貧法と福祉国家』東京大学出版会、一九八六年、八九～九三頁）。注（20）も参照されたい。

(8) 大沢は、労働能力者の救済を、全く通常の救貧税支出目的として確立したという意味で、新救貧法は包括的な被救済権を創出した立法と言える、と述べている（大沢同上書、九三頁）。

(9) C. Kinealy, "The Role of the Poor Law during the Famine", in C. Poirteir ed., *Great Irish Famine*, Mercier Press, 1995, p. 105. 吉尾清『社会保障の原点を求めて——イギリス救貧法・貧民問題（一八世紀末～一九世紀半頃）の研究』関西学院大学出版会、二〇〇八年、三一三～二〇頁、高神前掲論文、一二三～四頁。

(10) 高神同上論文、一二五、一三四頁。

(11) この他に、この法律による重要な変更として、いわゆる「グレゴリ条項」によって四分の一エーカー以上の土地の保有者は救済の対象からはずされたこと、アイルランドに独立した救貧法委員会が設置されたことが挙げられる（C. Kinealy, *This Great Calamity: The Irish Famine 1845-52*, Gill & Macmillan Ltd., 1994, p. 181, 高神同上論文、一三四～六頁）。

(12) Kinealy, *The Great Calamity*, p. 181. Kinealy, "The Role of the Poor Law", pp. 115-6, 高神同上論文、一三四頁。

(13) Mill, 1846a, p. 881, note 2, Mill, 1846b, p. 911, note 2, *Hansard*, 3rd ser. vol. 85, cols. 383-412, 1198-210.

(14) 完全なかたちでの救貧法の導入と、荒蕪地開墾をつうじての自作農の創設は、長年にわたってアイルランドの状況に強い関心を抱いてきたスクロウプが一貫して主張してきたものである。その詳細については、井坂前掲論文、四四～八頁、を参照されたい。

(15) ミルは、スクロウプの提案を、waste-land plan and poor-law plan と表現している（Mill 1846f, p. 943）。

(16) 新救貧法に関するスクロウプの見解については、森下前掲書、一三九～四六頁、を参照されたい。

(17) 詳しくは、森下同上書、一三二～四頁、を参照されたい。

(18) 詳しくは、井坂前掲論文、四四～七頁、を参照されたい。

(19) M. Bowley, *Nassau Senior and Classical Economics*, Ocotagon Books, (originally published in 1937), 1967, pp. 337-8.

(20) エリザベス救貧法が労働能力者を救済の対象として扱っていたかどうかについて、大沢は、一八三四年の『救貧法委員会報告書』以前に行われていた解釈においては、労働能力者は「措置」の対象であり、労働能力者そのものとして「救済」を受ける資格はないものとされていたが、『救貧法委員会報告書』において、きわめて重要な解釈変更がことわりのないままに行われ、労働能力者の義務的救済が語られるに至った次第を述べている。しかも、労働能力者の義務的救済に関するくだりは、シーニアが削除を求めたにもかかわらず、チャドウィックが存続させたものであった（大沢前掲書、七五～七頁）。

(21) 一八三八年のアイルランド救貧法においては、劣等処遇の条文は盛り込まれなかったが、ある程度までは実施され、四五年までには達成されていた（吉尾前掲書、三一七～八頁）。

(22) 荒蕪地開墾と自作農の創設に関するミルの構想の詳細については、R. D. C. Black, *Economic thought and the Irish question, 1817–1860*, Cambridge University Press, 1960, 池田和広「J・S・ミルのアイルランド論（一）――アイルランドの大飢饉期（一八四五～四九）におけるイギリス政府の政策とミルの批判」『成城大学経済研究』一〇八号、一九九〇年、村上智明「アイルランド・ジャガイモ飢饉とJ・S・ミル」『広島法学』二二巻四号、一九九九年、村上智明「J・S・ミルのアイルランド救貧法批判」『広島法学』二六巻三号、二〇〇三年、古谷弘幸「古典派経済学とアイルランド大飢饉」勝田・高神編『アイルランド大飢饉』刀水書房、二〇一六年、を参照されたい。

(23) 諸泉俊介「J・S・ミルの救貧思想」柳田芳伸・諸泉俊介・近藤真司編『マルサス ミル マーシャル――人間と富との経済思想』昭和堂、二〇一三年、八〇～五頁。

(24) Black, *op. cit.*, pp. 35–6. P. Gray, "Ideology and Famine", in C. Poirteir ed., *Great Irish Famine*, Mercier Press, 1995, pp. 97–8.

(25) P. Gray, "Nassou Senior, the *Edinburgh Reviw* and Ireland 1843–9" in T. Foly and S. Rydar ed., *Ideology and Ireland in the Nineteenth Century*, Four Coarts Press, 1998, pp. 137–40. 古谷前掲論文、九七～一〇二頁、も参照されたい。

引用文献

J. S. Mill (1846a), "The Condition of Ireland (1)", *The Morning Chronicle* (*MC*), 5th, Oct., in: A. P. Robson et al. ed., *Collected Works of John Stuart Mill*, vol. XXIV (CW, XXIV), University of Toront Press; Routledge & Kegan Paul. 1986.

―― (1846b), "The Condition of Ireland (10)", *MC*, 23rd, Oct., in: *CW*, XXIV.

―― (1846c), "Poulett Scrope on the Poor Laws", *MC*, 30th, Oct., in: *CW*, XXIV.

—— (1846d), "The Condition of Ireland (14)", *MC*, 3rd, Nov., in; *CW*, XXIV.
—— (1846e), "The Condition of Ireland (18)", *MC*, 11th, Nov., in; *CW*, XXIV.
—— (1846f), "The Condition of Ireland (27)", *MC*, 7th, Dec., in; *CW*, XXIV.
—— (1846g), "The Condition of Ireland (31)", *MC*, 12th, Dec., in; *CW*, XXIV.
—— (1846h), "The Condition of Ireland (33)", *MC*, 16th, Dec., in; *CW*, XXIV.
—— (1846i), "The Condition of Ireland (35)", *MC*, 19th, Dec., in; *CW*, XXIV.
—— (1846j), "The Condition of Ireland (37)", *MC*, 23rd, Dec., in; *CW*, XXIV.
G. P. Scrope (1846a), *How is Ireland to be Governed?*, 2nd ed.
—— (1846b), *Letters to the Right Hon. Lord John Russell, on the Expediency of Enlarging the Irish Poor Law to the full Extent of the Poor-Law of England.*
—— (1846c), "To the Right Honourable Lord John Russell", *MC*, 21st, Oct., p. 5.
—— (1846d), "The Edinburgh Review and Mr.Poulett Scrope", *The Times*, 27th, Oct., p. 2.
—— (1846e), "Poor Laws In Ireland", *MC*, 9th, Nov., p. 6
—— (1846f), "Letter to Lord John Russell", *MC*, 7th, Dec., p. 2.
—— (1846g), "To the Editor of The Morning Chronicle", *MC*, 11th, Dec., p. 6.
—— (1846h), "Letter to The Editor", *MC*, 18th, Dec., p. 3.
—— (1849), *The Irish Poor Law. How far has it failed? and why?*
W. N. Senior (1846), "Proposal for Extending the Irish Poor Law", *Edinburgh Review* 84 (170)., in D. Rutherford ed. *Collected Works of Nasssau Senior*, vol. 4, Thoemmes Press; Kyokuto Shoten, 1998.

第Ⅱ部

マルサス・ダーウィン・ダーウィニズム

C. ダーウィン

第4章　奴隷貿易・奴隷制廃止の政治経済学
――マルサスと西インド奴隷人口問題――

伊藤栄晃

第1節　はじめに

一八・一九の世紀端境期にイギリス史上空前の社会運動になった反奴隷制運動の展開は、通例二段階を経て進行したと説明されてきた。すなわち第一段階は、奴隷貿易廃止（Abolition, ～一八〇七年、「廃止」と以下略記）運動。第二段階は、奴隷解放（Emancipation, ～一八三四年、「解放」と以下略記）運動ないし奴隷制廃止運動である。従来それは、西インド派勢力と奴隷貿易利害とを分断して各個撃破を図る反対運動側の戦略によると解されてきた。(1)

しかし一八世紀末に空前の国民的社会運動の発展したこの運動の性格について、近年それをもっぱらキリスト教からする人道主義的義憤に基づく運動と見る古典的な見方への挑戦が本格化している。(2) その根拠の一端は、「廃止」・「解放」政策に本国ならびに北米植民地の宗教家、政治家や法律家のみならず、一見この運動の敵対勢力のように見える植民地当局者や「新世界」プランタまでもが賛同し、(3) 時に重要な役割を果たしていることに見い出すことができる。新しい解釈では、アフリカ系奴隷労働者の境遇への共感や奴隷制への嫌悪感から「廃止」・「解放」の政策を区別しようとする。そこでは「廃止」と「解放」の政策は、アフリカ系植民地労働者の人間性を否定する要素をも含む複合的な政策なのであって、アメリカ合衆国独立後危機に直面した英帝国の政治経済学的再編成意志の一環なのである。

カリブ海沿岸一帯に広がる西インド植民地では、砂糖など熱帯産物の国際商品生産に携わるプランテーション経営は、アフリカ人奴隷労働者の高死亡率をほぼ所与の条件として成り立っていた。高温多湿と疫病流行の頻発という熱帯サバナ気候の自然環境、劣悪な医療・栄養摂取そして暴力をもって行われる労働管理といった諸条件の下では、労働者の死亡・疾病・負傷を伴う労働災害や乳幼児死亡の発生率は高くならざるを得ない。熱帯産物市場の国際競争は、プランテーション所有者らに労働災害を軽減する投資を控えさせた。加えて西インド植民地は、全般として現地人インディオ人口急減に伴う構造的な労働力不足問題を抱えており、高利潤を獲得するためには労働供給過剰を前提とする自由な賃労働に依存する余地はなかった。過酷な作業に見合う高賃金を支払う準備もなく、プランテーション労働は暴力をもって強制されざるを得ない。西インドの過酷な奴隷の労務管理体制下では、彼らの高い死亡率は常態化していたのである。(4) 大西洋を越えてのアフリカからの労働者の大量移送もまた、彼らに多大の肉体的精神的苦痛を与えるがゆえに、暴力による統治を必要とし彼らの高死亡率を招いていた。(5)

元来一七世紀にはじまる反奴隷制感情は、この状態への当時の人々の無関心への嫌悪感に始まる。しかしこの感情が一八世紀後期以降奴隷貿易「廃止」の政治経済学に昇華する過程において、奴隷の虐待へのプロテストは後景に退き、代わりに奴隷の出生行動の問題への対応がむしろ政策課題として前面に出てくる。このプロセスにロバート・マルサスは深く関わっているのである。以下この関連を詳述する。

第2節　貿易「廃止」論形成と西インド奴隷女性の出生行動様式への関心（～一七八〇年代）

（1）「廃止」論なき反奴隷制感情の時代（～一七七〇年頃）

「新大陸」の奴隷制や奴隷貿易に対する道徳的批判は、イギリスではすでに一六六〇年代より見られたが、それらは孤立したモラリストの主張に留まり、以後一世紀間は政策論としてはもとより社会運動としても力を持ち得なかった。それは、「廃止」論なき反奴隷制感情（antislavery sentiment）の時代とも呼ぶべき時代である。この一世紀は、南北アメリカ大陸の奴隷制経済が発展しつつあったその時期に当たる。一七二〇年代には英国教会の聖職者たちが、西インドのプランタに対し奴隷のキリスト教化に不熱心であると批判したが、効果はなかった。この中で奴隷制を擁護する議論も見られた。[6] 一七三〇年代から四〇年代にかけて、ネイヴィス島のイギリス国教会聖職者ロバートソン（Robertson, Robert）は西インドの奴隷制擁護論を展開した。彼は、本国において奴隷の「自然権」を振りかざしてプランタを批判する者たちは、もし奴隷貿易と奴隷労働なしで帝国の国益を維持する方策があるならばそれを示すべしと論じた。[7] 事情は北米でも同様で、クエーカー（フレンズ）は独自に反奴隷制倫理（anti-slavery ethic）を育んでいたが、彼らもまた信徒間での奴隷所有を排除するという内向きの改革に取り組んだに留まり、外部社会に対する運動を展開するには至らなかった。[8] 唯一の例外はフィラデルフィアの反奴隷制論者ベネゼト（Benezet, Anthony）で、彼は一七五〇年代に人道主義的立場から、奴隷貿易反対を表明していた。[9] しかし彼こそが、この孤立したモラリストの時代に終止符を打つ役割を果たすことになったのである。

北米のイギリス植民地就中ヴァジニアやサウスカロライナでは、一八世紀半ばまでにアフリカ人奴隷の人口が「自然増」状態を実現するに至った。この事態を受けて、一七六〇年代にヴァジニアのプランタの間からアフリカからの奴隷輸入に対し高率の関税を賦課すべしとの要求が示された。このプランタによる奴隷貿易制限論は、一方で奴隷人口過剰による彼らの反乱の危険に対する危惧を根拠とし、他方で「新大陸」の奴隷市場をアフリカから奪い自らが独占することを意図したものだった。[10]このプランタの動きに、ベネゼトは敏感に反応したのだった。彼は一七六〇年代末から七〇年代初めにかけて、「新大陸」植民地では奴隷の人口過剰による反乱の脅威が高まっていると論じた。いわゆるベネゼトの「転向」である。[11]「転向」は、彼に北米における貿易「廃止」運動の指導者への道を開いたが、[12]北米での反奴隷制感情に反アフリカ人感情を付け加えた点で重要である。「新世界」ではアフロ・アメリカンは、ヨーロッパ人に富をもたらす労働者であると同時に、植民地のヨーロッパ人の富と生命を脅かす危険でもあった。奴隷による逃亡やプランタに対する暴力的報復は彼の地では日常的なことであり、ベネゼトは自分の議論に奴隷への虐待の排除という理想とともに、植民地奴隷制のガバナンス強化の必要という統治上の現実を挿入させた。彼のこの一見相容れない二つの要求を共に満たすのが、まさに奴隷貿易の「廃止」だった。「廃止」は、大西洋の奴隷移送「中間航路（Middle Passage）」における悲惨を解消させるのみならず、「新大陸」におけるヨーロッパ人のプラントクラシの秩序維持要求にもこたえ得る。ここに「廃止」の議論にプランタまでもが参入する素地が生まれたのである。

奴隷貿易の悲惨を解消すると同時に「新大陸」植民地の奴隷制秩序の維持強化を目指す「廃止」論は、英本国では北米とはやや異なった形で成長を見た。それは主にイギリス領西インド植民地が、北米とは異なり、一八世紀後期に至ってもなお奴隷人口の慢性的減少とそれによる労働供給の不安を抱えていたためである。[13]本国からすれば、北米植民地よりもはるかに大きな富をもたらす帝国の牝牛だった西インド諸島の問題への対処の方が喫緊の課題だった。

本国でも一七七〇〜八〇年代に反奴隷制感情の一定の高まりが見られた。そのきっかけは、一七七二年に逃亡奴隷のサマセット（Somerset, James）の身柄の扱いに関する「サマセット裁判」である。そこでは裁判官マンスフィールドは、イングランドのコモン・ロウ上では奴隷の規定はないとして、身柄確保されたサマセットの引き渡しを要求する所有者の主張を退け、サマセットに自由を与える判決を下したのである。[14] 一七八一年に起こった奴隷船ゾング（Zong）事件も反奴隷貿易感情を高めた。この事件は、奴隷船における奴隷の非人間的な扱いを露見させ、国民に大きな衝撃を与えた。この年西アフリカのシエラレオネを四五九名の奴隷を載せて出港しジャマイカを目指した同船は、カリブ海で航路を大きく外れたため到着が遅延し積載の飲料水が不足をきたし、コリングウッド船長の命令で「積み荷」の奴隷のうち一三二名を生きたまま海中に投棄したのである。[15]

しかし本国のこの動きもまた、植民地奴隷の「解放」運動には結びつかなかった。例えばマンスフィールドは、「サマセット裁判」の判決を西インド植民地に適用することはできないとした。[16] そのため奴隷制は本国では違法だが西インド植民地では適法という、法的二重基準状態が生じた。さらに人道主義的立場に立ってサマセットを弁護し裁判を勝ち取った法律家シャープ（Sharp, Granville）は、ベネゼトとも親交が厚かった人物だったが、その影響を受けて彼もまた、一七七二年に植民地では奴隷の「超高出生（hyperfertility）」が人種間戦争を引き起こす危険性があるとの懸念を表明した。[17] イギリス本国でも、植民地の統治と利益を守るという政治経済的必要に反奴隷制感情をどのように調和させるかが、大きな課題だった。

（2）「廃止」運動とプランタとの合同（〜一七八〇年代）

西インド植民地のプランテーション経済は、北米とは異なり、一八世紀後期に入っても奴隷人口の「自然増」は達成されず、労働供給の維持には恒常的にアフリカからの奴隷輸入に依存せざるを得なかった。一七七〇年代の北米一三州の独立の機運は、構造的な西インドの労働供給不足問題を悪化させ、この時期さらに高まった本国での反奴隷制感情を「廃止」の政治経済学に昇華させる一つの社会経済的条件をもたらした。

奴隷制と奴隷貿易の実態が社会に広く知られるようになり、反奴隷制感情からする貿易「廃止」運動が高まった七〇年代は、同時に西インド奴隷制と大西洋奴隷貿易の危機の時代でもあった。一七七四年に開催された第一回大陸会議では、北米へのアフリカからの奴隷輸入を禁止することが決議され、同じ決議はその後二年間毎年繰り返された。それは北米から西インドへの奴隷の再輸出に打撃を与え、間もなく始まった一三州の独立戦争（一七七六～一七八三年）による混乱も英領西インドへの奴隷輸出を滞らせた。[18] 加えて一七七五年に始まる本国による西インドへの北米からの食料などの輸入禁止措置により、北米産食料に大きく依存していた西インドでは飢饉が発生し、奴隷の死亡率が大幅に上昇した。[19] それら一連の出来事の結果、英領西インドの労働不足は決定的に深刻化した。

一方イギリス本国での反奴隷制感情の高まりは、一七八〇年代に一つの頂点に達した。一七八三年六月には、ロンドンのクエーカーが二七三名の署名をもって庶民院に貿易「廃止」を請願した。翌一七八四年には外科医で英国教会の聖職者でもあった奴隷制批判論者ラムゼイ（Ramsay, James）が、二五年に及ぶ西インド小アンテイル諸島のセントキット島（セントクリストファー島）滞在経験を踏まえて現地の奴隷制の見聞録を公刊し、その非人間的実態を社会に訴えた。またクラークソン（Clarkson, Thomas）は、イングランド各地を訪問し奴隷貿易関係者への大規模な聞き取り調査研究を実施していたが、その成果を一七八六年に公刊した。さらに一七八七年にロンドンに「奴隷貿易廃止のための会（Society for Effecting the Abolition of the Slave Trade）」が設立された。[20] それらを受けてヨークシャー選出の庶民院議員ウィルバーフォース（Wilberforce, William）は、議会の内外で奴隷問題の全国規模の政治的キャンペーンを開始し、八〇年代末までに「廃止」の機運が非常に高まった。[21] ウィルバーフォースは一七八九年に初めて「廃止」法案を庶民院に提出したが、これは西インド派と漸進的「廃止」論者の反対により廃案に帰した。[22]

この二つの事態を背景に、貿易即時「廃止」論者から西インドのプランタまで横断的に、一つの点について一見奇妙な合意が成立する。それは、西インド奴隷社会を、アフリカ人労働者の強制的移住に依存しなくとも、その労働需要を自ら満たすことができるように改造することであった。とくに独立戦争が終結した一七八三年以降、本国では西インド植民地で奴隷人口の「自然増」実現するための議論が本格化した。即時「廃止」論者ウィルバーフォース、クラークソン、ラムゼイらも、プランタのラスケル（Lascelles, Edwin）、そして九〇年代に入ると漸進「廃止」論者ダンダス（Dundas, Henry）も、こぞって奴隷の出生奨励を提唱したのである。[23] 奴隷の出生力向上は、プランタの奴隷に対する処遇の改善を必要とするためその虐待を止めさせる。それはまた西インドの奴隷人口の自己再生産を実現させ、奴隷貿易を無用のものにして「中間航路」の悲惨を解消するに加え、プランタを労働不足の問題から解放すると主張されたのである。この目標を達成するための課題が本国政府によって明示されたのも、この時期である。一七八九年に枢密院の貿易委員会は、アフロカリビアン奴隷女性には潜在的に高い出生力があるものの、「多婚（polygamy）」など彼らの人口行動上の慣習がこれを抑制しているとの報告を行う。[24] それは、アフロカリビアン女性の出生行動様式の「改良」こそが政策課題であると表明するもので、「多婚」は男女のマルチラテラルな性交渉を伴うとの理由からする、彼女たちのセクシャリティへの道徳的批判の始まりでもあった。

第3節　奴隷女性の「悪行」とマルサス（一七九〇年代～一八〇七年）

(1)　急進「廃止」の後退と「漸進」論の勝利（一七九〇年代）

一七八九年に始まるフランス革命は九〇年代に急進化してゆくが、この「ジャコビニズム」に対する英国内での反発はウィルバーフォースら即時「廃止」論への政治的逆風となり、議会ではダンダスらの漸進論が有力になる。さらに本国の革命に刺激を受けて一七九四年に西インドの仏領サンドマング（St. Domingue）でプラントクラシに対する混血クレオールや解放奴隷を中心とする反乱が始まると、漸進論はさらに大きな支持を得た。ハイチ革命は英国では「ジャコビニズム」に対する嫌悪を増長したのだが、それに加えて当時西インド最大の砂糖生産地だったサンドマングの政治的混乱と急速な経済的没落は、当地との激しい価格競争に苦しめられ後退を余儀なくされていたイギリス領西インドの砂糖プランテーション経営に、大きなビジネスチャンスをもたらした。この情勢において、ウィルバーフォースは前述の一七八九年のそれを皮切りに一八〇〇年までに計八回「廃止」法案を庶民院に提出する（一七九二、一七九三、一七九五、一七九六、一七九七、一七九八、一七九九年）が、すべて廃案にされてしまう。[25] 砂糖生産の拡大に伴い奴隷労働の需要が増大し、その供給の増進こそが喫緊の課題とされた。その結果、大西洋奴隷貿易の即時「廃止」論は説得力を失う一方、「廃止」は当面見合わせ西インド植民地での奴隷人口の「自然増」が達成されたのちに実施すべし、とする漸進論が支持を集めたのである。[26]

こうして一七九〇年代には、奴隷貿易の継続とともに、西インド植民地には「廃止」という強制によって、ではなく自助努力によって奴隷女性の出生力を向上させその人口の「自然増」を達成することが求められた。一七九七年にジャマイカの有力砂糖プランタであったエリス（Ellis, C.）やバラム（Barham, J. F.）らは、相次いで奴隷女性の「性的放埓（sexuality）」と「多婚」の慣習を奴隷人口の主要な抑制要因であるとして論陣を張った。[27] こうして奴隷の「不道徳な性行動」が、彼らの人口の「自然増」を阻む主要課題と見做されるようになった。

（2）『人口論』における「予防的チェック」と急進「廃止」論（一七九八〜一八〇六年）

周知のとおりこの時期は、マルサスが『人口論』の執筆とその公刊を準備していた時期に当たる。初版『人口論』は翌一七九八年に刊行されるが、その理論は当時の西インド派や貿易「廃止」論者も含めた英国の知的世界の共通理解を色濃く反映している。まず基本的理解として『人口論』は、人口の増加が「国民の幸福と潔癖を示す」ものとする。それは当時流布していた人口思想の表現であって、ベンジャミン・フランクリンやアダム・スミスなどの論稿にも見られる「人口の自然増」概念を指す。[28]『人口論』では、人口は「自然状態」においては生活資料が利用可能な限り増加する傾向があるとされる。逆に未利用の生活資料があるにもかかわらず人口が停滞ないし減少するとすれば、それは不「自然」である。この道徳的判断から、不「自然」な出生制限は「悪行(vice)」と見做され「予防的チェック(preventive checks)」と概念化された。[29]

このマルサスの議論が、プランタらによる奴隷女性の「性的放埓」への道徳的批判とシンクロニズムを成していることは明らかである。両者とも、出生局面について人口増加の潜在力を現実化させることは道徳的価値であり、それを阻む行為は不「自然で」不道徳であると見做す。言うまでもなく『人口論』は死亡局面にも目を向け、人口増加を妨げる今一つの「チェック」として「積極的チェック(Positive Checks)」を示す。「悲惨(misery)」による死亡がそれである。[30]しかし西インド植民地のとくに砂糖プランテーション経営は奴隷労働者の恒常的大量死亡をほぼ与件として成り立っており、プランタにとっては死亡率の軽減よりも死亡を上回る高出生力をどのように奴隷に実現させるかが現実的課題としてより重要に見えたのである。

一八〇三年公刊の『人口論』第二版と言えば、今一つの「予防的チェック」として過剰人口の発生を防ぐ「節欲(sexual abstinence)」の「徳(virtue)」による人口制限の議論が盛り込まれたことで知られるが、[31]それとともに西インド植民地のプランタや奴隷貿易業者らの要請に応えるかのように、アフリカ大陸の人口についての見解が加えられたことに注意したい。まず当大陸の人口が停滞している要因は、主に現地人の間での戦乱などによる荒廃に求められ、彼らが旺盛な出生力を有し、その人口は食料が利用可能な限り増加する傾向はやはり確認できる。そのことはまた、大西洋奴隷貿易もアフリカ大陸の人口停滞の要因ではないことを示すと論じられた。[32] すでにアメリカ合衆国独立前にヴァジニア植民地のプランタが示し、ベネゼトそしてシャープによって受け入れられた、アフリカ人は本来逞しい出生力を持っているという議論は、マルサスによっても支持されたのである。

一七九〇年代の砂糖ブームは、しかしながらイギリス領西インドのプランタにとっては晩秋の小春日和でしかなかった。当時本国に西インドから輸入された砂糖の大部分はヨーロッパ大陸に再輸出されていたが、西インドでの生産増加とナポレオン戦争によるヨーロッパ砂糖市場の縮小により、本国は世紀の変わり目までに砂糖の過剰在庫を大量に抱えることになった。そしてナポレオンのベルリン勅令による英国への禁輸措置（大陸制度）は状況を決定的に悪化させ、一八〇六年に砂糖価格の暴落を招いたのである。[33] イギリス帝国は一八〇七年にはヨーロッパ大陸が輸入する砂糖の優に半分を超える量を生産していたため[34]その影響は大きく、本国の政治でも西インド派は急速に後退した。

この情勢の中で、雌伏を強いられていた奴隷貿易即時「廃止」論は息を吹き返したのである。ライバルだったスペイン領キューバの砂糖生産は労働力の大部分をアフリカからの輸入奴隷に依存し、その供給には英国の奴隷業者が大きく関与していたので、英帝国の奴隷貿易「廃止」がキューバの砂糖生産に打撃を与え得るという見込みから、西インド派は雪崩を打って「廃止」論へ賛同し始めた。[35] 勢いを得たフォックス（Fox, C.）、グレイ（Grey, C.）、ウィルバーフォースら即時「廃止」論者たちは、プランタにも受け入れ易いように「廃止」が西インド奴隷社会の道徳的改良を促進し人口増をもたらすと強調した。[36] 上述のようにプランタたちは、西インドの慢性的な労働不足解決には、奴隷の「多婚」の悪弊すなわち「乱交（promiscuous intercourse）」の除去が欠かせないと考えていた。アフリカ人の家族形成パタンは、西インド派と即時「廃止」論者との大同団結の中で双方から道徳的に批判されることになった。

（3） 西インド人口の「自然増」可能性と奴隷貿易「廃止」（一八〇六～一八〇七年）

マルサスが『人口論』第三版を公刊したのは、奴隷貿易「廃止」の機が熟した一八〇六年である。その付録の註で、彼はこの著作で初めて西インドでの人口増加の実現可能性について言及している。(37) 上述のように第二版で、彼は大西洋奴隷貿易がアフリカ大陸の人口停滞には関与していないとしていたが、自らもジャマイカの砂糖プランタで西インド派の有力者であったヒバート（Hibbert, George）は、この説を捉えてマルサスを「奴隷貿易の友」"a friend of slave trade"と呼んだのだった。(38) これは当時の奴隷貿易「廃止」論の盛り上がりの中では、政治的にトラップを仕掛けられたのも同然だった。第三版の付録の註は、この問題について自らの立場を明確にする目的で付されたのである。その事情をより詳しく見るため、手元にある『人口論』第七版（一八七二年刊行）を紐解いてみよう。

まず彼は、第二版印刷終了間際に、ある奴隷貿易擁護論が『人口論』を根拠として述べられていることに驚き、『人口論』の結論はそのような議論とは正反対なものであることを示す必要を感じて筆を執った、と経緯を説明する。反奴隷貿易論が唱えるのが、死亡率の点から貿易の継続は最終的にはアフリカ大陸からの人口消滅（unpeople）をもたらすという主張だけだったならば、確かに現行『人口論』はこの恐れをなにがしか軽減する論拠を与えるかも知れない。しかし現実に主張されている奴隷貿易「廃止」論は、決してそのような理解を根拠に主張されているのではないのだから、人類（human species）の増加をつかさどる法則へ自分が言及したことは、言わずもがなのことであり、確かに「奴隷貿易の友」と見做されても仕方のない最も愚かな態度に違いない、と自嘲気味に事情を説明する。(39) 議論の焦点をアフリカ大陸の人口問題にすり換えようとするヒバートの狙いを、マルサスは挫くのである。彼の目的は、ヨーロッパ人にもアフリカ人にも通じる普遍的な人口のテーゼを示すことにあった。貿易「廃止」論には、「中間航路」における虐待への批判とともに、「新大陸」植民地における奴隷人口の「自然増」達成という政策目標が含まれていることを、彼は正確に理解していた。『人口論』第二版でアフリカについても人口が生活資料の利用可能な限り増加する傾向が認められるとしたマルサスは、自分の理論が貿易擁護論と「廃止」論との双方から政治的に利用され易いものであることを十分理解していたに違いない。

次にマルサスは「廃止」を擁護する二つの理由を説明する。第一に奴隷貿易と奴隷の西インド諸島における扱いは多大の「人間の悲惨（human misery）」を生み出すものであり、その継続は人間としてそしてキリスト教徒として恥ずべきことであること、第二に西インド諸島の農業（culture）は、さらなる奴隷の輸入がなくとも、現在と同様の利点とはるかに大きな安全をもって継続できること、この二点である。まず、第一の理由について。西インド植民地で黒人人口が「自然増」できず労働が不断にアフリカ大陸から補給される必要があるのは、「悪行」と「悲惨」の二種のチェックが過剰に作用しているためである。とりわけ西インドについて言えば、奴隷男女の人口比が著しく不均等であることが彼らの人口減少の主因と言える。男性人口の過剰が奴隷の「不道徳」発生の有力な要因の一つである。すなわちこの不均等が家族を形成する幸福への機会を彼らの大半から奪っている。続いて第二の理由について。自然条件や政治体制の如何にかかわらず、ほとんどの事例において人口は生活資料の利用可能な上限に維持され得る。それ故「廃止」によって西インド諸島の奴隷が許容できる状況（tolerable situation）に置かれ、あるいは彼らの「社会条件（civil condition）」や「道徳的習慣（moral habits）」にいささかでも改善が見られるならば、当地の労働への有効需要を十分に満たすことができる出生（procreation）を得られるとして大過あるまい(40)。上の第一の理由における「悪行」と「悲惨」が第二の理由の奴隷の「道徳的習慣」と「社会条件」とに関連していることは、明らかである。奴隷の「悪行」の排除が「道徳的習慣」をもたらし、「悲惨」の解消が彼らの「社会条件」つまりは労働条件や生活条件など全般の改善につながる。プランタや農園管理者の怠惰や無能、サディズムなどに起因する奴隷の心身への過剰で無益な虐待とともに、奴隷の間での「多婚」の悪習を除去し、男女の人口比を均等にするならば西インド奴隷人口も「自然増」を実現すると、マルサスは予想するのである。

では奴隷の「悲惨」や「悪行」の解消を阻む条件は何か。ここでは明記されていないものの、文脈からそれが奴隷貿易であることは容易に読み取れる。上述のように、彼はこの文章の冒頭で自分が「廃止」論を支持する旨を明確にしている。それは恐らく、奴隷貿易がプランタから改善策を実施するインセンティブを奪っているという理由からである。これは上述のようにウィルバーフォースが「廃止」を要求する理由の一つに挙げているものであり、恐らくはそれゆえに翌一八〇七年に、彼はマルサスが奴隷貿易「廃止」陣営に「転向（conversion）」したとして歓迎の意を表したのである。[41] そしてこの一八〇七年ウィルバーフォースらの積年の努力の結果、英帝国領について大西洋奴隷貿易を廃止する法律が制定され、翌年それは施行されたのだった。

第4節　奴隷「結婚」奨励策の挫折と「解放」（〜一八三〇年代）

（1）　西インド奴隷への結婚奨励策の挫折（一八〇七〜一八三〇年）

一八〇七年に英帝国の大西洋奴隷貿易が廃止されたものの大方の予想を裏切り、バルバドス島などごく一部を例外として、英領西インドの人口減少は一向に止まらなかった。[42] 英領西インドの砂糖生産はさらに衰退し、西インド勢力は勝利を収めた「廃止」論との協調を迫られた。興味深いことにそこで生じたのは、西インド派が「廃止」論・「解放」論の軍門に下り白人と同等の奴隷に自由が与えられる事態ではなく、逆に「廃止」論・「解放」論側が西インド植民地の奴隷社会改革をプランタに代わって主導してゆく事態であった。「廃止」論者が主導しプランタがそれに同調する仕方で、西インドの奴隷社会の改革とくに彼らの人口行動の改革のためには、従来よりも踏み込んだ政策的介入が必要との主張が広まった。白人大プランタを頂点とする植民地の階層秩序維持こそが、その政策の目標だった。

この文脈からすれば、奴隷貿易の「廃止」実現が奴隷の「解放」には直接結びつかなかったのも驚くべきこととは言えまい。一八一六年にバルバドス島で発生した大規模な奴隷反乱、いわゆる「ブーサの乱（Bussa's Rebellion）」もまた本国の奴隷「解放」への躊躇に大きくかかわっている。この反乱は、奴隷の間にすでに英本国は「解放」を決定しているとの流言が広まったことから生じた[43]。その結果、本国では「廃止」論者も含め奴隷の「解放」を安易に論じることは植民地統治を危険に晒しかねないとの危惧が一層深まったのである。「ブーサの乱」鎮圧後、指導的「廃止」論者ウィルバーフォースも西インドの奴隷は未だ自由を享受するに能わず、「解放」は時期尚早との立場を表明した[44]。彼にとって貿易の「廃止」は、西インド奴隷社会の「文明化」プロジェクトの一環なのであり、このプロセスには家族形成におけるアフリカ的「多婚」制を排除し、ヨーロッパの単婚制を広めることも含まれる。奴隷は現状では十分「文明化」されていないのだから、当面奴隷を「解放」せずに彼らの道徳的改革を進めることが主要課題とされたのである[45]。

一八二〇年代以降、主にメソディストやバプティストなどのプロテスタント宣教師たちが、奴隷の「道徳的改革」運動を担うことになる。彼らは奴隷社会にキリスト教的「単婚」の普及に努めたのである。彼らは奴隷の「多婚」慣習を性的堕落と結び付けて「悪習」と批判し、それが低出生をもたらしているとした。奴隷の「悪習」を排除し神に祝福される「単婚」の家族形成パタンが定着すれば彼らの人口「自然増」も達成され得るとの予想は、既述のとおりプランタから即時「廃止」論者、そしてマルサスに至るまでさまざまな立場の論者の間で共有された。その一方でマルサスの言う「積極的チェック」の問題は、プランテーション奴隷社会に関しては依然主な議論の対象にはならなかった。例えばジャマイカの砂糖プランタであったローズ（Rose, George）は、西インド植民地の人口減少要因として労働・栄養摂取条件の劣悪さの影響を否定している。[46]やはり西インドのプランタは、一程度の奴隷の死亡は与件と見做し続けていたのである。

一八二三年のデメララ（Demerara）植民地（英領ガイアナ）における大規模な奴隷反乱でも、英国王はすでに奴隷解放を宣言しているとの流言が彼らの間に広まっており、本国では植民地統治維持への不安から西インド植民地の奴隷については即時「解放」よりも漸進的なそれをもって対応すべしとの議論が有力になる。[47]この年「英植民地奴隷制の緩和及び漸進的廃止のための会（Society for Mitigation and Gradual Abolition of British Colonial Slavery）」が結成された。[48]同じ年西インド植民地奴隷の待遇改善法が制定されたが、その主な内容は奴隷の間にヨーロッパ的な「単婚」を広めることにあった。この本国の法に基づいて英領西インド植民地議会は、一八三〇年代まで次々に奴隷のキリスト教的「単婚」の法制化を進めてゆく。[49]西インドの奴隷社会が「多婚」の「悪習」を排し人口の「自然増」を達成して潤沢な労働力を供給できるようになり、ヨーロッパの文化に親しみ「文明化」され暴力的反抗を止めて初めて、「解放」の機は熟したと判断できるというのがこの時期の大方の見方だったのである。

しかし奴隷たちの間では、アフリカ故地の文化である「多婚」を否定するキリスト教宣教師らの運動には抵抗感が強く、ヨーロッパ型の「単婚」はあまり広がらなかった。例えば、一八二三年に非国教会派の一つメソディストの宣教師シュルーズベリ（Shrewsbury, W.）は、奴隷たちが単婚には熱意を示さないことを報告している。また一八二九年には、西インドに派遣された国教会宣教師が、バルバドスでは奴隷の結婚を促進しようというチャプレンたちの努力は、ほとんど成果を得られていないと報告している。[50]

（2）「空腹の恐怖」による労働者改革としての奴隷「解放」

西インド植民地でプランタやキリスト教宣教師らによる奴隷社会の「文明化」策が期待された成果を上げることができないでいたこの二〇年代、本国では漸進的奴隷「解放」論は説得力を失い、即時「解放」論が再び急速に台頭した。例えば庶民院への奴隷「解放」を訴える請願数がこの時期急増している。一八二三〜二六年の四年間に、ロンドンだけで七万二〇〇〇署名、グラスゴーとノーフォーク州ではそれぞれ三万八〇〇〇署名、エディンバラでは一万七〇〇〇署名が集められた[51]。奴隷「解放」は、国民的社会運動に成長しつつあった。

プランタの政治的経済的没落はさらに進み、西インド奴隷社会を彼らが自力で改革する見通しがつかない状態に陥ったことが、本国における漸進的「解放」論後退の一因であろう。その事情は、一八二三年に発表されたジャマイカの砂糖プランタであったバラム（Barham, Joseph Foster）の論稿に窺うことができる。彼は、そこで自身の経験から奴隷たちの道徳的堕落（moral decay）がほぼ克服不能の状態であると結論している。これは、一八〇七年以降「廃止」論者までもが参加して進められた結婚奨励策が破綻に帰したことを、プランタ自らが認めたものとして注目に値する。彼は、まず西インドの私有の農園は本国政府が接収（take over）し所有者にはその補償をした上で奴隷の道徳的改革プログラムを国家が強力に推進すべしとした。バラムはまた奴隷の「解放」にも言及する。奴隷に勤労を求めるためには、従来プランテーションで採用されてきた暴力的強制に拠る方法は効果がないとする。彼らの勤労を引き出すためには、暴力ではなく「空腹」こそ重視されるべきである。すなわち奴隷を労働市場の「空腹の恐怖」に晒すべしというのが、バラムの奴隷「解放」論の骨格である。彼の「空腹の恐怖」論は、しかしながら単に勤勉つまり労働生産性の向上だけを目標としたものではなく、興味深いことに、奴隷の出生力の向上をも視野に入れた議論だった。実際バラムは、一八二九年に自身の所有するジャマイカの砂糖プランテーションであるモンプリエ農園（Montpelier）について、管理者に対しより多くの子どもを持とうとしない奴隷の食糧配給量を減らすよう指示している。[52]

暴力ではなく「空腹の恐怖」によってプロダクションの向上のみならずリプロダクションつまり出生力の向上までも実現させようとするこの議論は、一見混乱に陥っているようにも見える。しかし恐らくバラムの考えは、西インド植民地社会が白人プランテーション所有者を頂点としアフリカ系奴隷を底辺とする階層分化された社会であるという現実認識を土台としている。「空腹の恐怖」は、底辺の奴隷労働者に社会的に上昇しより生活条件が安楽でより多くの子どもを持てる家族を形成する幸福を実現したいという明確な目的意識をもたらす。この目的意識が自然と彼らの行動を道徳的なものに自己改革し、結果として彼らの勤勉と高出生力とを引き出すと見るのである。バラムにとって「解放」は、一義的にはアフリカ系労働者への移動・職業選択・結婚などの自由の付与ではなく、西インドプランテーション経済の復興と植民地社会の階層秩序強化を目指すものだった。

（3）「解放」の「失敗」とアフロカリビアンへのレイシズム（一八三〇年代）

一八三三年に英領西インドの奴隷「解放」のための法制定がなされ、同法は翌三四年に施行された。[53] この「解放」が、一八〇七年の貿易「廃止」と同じく、一七八〇年代以来の一貫した政策課題であった西インド植民地におけるアフリカ系労働人口の「自然増」実現とそれを通しての潤沢な労働供給の確保を達成するためのものだったことは、疑い得ない。しかしアフリカ系労働者を奴隷とし暴力による労働管理下に置かざるを得なかった主たる理由は、何よりも砂糖プランテーションにおいて彼らの高死亡率や低出生、高負傷・高疾病率をもたらす非常に過酷な労働・生活環境にあったのである。それが労働者の逃散や暴力的反抗と農園側の見せしめのための虐待と報復の連鎖を生み出していた。「解放」により彼らを自由な賃労働者にすれば、労働・生活環境に特段の改善がない限り、彼らのプランテーション労働からの逃避を招く危険があった。

一八三〇年頃までに奴隷制「廃止」運動の指導者として老齢のウィルバーフォースに取って代わったバクストン（Buxton, T. F.）は、一八三一年の西インド植民地の奴隷人口データを見て、さらに急速に彼らの人口減少が進んだことを指摘した。このことを契機として「廃止」論者の間で奴隷の即時「解放」要求が高まった。また一八三一年末から翌一八三二年初にかけてジャマイカの西部一帯を襲った奴隷反乱（「バプティスト戦争［Baptist War］」）は、イギリス領西インド史上空前の規模のものとなり、英本国に大きな衝撃を与えた。[54] これらは奴隷の文明化プロジェクトが失敗に帰したとの印象を強く与えた。一八三三年には、本国で奴隷の即時「解放」を要求する庶民院への請願は総数約一三〇万件にも上った。この大きな運動のうねりには、英国女性の貢献は誠に大きく、それらのうち女性の請願は三〇％に当たる四〇万件を占めていた。同年スタンリー（Stanley, Edward）が奴隷制廃止法案（Emancipation Bill）を庶民院に提出した当日、「解放」を求める請願一八万七〇〇〇署名が議会に届けられた。これは一日に提出されたものとして英国史上最大の請願とされている。[55] こうしてイギリス帝国における奴隷総計約八〇万人の「解放」が決定された。スタンリーは、「解放」が「偉大なる実験 "mighty experiment"」たる意義を強調したが、[56] そこでもまた奴隷間の「みだらな通交（promiscuous and licentious intercourse）」をプランタが阻止できなかったことが批判されていた。[57]「解放」の主目的は、変わらず西インド植民地におけるプロダクションつまり生産の向上とリプロダクションつまり人口再生産の達成にあった。奴隷に一程度の自由を与えることは、それらの目標の手段であった。そのことを如実に示すのは、「解放」実施後四年間にわたってアンティグア島など一部を除いて英領西インドに導入された「徒弟制（apprenticeship）」であった。一八三八年まで続くこの制度は、奴隷制と自由な賃金労働との中間的な性格を有するもので、解放された奴隷に対し自由人と同様の自立した家族生活を許可する一方、旧所有者の下で一定時間の不払い労働に従事することを強制したのである。[58] しかし現実には旧所有者は、「徒弟」に認められた自由時間や子どもの労働をも支配しようとした。

この制度の下でバラムの言う「空腹の恐怖」原則が、そこでさまざまに応用された。バルバドス島では、自由時間に旧所有者の下での農園労働に従事しようとしない解放奴隷の家族をプランタが農園から追放したり、子どもを農園で「徒弟」に出さない家族への医療サービス、保育サービスを打ち切ったほか、これらの子どもの農園からの追放も実施された。農園内に居住し子どもの養育上の種々のサービスを享受することも、フルタイムの農園労働の対価と見做されるようになった。さらに同島では子どもへの医療サービスの継続は、母親の農園での土曜労働を条件とした事例もあった[59]。西インドの奴隷にとって週末は休息や教会への礼拝などとともに自家菜園(provision ground)の耕作日として既得権化していた。プランタは今や生活支援の対価としてこの既得権の一部の放棄を労働者に要求するようになったのである。

「解放」後のプランタによるこれら一連の農園資源の「囲い込み」政策は、解放奴隷の「勤勉」をもたらしプロダクションの向上を実現させるどころか、西インド経済の衰勢をますます助長したのだった。同様にこれらの「囲い込み」は労働者のリプロダクションをも悪化させた。一八三八年の「徒弟制」廃止後一八三九年まで、プランタは、農園労働に従事せずに労働者宅に同居する血族の大量追放を実施した。奴隷時代には数世代にわたって築かれたアフロカリビアンの血族的紐帯が存在しており、それらは過酷な労働・生活環境の中でとくに出産や子どもの養育の際の奴隷間の相互扶助に貢献していたが、この追放は農園労働者の血族的紐帯の多くを切断し解体した。その結果、一八三八〜一八四一年の間に西インドでは子どもの死亡率が急上昇した[60]。しかしながら英本国や植民地当局は、西インドのプランタの「囲い込み」をではなく、むしろアフロカリビアンの親の態度を批判した。すなわち彼らは、解放奴隷労働者の親のネグレクトが子どもの高死亡率の原因と見たのである。こうして、アフロカリビアンを不道徳で自由を享受するに能わず、自立した家族生活をマネジメントする能力に欠けた野蛮人種、と見る見方が広まったのである。[61]

第5節　むすび

奴隷「解放」の政治経済学における理論的展開は、興味深いことに現実の西インド奴隷制プランテーション経済社会の歴史過程に対し逆進の関係にあることが分かる。アフリカ系労働者を奴隷身分から「解放」し彼らの既得権を奪うことにより自由な労働市場の「空腹の恐怖」に晒す。また彼らの「多婚」の「悪習」を排除してキリスト教的「単婚」を広め彼らに家族を持つ幸福という目標を与えれば、それに向けて暴力的な反抗を止め勤勉の美徳を習得し、家族を得たのちは自立した家計を維持し子育てにも熱心に取り組む。それらの結果西インドのプラントクラシの安定と労働の潤沢な供給、そして経済的発展が実現する。それを通してアメリカ合衆国独立によって危機に陥ったイギリス帝国体制全般を立て直す。

一八世紀第四四半期の政策的要請から構築が始まったこの理論は、一九世紀第二四半期に完成した時までにその破綻は明らかになっていた。その主因は、人口が極度に少ない西インドにおいて熱帯の過酷な自然環境の下国際市場向けに比較的安価な農産物を大量生産する事業は、強制移住させた労働者を死亡や飢餓・負傷・疾病の恐怖を上回る暴力の恐怖をもって管理する以外に手立てはなかったことに求められる。「廃止」論は、奴隷労働者の「悲惨」解消という課題を、西インド植民地統治の安定とそこから生み出される富の維持という課題に組み込む試みだった。「予防的」と「積極的」との二つのチェックに妨げられない限り人口は自然状態では生活資料が利用可能な限り増加する、というマルサスの理論が「廃止」の政治経済学に果たした役割は、霧の荒野の三魔女の予言がマクベスに果たしたそれに似ている。利に拠りて理を用いんとす、則ち禍あるべし。「予防的チェック」

の「悪行」の議論に覚醒され、「廃止」の政治経済学は奴隷の「多婚」慣習克服という課題を土台にして立ち上げられたのだった。しかし対応困難な「積極的チェック」の問題を与件とし無視せざるを得なかった「廃止」の政治経済学は、はじめから破綻を運命付けられていたと言える。見まいとしてもバーナムの大いなる森は動くのである。

* 本研究は筆者が研究代表者である平成二六年度学術振興会科学研究費基盤研究（C）（一般）「英領ジャマイカの四農園における黒人奴隷人口の比較研究」（平成二六年～平成二八年）の研究成果の一部である。

注

（1）この今や古典的ともいえる見解を示す作品中比較的近年のものとしては、S. Drescher, *The Mighty Experiment: Free Labor versus Slavery in British Emancipation*, Oxford, UK, Oxford University Press, 2002 や D. B. Ryden, *West Indian Slavery and British Abolition, 1783–1807*, Cambridge, UK, Cambridge University Press, 2009 を挙げることができる。なお K. Paugh, *The Politics of Reproduction: Race, Medicine, and Fertility in the Age of Abolition*, Oxford, UK, Oxford University Press, 2017, p. 3. note 7 は、この見解が「廃止」運動の指導者トマス・クラークソンの著作やウィルバーフォースあるいは小ピットら議会での発言を根拠としていることを指摘し、それらの「廃止」運動にかかわった当事者たちの議論については批判的検討こそが必要であることを強調する。

（2）その系譜に連なる作品として、例えば C. L. Brown, *Moral Capital: Foundations of British Abolitionism*, Chapel Hill, North Carolina, USA, the University of North Carolina Press, 2006, D. R. Peterson, *Abolitionism and Imperialism in Britain, Africa, and the Atlantic*, Athens, Ohio, USA, Ohio University Press, 2010, R. Huzzey, *Freedom Burning: Anti-Slavery and Empire in Victorian Britain*, Ithaca, New York, USA, Cornell University Press, 2012, J. R. Oldfield, *Transatlantic Abolitionism in the Age of Revolution: An International History of Anti-slavery, c. 1787–1820*, Cambridge, UK, Cambridge University Press, 2013,

Paugh, *op. cit.*, E. A. Dolan, "Lionel Smith in Barbados, 1833-1836: imperialist and abolitionist rhetoric in emancipation-era Caribbean governance", *Slavery & Abolition: A Journal of Slave and Post-Slave Studies*, vol. 39, no. 2, 2018, などを挙げることができる。

(3) 「プランタ (planter)」という語は、一八世紀イギリス領ジャマイカにおける語法に従えば必ずしも農園所有者だけを指すのではなく、熱帯産物の取引にかかわる商人や金融業者、そして差配人 (attorneys)、監督 (overseers)、書記 (bookkeepers) など農園の白人管理スタッフすべてをも含む概念である。それは実際西インド植民地の白人支配層という意味に近く、そのため農園の最底辺の管理スタッフだが黒人から選出される奴隷追い (driver) は「プランタ」には含まれない。本章ではこの語法に従う。J. A. Delle, *The Colonial Caribbean: Landscapes of Power in the Plantation System*, New York, USA, Cambridge University Press, 2014, pp. 67-72, 112.

(4) 例えば一六二六～一八〇七年の間イギリス領バルバドスは総計約三八万七〇〇〇名の奴隷を輸入したが、その奴隷人口は一六七六～一七〇〇年までの間平年平均四％の、一七〇一～一七二五年の間には年平均五％の純自然減を経験し、一八三四年に奴隷から「解放」され自由を享受できたのは僅か八万二〇〇〇名に過ぎなかった。同様に、イギリス領ジャマイカの奴隷人口も一八世紀には年平均三・〇ないし三・五％の純自然減を経験している。同島の黒人人口がようやく自然増を実現できたのは、奴隷「解放」後の一八四〇年代だった。西インド植民地の奴隷社会における死亡の中で特に顕著なのは乳幼児の高死亡率である。K. F. Kiple, *The Caribbean Slave: A Biological History*, Cambridge, UK, Cambridge University Press, 1984, pp. 106-19.

(5) 一五〇〇～一八六七年の間に奴隷としてアフリカ大陸から「新世界」に強制移送されたアフリカ人の総数については、エルティス (Eltis, David) とハルバート (Halbert, Martin) による最新の最も精度の高い推計 (そのデータベースはウェブ上に公開されている。www.slavevoyages.org) によれば、約一二五二万一三〇〇名がアフリカ大陸から運び出され、大西洋の「中間航路 (the Middle Passage)」でその約五分の一が死亡し、「新世界」に上陸して奴隷として使役された総数は約一〇七〇万二七〇〇名である。彼らのうち約半数はブラジルに、また約二三一万八三〇〇名がイギリス領西インド植民地に向けられたが、北米に向けられたのは約三八万八七〇〇名に留まり、それはイギリス領西インドのジャマイカ島に向けられた一〇一万九五九六名の三分の一程度に過ぎない。Delle, *op. cit.*, p. 63. 第2節でみるように奴隷貿易「廃止」運動は北米から始まったが、その背景として当地の大西洋奴隷貿易への依存度が低かったことにも注意したい。なおイギリス船籍の奴隷船が運んだ奴隷の総数は、約三一〇万人と推計されている。Ryden, *op. cit.*, p. 157. note 1.

（6）Brown, *op. cit.*, p. 37.

（7）*Ibid.*, pp. 33–4.

（8）*Ibid.*, p. 91.

（9）Paugh, *op. cit.*, p. 33.

（10）*Ibid.*, pp. 5–6, 23–4, 31.

（11）*Ibid.*, p. 35.

（12）Brown, *op. cit.*, pp. 396–7.

（13）Paugh, *op. cit.*, p. 24.

（14）Brown, *op. cit.*, pp. 96–8.

（15）J. Walvin, *The Zong: A Massacre, The Law & The End of Slavery*, New Haven, USA, Yale University Press, 2011, pp. 1, 27.

（16）Paugh, *op. cit.*, p. 65.

（17）*Ibid.*, p. 36.

（18）S. Drescher, *Abolition: A History of Slavery and Antislavery*, Cambridge, UK, Cambridge University Press, 2009, p. 127, Paugh, *op. cit.*, p. 38. その結果英国の奴隷貿易は量的に一七七八～一七八一年の間に一七世紀以来の低迷をみた。Drescher, *Abolition*, p. 122.

（19）S. H. H. Carrington, *The Sugar Industry and the Abolition of the Slave Trade, 1775–1810*, Gainesville, Florida, US, University Press of Florida, 2002, p. 129.

（20）Drescher, *Abolition*, p. 213.

（21）Brown, *op. cit.*, p. 1.

（22）Drescher, *Abolition*, p. 219.

（23）Paugh, *op. cit.*, pp. 40–3, 48–9.

（24）*Ibid.*, p. 44.

(25) *Ibid.*, pp. 48–50. Ryden, *op. cit.*, p. 179.
(26) Paugh, *op. cit.*, pp. 47–50.
(27) *Ibid.*, pp. 50–3.
(28) *Ibid.*, pp. 14, 163.
(29) *Ibid.*, pp. 164–5. ロバート・マルサス（高野岩三郎・大内兵衛訳）『初版 人口の原理』第四一刷、岩波書店、一九八一年、五五～六頁。T. R. Malthus, *An Essay on the Principle of Population or A View of Its Past and Present Effects on Human Happiness*, 7th edition, London, UK, Reeves and Turner, 1872, pp. 7–8.
(30) マルサス同上訳書、六〇～一頁。Malthus, *op. cit.*, pp. 8–9.
(31) Paugh, *op. cit.*, p. 165.
(32) *Ibid.*, p. 162. Malthus, *op. cit.*, pp. 70–80.
(33) Paugh, *op. cit.*, p. 155.
(34) Drescher, *Abolition*, p. 206.
(35) Paugh, *op. cit.*, p. 156.
(36) *Ibid.*, pp. 159–60.
(37) *Ibid.*, p. 161.
(38) *Ibid.*, p. 162. Malthus, *op. cit.*, pp. 508–9. なおこの『人口論』第七版は著者の死後刊行されたもので、第六版をそのまま再版したものだが、第二版と第六版の間に少なからぬ内容上の違いがあることには、注意しなければならない。Cf. トマス・ロバト・マルサス（吉田秀夫訳）『各版對照 マルサス 人口論』第Ⅰ篇（Kindle版）Nos. 819–20, 二〇〇四年（初版、春秋社、一九四八年）。
(39) Malthus, *op. cit.*, p. 508.
(40) *Ibid.*, pp. 508–9.
(41) Paugh, *op. cit.*, p. 169.
(42) 例えば一八〇七～一八二三年の間にジャマイカの人口は三四万八八二五名から三三万六二五五名に、そして一八三四年にそれはさらに三一万一〇七〇名まで減少した。Paugh, *op. cit.*, p. 173.

(43) *Ibid.*, pp. 174–5. Drescher, *Abolition*, pp. 231–2.
(44) Paugh, *op. cit.*, p. 175.
(45) *Ibid.*, pp. 176, 179.
(46) *Ibid.*, pp. 181–2.
(47) Drescher, *Abolition*, p. 255.
(48) *Ibid.*, p. 248.
(49) Paugh, *op. cit.*, pp. 180, 184.
(50) *Ibid.*, pp. 210, 229.
(51) Drescher, *Abolition*, p. 258.
(52) Paugh, *op. cit.*, pp. 187–8.
(53) *Ibid.*, p. 186.
(54) *Ibid.*, pp. 184, 186.
(55) Drescher, *Abolition*, p. 250.
(56) *Ibid.*, p. 264.
(57) Paugh, *op. cit.*, p. 186.
(58) この制度は奴隷制から賃金労働制への経過措置として導入された。まずそこでは六歳未満の子供については無条件に「解放」することとし、六歳以上の健常な者を「土地徒弟(praedial apprentices)」として、彼らに週に四五時間旧プランタの農場で不払い労働に従事することを義務づけた。それ以外の時間の使い方については、自分の菜園での作業や地域の市場での小売り、あるいは旧プランタの下での賃労働など労働者の自由に委ねられた。Delle, *op. cit.*, p. 180.
(59) Paugh, *op. cit.*, pp. 232–3.
(60) *Ibid.*, p. 233.
(61) *Ibid.*, pp. 233, 237.

参考文献

邦語

伊藤栄晃「盛期ジャマイカ砂糖農園における奴隷の出生と死亡――『グッドホープのジョン』所有の六農園の事例」『社会経済史学』八〇巻一号、二〇一四年。

田中秀夫『啓蒙と改革――ジョン・ミラー研究』名古屋大学出版会、一九九九年。

柳田芳伸『マルサス勤労階級論の展開――近代イングランドの社会・経済の分析を通して』昭和堂、一九九八年。

欧語

B. W. Higman, *Slave Populations of the British Caribbean 1807–1834*, Kingston, Jamaica, The Press University of the West Indies, 2nd ed. 1995 [1984].

D. B. Davis, *Inhuman Bondage: The Rise and Fall of Slavery in the New World*, Oxford, UK: Oxford University Press, 2006.

S. Drescher, *Econocide: British Slavery in the Era of Abolition*, Pittsburgh, USA, University of Pittsburgh Press, 1977.

第5章　ダーウィン主義者の土地社会主義論
――ウォーレスの場合――

柳田芳伸

第1節　はじめに

ウォーレス（Wallace, Alfred Russel, 1823–1913）に関する研究は既に巷間に横溢し、もはや飽和状態にあるといっても過言ではあるまい[1]。そうした中で、本章は一体何を伝えたいのであろうか。ウォーレスがマレー諸島で進化論を発想したことは周知事である。しかし帰国した彼がその後どのような変遷を辿って、一八八二年刊の『土地国有化』に到達していったのか、こう問われると、明確に教示してくれる先例は存外鮮少であろう。

とはいえ、ないわけではない。新妻昭夫氏の『進化論の時代』の七三頁には、ウォーレスが一八六四年以降いかなる変転を遂げていったかに関連する実に簡にして妙をえた構図が記載してある。本章の主眼は、何よりもこの縮図を指針としながら、ダーウィン主義者ウォーレスがどういった諸局面を経過しながら、土地社会主義者へと変身していったのかを辿り直し、この間にウォーレスの千思万考は那辺にあったのかに多少なりとも迫っていくことにある。ただし、本章もなお、管見の及んだ限りでの描出にとどまっていることを予告しておきたい。

第2節　起点としての『人口論』

ここで俎上に載せるダーウィン主義者[2]とはウォーレス、その人である。このウォーレスは一八五八年二月下旬、モルッカ諸島のジロロ島の西岸沖に一〇キロに位置する火山島テルナテにあった。その際、ウォーレスは間歇熱（マラリア）に見舞われ、体温は四一度であるのに、激しい悪寒に打ち震え、病床に伏していた。後年、ウォーレスはこの時の追憶を、五五年二月に筆にしたサラワク「論文[3]を書いて以来、種の変化がいかにしてもたらされるかという問題が私の念頭から離れることは殆どなかった〔中略〕この問題がまた頭に浮かび、そしてどうして『人口論』（この本を私は何年も以前に[4]読み、深く永続的な印象を受けていた）でマルサスが述べていた『積極的妨げ』のことに考えが及んだ。これらの妨げ——戦争、疾病、飢餓など——は人間だけでなく、動物にも作用するに違いないということに気付いていた。〔中略〕この事実にぼんやりと考えをめぐらしていたとき、突然、最適者生存という着想がひらめいた」と綴っている。[5]ともあれ、ウォーレスは遅くとも五八年三月にはダウン・ハウスのダーウィン宛に書簡とともに、テルナテ論文（「変種がもとの型から無限に遠ざかる傾向について」）をオランダの郵便汽船を介して差し出し、ダーウィンの方は六月一八日にはそれを受け取った[6]とされている。

図5−1　R. ウォーレス

落手したダーウィンは既に独自に進化論に到達していて、動揺の念を隠しきれなかった。そこでライエル（Lyell, Charles, 1797–1875）に相談し、ライエルとフッカー（Hooker, Joseph Dalton, 1817–

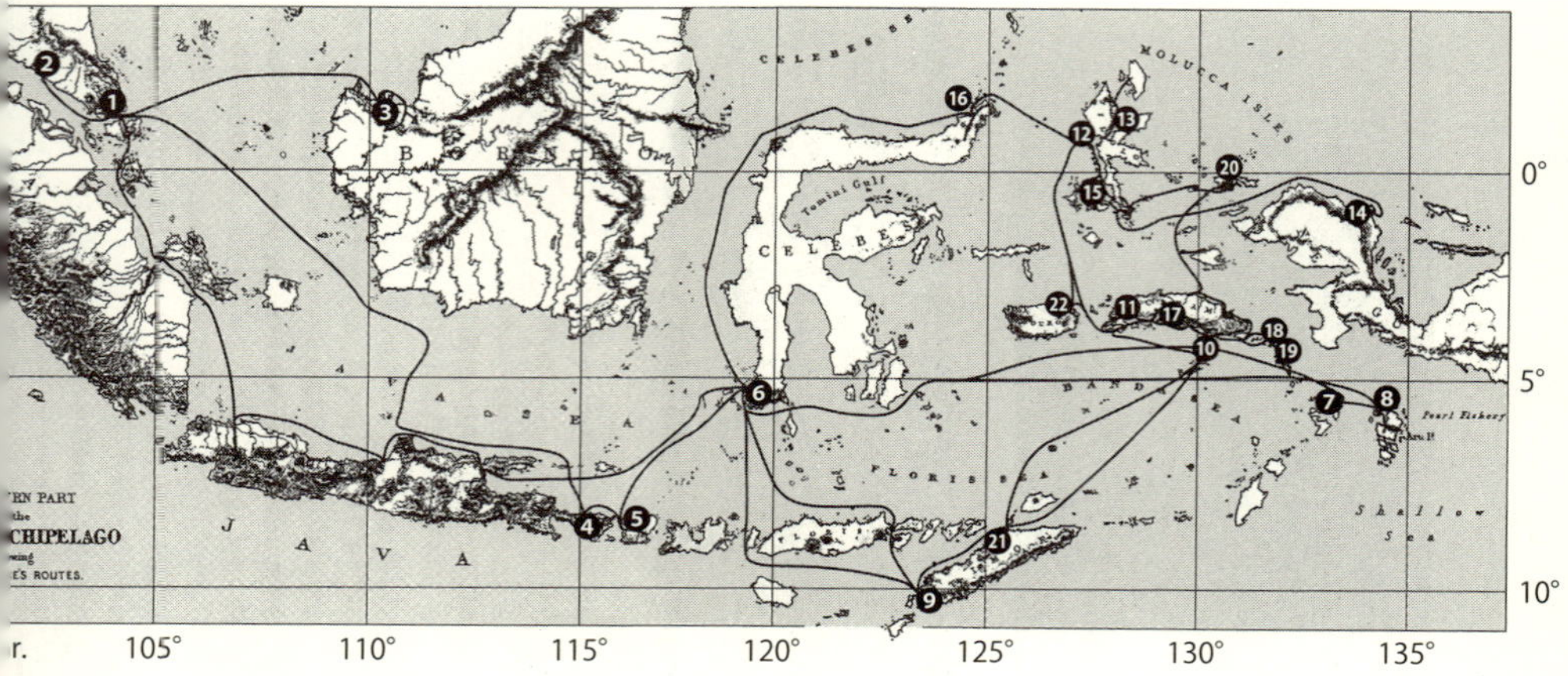

図５-１　マレー諸島及びウォーレスの航路（1854 年４月～62 年）

出典：新妻昭夫『種の起源をもとめて』朝日新聞社、1997 年、80-1 頁に基づき作成。
注：地図上に付された番号は次の地名を示している。
①シンガポール、②マラッカ、③クチン（ボルネオ島サラワク地方）、④ブレレン（バリ島）、⑤アンペナン（ロンボク島）、⑥マカッサル（セレベス島）、⑦ケイ諸島、⑧ドボ（アルー諸島）、⑨クーパン（チモール島）、⑩バンダ諸島、⑪アンボイナ、⑫テルナテ、⑬ジロロ島、⑭ドーレイ（ニューギニア）、⑮バチャン島、⑯メナド、⑰セラム島、⑱ゴラム島、⑲マタベロ諸島、⑳ワイギオウ島、㉑ディリ、㉒ブル島

1911）の尽力の下に、同年七月一日の夕刻に開催されることになっていたロンドン・リンネ学会（通常は二五名程度の出席）の臨時大会の場（ピカデリー通りのバーリントン・ハウスの二階）で共同報告をなす運びとなった。その発表順は、まずはダーウィンが四四年に執筆した進化に関する未完の試論（一九八頁）からの抜粋、次にダーウィンが五七年九月五日付けでグレイ（Gray, Asa, 1810-88）に宛てた書簡の一部（分岐の原理に関する）、そしてウォーレスによるテルナテ論文であった。[7] 家族の猩紅熱に追われていたダーウィンも非会員のウォーレスも不在ではあったけれども、爾後両者の間で自然選択に基づく進化論を確立した「先取権」をめぐって「ダーウィン＝ウォーレス問題」[8]が発現することになる。すなわち、一方では、「リンネ学会の陰謀」あるいは「リンネ学会事件」を挙証し、それは「ウォーレス＝ダーウィン学説」と呼ぶに相

応しいとする。[9]片や、双方の所論の異同に着目し、「ウォーレスの自然選択説は、ダーウィンとは異なるものであり、ダーウィンのものより重要性の劣るものである」との声を張り上げ、「ウォーレスの中途半端な発見」を揶揄した。[10]

本章では、基本的には後者の見地を支持したい。間違いなく、ウォーレスは「ダーウィンと同様にマルサスの概念に好意的に反応したのではあるまいか。それゆえ、ダーウィンとウォーレス〔中略〕はおそらく類似の哲学的立場から出発したのではないかと思」われる。[11]しかし実際には、ウォーレスはダーウィンの豊富で、重厚な研究の意義を認め、[12]終極的には「ダーウィン以上のダーウィン主義者」[13]とまで呼称されるのである。

第3節　ダーウィン主義者としての揺らぎ

そもそも『ビーグル号航海記』（一八三九年）の愛読者[14]であったウォーレスはアマゾン河を探検した際、ダーウィンの著述を引き合いに出していた（〔1〕八〇、三二四頁）。また五四年に「大英博物館の昆虫室でダーウィンに」紹介されてもいた。[15]それに五六年一〇月一〇日付でダーウィンとの交信を開始してもいた。[16]そして六二年三月末にマレー諸島での探検から帰国し、その七月終わりにはダウン・ハウスを訪ね、[17]以後ダーウィンとの研究交流を重ねていった。

にもかかわらず、ウォーレスは『ダーウィニズム』（八九年五月）の最終章「ダーウィニズムの人間への適用」に至って、「人間の肉体構造（bodily structure,or physical structure）」（〔6〕四六七、四八二頁）については、ダーウィンによって確立された「自然選択の理論〔原理あるいは法則〕」（〔6〕四三、一三七、四三一、四四〇、四四一、四八六、四九一頁）に基づき説明できるけれども、こと「人間の道徳的知的能力

［性質］（intellectual and moral faculties）」（［6］六、四八二、四八三、四九六頁）、あるいはまた「人間の心的道徳的能力（mental and moral faculties of man）」（［6］四八一頁）に限るなら、「自然選択すなわち最適者生存（the survival of the fittest）」（［6］二〇六、四八八頁）に即しては解釈できない。それゆえ「本当の（true）『自然選択』」（［6］二九四頁）を究明し、「真のダーウィニズム（pure Darwinism）を唱道する」（［6］六頁）には「何らかの新しい原因や力（some new cause or power）」（［6］四九二頁）ないしは「われわれの知る驚くべき複雑な力（marvelously complex forces）」（［6］四九三頁）を解明していく要があると断言したのである。借用、別言するなら、「ダーウィンは、進化の要因として自然選択のほかに性選択と獲得形質の遺伝を認めており、また自然選択にかかわらない中立形質があることも認めていた。一方、ウォーレスは自然選択だけが進化の要因であると主張して性選択と獲得形質の遺伝を否定し、生物の形質に適応性が認められる［中略］人間だけは例外で、自然選択によって進化したものでない[18]」といえよう。この立論はダーウィン没（八二年四月一九日）後の些事とはいえ、黙過できない史実であろう。この間に、ウォーレスの心境にどのような有為転変があったのであろうか。

ウォーレスは六四年三月一日にロンドン人類学会で「『自然選択』理論から演繹される人種の起源と人類の古さ」という報告を行った（［2］下、五二七頁、注1）。その際スペンサー（Spencer, Herbert, 1820–1903）の『社会静学』（一八五一年）の詳細な再読に多くを負っていた。実際、この『人類学展望』への寄稿論文の後半部（「人間社会の理想状態」）には、『社会静学』の第2部第9章「地球（the Earth）の使用権」との類似性がみられ、ウォーレス自身もこの論文をスペンサーに進呈している[19]。しかしこの論文においては、「人間の精神的・知性的な部分への自然選択の適用は否定されていない[20]」。けれども他方では、ウォーレスは自然選択の人間心理への適用に関しては懐疑的であったとも看取されている[21]。

ともあれウォーレスは六七年七月には長男に「ハーバート・スペンサー」と命名するほどすっかりとスペン

サーに魅了されていた[22]。そのスペンサーは第一巻『第一原理』（六二年）を皮切りとした第一〇巻『倫理学原理』（七九～九三年）までの『総合哲学体系』を順次刊行していく最中で、六四年には『生物学原理』の第一巻を上梓していた[23]。スペンサーはその中で「進化の主因に獲得形質の遺伝を考え、自然選択は副因に位置づけていた」[24]。また「最適者生存（survival of the fittest）」という語句を自然選択の同義語として導入、使用してもいた[25]。ウォーレスは六二年九月には『第一原理』を一読していて、ラマルク主義（獲得形質の遺伝）こそ排していたものの[26]、六六年七月二日付でダーウィンに宛てて、「私の考えでは、スペンサーの用語すなわち『最適者生存』（彼は自然選択よりもこちらを好んでいます）を採用すれば困難なく、またきわめて効果的にそれができるのではないかと思います。［中略］一部の個所は『自然選択』のあとに『すなわち最適者生存』と付け加えればいいでしょう」[27]と進言している。結局、ダーウィンの方は『飼育栽培のもとでの変異』（六八年）や第五版『種の起源』（六九年）でこの助言を部分的に受け入れている[28]。

ついで刮目されるのは、ウォーレスが『クォータリー評論』誌の第二五二号（六九年四月）に寄せたライエルの第一〇版『地質学原理』（六六～六八年）と『地質学の要素』の新版（六五年）に対する書評（全三六頁）の末尾部で、「人間の道徳的で高度な知的性質は意識ある生命が最初にこの世に現れたことと同様に類のない現象である。そしてそれらが何かの進化の法則によって生まれたと考えるのもやはり同様に困難である」と論及している点である[29]。つまりこの時点で、ウォーレスは既に「自然選択では、人間の知性や人類の顕著な道徳的性質の出現を説明できない」[30]との理解に達していたと推されるのである。加えて、六九年以降人間の精神的な進化の牽引力として「何らかの上位の知性」を思い設けていたことも見過ごせないであろう。それは、ウォーレスが人間の優れた能力による環境に対する改善や超克を思い浮かべていたと想像させるからである[31][32]。

最後に目を引かれるのは、ウォーレスが論文集『自然選択説の寄与』（七〇年）の最終章を「人間に適用したときの自然選択説の限界」という題で飾るとともに、併せて、人間の道徳的前進を左右するのは「栄誉ある資質に進歩する固有の力」や「高次の存在」である論述している点である。[33] つまり、これらはウォーレスが『ダーウィニズム』で強調した「何らかの新しい原因や力」とか、あるいは正義、慈愛といった「高貴な発達（noble development）をとげる潜在的な能力を（latent faculties）有する存在」（［6］四九五頁）とかいったものとの近似性を想起させるのである。

第4節　社会主義思想の胎動

これまでの通説では、前節での類同性はおよそ二つの観点から解き明かそうとされてきた。その一つは、ウォーレスが「一八六五年夏」（［3］一四〇頁）から俄かに心霊主義に傾倒していったことに起因するという見方である。ノッティンガム州出身で、三九年にはマーティーノ（Martineau, Harriete, 1802-75）女史を診断したこともあるホール（Hall, Spencer Timothy, 1812-85）は四四年にレスターでメスリズム（動物磁気を用いた超心理学的催眠法）に関する連続講義を行った。その時ウォーレスは教壇に立っていたけれども、これを耳目にし、その試行に奏功した。[34] その体験は彼の骨相学への関心を呼び起こし、六五年七月には交霊会へ参加するようになり、科学的自然主義から精神主義へと推移していった。大略、このように把握し、[35] ウォーレスは『ダーウィニズム』において、「人間の霊的性質（spiritual nature）」（［6］四九四頁）を信奉し、「物質界（world of matter）が完全に従属する霊の世界（world of spirit）」（［6］四九三頁）に思い至ったと解するのである。

しかし筆者はそう推論しない。ウォーレスの心霊主義への傾向を「彼が科学的な合理主義を確信していた」[36] ことの一帰結であると把捉したい。だからといって、ウォーレスは「あくまで科学によって心霊現象を研究しようとした」（［2］下解説五四八頁）との見解に与するわけでもない。『ダーウィニズム』を虚心坦懐に読み返してみると、文明社会における「美術的（artistic）能力」（［6］四八七、四八八頁）や「音楽的（musical）能力」（［6］四八七、四八八、四九〇頁）、あるいはまた「数学的（mathematical）能力」（［6］四八四、四八五、四八七、四八八頁）もしくは「形而上学的思考能力（metaphysical faculty）」（［6］四九一頁）といった人間の「知的道徳的能力」（［6］四八二、四九六頁）や「人間の心的道徳的能力」（［6］四八一頁）は究極、「まったくの天与の才（altogether natural gift）」（［6］四九一頁）であり、「天賦の美術の才（natural artistic talent）」（［6］四八九頁）であると懇懇と熱弁されているように思われてならない。もとより、ダーウィンの従弟ゴールトン（Galton, Francis, 1822–1911）が優生学（eugenics）を造語したのは八三年であるけれども、それに先立つ六九年に『遺伝的天才』を世に送っていた。交霊会でゴールトンと知り合ったウォーレスはこの書物を好意的に論評しているし、また『ダーウィニズム』の執筆中にゴールトンと意見を取り交わしてもいるのである。つまりウォーレスは二〇世紀に入って、「社会改革の必要性を力説して優生学を不要のもの」と揚言してはばからないのではあるけれども、少なくとも『ダーウィニズム』の刊行の前後においては、優生学的意味について思案投げ首していたのである（［6］四六四～五頁、注20）。これこそが「何らかの新しい原因や力」の大本にほかならないのである。[37][38][39][40]

もう一つの所見にも一見興味を引かれる。それは「何らかの新しい原因や力」の正体をウォーレスの心霊主義と融合したオウエン（Owen, Robert, 1771–1858）の空想的社会主義思想に求めようする立場である。瞥見しておこう。例えばウォーレスは「人類のもっとも高次の法則は正義であると信じている」と振り返っている。それゆえ、「一段と気高い正義や慈悲や博愛や自己犠牲（justice and mercy and humanity and self-sacrifice）の特性」（［6］四九五頁）を「われわれのなかに存在するより高度な性質（higher nature）」（［6］四九二頁）とみなし、「人間には、彼を野獣のはるか上の最高位に据え、彼にほとんど無限の進歩の可能性をあたえる、多くのもっとも特徴的で[41][42]

もっとも高貴な能力（noblest faculties）が存在する」（［6］四九三頁）とのウォーレスの熱情が伝わってくる。かつこうした「人間の能力の発現は環境によって左右される」[43]とする意気込みも感じ取れる。

ウォーレスが初めてオウエンに接したのは三七年のことである。最も仲の良かった大工の次兄ジョン（Wallace, John, 1818–96）に連れられて、ロンドン中心部のトテナム・コート・ロードにあるオウエン主義社会科学会館に出かけた時のことである。[44]オウエンは三五年五月に「全国民のあらゆる階級協会」を創設し、文化会館、読書室、個人学級、リクレーション場を開設し、集会や会話の場を提供した。[45]もちろん、そこではオウエンの性格の環境形成論を礎石にして、共同社会においては、「個性は、その先天的素質と、生後の社会的環境の影響との相互作用によって形成される。個個人が個性的存在として、その生を享楽し、幸福な生活、合理的な生活を営めるように、したがって、身体的・精神的な全体において合理的な善良な性質を所有するように各人の個性を形成する作用が教育である」[46]と教授された。とくにオウエンは最下層の幸福増進に焦点を合わせて、「人間は環境の産物で、人間の変化は環境の変化によってのみ可能である」[47]と熱弁を振るった。これらは若きウォーレスの胸底に強く刻まれた。とりわけオウエンの漸進主義的社会改革案[48]はその心を刺激した。また、その際ウォーレスが通読したオウエンの長男デール（Owen, Robert Dale, 1801–77）の「一貫性（Consistency）」に関する小冊子（tract）は大いに感銘を与え、ウォーレスは人類への奉仕や人類の兄弟愛を重んじるに至った。おおよそこのように叙述されている。[49]

第5節　『社会静学』からの陰影

しかしながらここでむしろ黙過できないのは、ウォーレスがマレー諸島への長旅に立つ前の五三年頃に、スペンサーの『社会静学』を友人たちと輪読し、その「地球の使用権」に目を凝らしていたという事実の方であろう。もちろんウォーレスが「すばらしくすがすがしい大気の香りと輝きに、そして夜の心地よい穏やかな空気に、またあらためて感動した」（[1] 三〇頁）と記したり、あるいは南アメリカで見てきた「自然の美」（[2] 上三六九頁）からの感銘を忘失していないこと（[2] 上、九〇、一五五頁、また [4] 解説二五九頁も参照）に留意すれば、オウエン派は「自然の美」の性格形成に対する意義を再説しているから、ウォーレスを「オーエン流の社会主義の影響」に置いても、決して不可解ではないであろう。

しかし『マレー諸島』の実際の論議では、「未開共同社会」（[2] 上、三九三頁）の「未開人」（[2] 上、一七七、三九五頁、下、一五六、一七二、一七八、二二〇、二八〇頁等）あるいは「文明化していない人々」（[2] 上、一四〇、一六一、一六八頁、下二五六頁）が「低い文明」（[2] 下、三〇七頁）を起点に、「文明に一歩近づ」（[2] 下、一一〇頁）き、「文明化の程度の低い人々」（[2] 下、八一頁、また [2] 下、二八六頁も参照）を経て、次第に（[2] 上、三九七〜八頁）、「文明化した国民」（[2] 上、一六〇頁）あるいは「文明人」（[2] 下、二一五、二四二、二八五、三四四頁）へと転化していく「文明化の能力」（[2] 上、一五七頁、下、四四七頁）に注視されている。しかもウォーレスは、この「文明化の作用」（[2] 下二〇六頁）が未開人の「共感的な感情や道徳的な資質」（[2] 下、四四一頁）を丸で育まず、かえって道徳的腐敗を招来させてさえいる（[2] 上、三九八頁、下、二〇六〜七頁）、むしろ反対に、文明人の方こそが「文明人の程度の非常に低い人々のあいだで見られる」（[2] 下、四三九頁）個個人の平等で、かつ「自由で自立している状態」（[2] 下、四三八頁）を実現、累積していき、「真の進歩」（[2] 下、四三八、四四〇頁）を成就すべきであると切論しているのである。そして、現在「あまり人気のない科学」（[2] 下、二五九頁）である政治経済学の効力は人間の「精神的および道徳的な状態」（[2] 下、四四〇頁）の進捗度と連動していて（[2] 上、四四六〜七頁）、「真の社会科学」（[2] 下、四四三頁）を樹立し、「正義」（［2］下、四四二、四四三頁）を具現していくには、イングランドにおける眼前の土地所有における「非自然的な不公平」（［2］下、四四三頁）を匡正、解消していかねばならないと論結していくのである（［2］下、四三八〜四三頁）。

『マレー諸島』のこの末尾の文明批判はスペンサーから着意をえたと反復されてきた[55]。本章はそれにとどまらず、ウォーレスは『社会静学』を知得して以降、本著からその骨子を摂取していったと首唱したいのである。遡れば、ウォーレスが『社会静学』に目を向けた契機は三九〜四〇年の冬にウェールズで目撃した土地囲い込みに伴う農業労働者たちからの入会権の合法的収奪であり[56]、「文明社会一般に対する憤り」（［1］一八六頁）であった。だから、ウォーレスは「私には理解できないこの土地の政治に関する問題で争っていた」（［2］下、二五一頁）としかと書き留めたり、また文明国による植民地貿易を酷評したりしているのである（［1］二七二頁）。この時ウォーレスの心底に厳存していたのは、スペンサーが「幸福とはすべての人間［民族・部族］の能力が満たされた状態を意味する。ある能力に対する満足はそれを鍛錬することのよって生み出される[57]」と概観し、かつこのことを形象化するためには地位や身分を問わない土地[58]所有における公平性（公平な自由）を欠かせないと随所で訴えている点[59]である。より端的に言えば、スペンサーが未開社会の道徳状態の存続を幸福の源泉とみなしたり、「借地の住人や借地農が人間として疲弊し人間の尊厳を喪失させられること、土地に根差した慣習が破壊されてしまうこと」に深憂を抱いたりしていることに[60]共感を寄せていたのである。

こうした帰趨として、ウォーレスは七九年に『進歩と貧困』を世に出したジョージ（George, Henry, 1839–97）に心酔していき、ダーウィンやスペンサーにこの珠玉の傑作を推奨したのである。にもかかわらず二人からの返事はつれなく、とりわけスペンサーからは八一年七月六日付で「ちょっと覗いてみただけで、この著者とは根本的に意見が合わないにちがいない」との返信を受け取った[61]。現実に、スペンサーはニューヨークの新聞社（The

Irish World）の特派員として八一年一〇月から翌年の一〇月までアイルランドとイングランドを訪問してきていたジョージと八二年三月に初対面し、アイルランドの貧困状況について意見を交わしたものの、食い違いに終始した。[62]加えて、スペンサーが九一年九月に発表した『正義』［『倫理学原理』の第四編］には、公平な土地使用権への言及が見当たらず、ウォーレスを落胆させもした。[63]これらの諸事を根拠にして、ウォーレスが「スペンサーを信奉した短い期間」を指摘されはしているけれども、[64]ウォーレスは土地国有化キャンペーンの折にも「地球の使用権」を掲げていたし、[65]またまぎれもなく「土地の個人的所有は絶対に間違っているという大原理をハーバート・スペンサーからえた」[66]のである。ウォーレスがスペンサーから離反し、再びオウエンへと立ち戻っていくのは早くとも『ダーウィニズム』の刊行後の九一年頃からであろう。[67]次節では、こうした俯瞰図に立って、『土地国有化』の大要を掻い摘み、ウォーレスの末路を見極め、締めくくっておきたい。

第6節　土地社会主義者の実像と帰趨

ウォーレスがダーウィン主義者として右往左往していた頃、イングランドの集約農業（high farming）の黄金時代は終焉を迎えていた。穀物法が四六年九月に撤廃され、六九年には小麦の輸入が無関税となった。安価な小麦がアメリカ、カナダ、アルゼンチン、インド、およびロシアから続続と入ってきた。加えて、八〇年代の冷凍技術や缶詰技術の向上と普及とが低廉な輸入肉を可能にした。その結果、六〇年に六〇％であったイギリスの小麦自給率は世紀末には二〇％台にまで落ち込むとともに、小麦価もまた七〇～七四年の一クォーターあたり五五シリングを頂点にし、九五～九九年にはその半値の二八シリングまでに急落していった。併せて、七〇年代には一エーカーあたり二四シリングにまで高騰していた地代も世紀末まで下降線の一途を辿っていった。[68]

こうした状況の下、地主は土地改良に出精し、借地農は借地への資本投下に明け暮れるという「地主に対する人格的信頼に基づくイングランド資本主義的借地農業制度」[69]も機能不全に陥り、その見直しや転換を迫られていた。イングランドでは普通は一年借地（yearly tenancy）で、かつまた六ヵ月の予告で解約できる任意借地（tenancy at will）であったけれども[70]、現実には慣習的借地契約にそって調和的で、相互信頼的な、地主借地農関係で運営されていた。一九世紀末四半世紀における穀価の低落は穀作（農地）から酪農（牧草地）へと転換させ、農業労働者を都市へと放逐するとともに、農業借地の需給関係においては、売り手市場を生み出した。そして七五年、八三年に相次いで制定された農地保有法（Agricultural Holdings Act）は、借地農に対してその保有地に農業用の建造物、蒸気エンジン、排水設備、肥料等の資本投下を地主の同意なしに実行することを認め、借地権の強化が図られた[71]。

しかし凶作時の地代の減免もなく、また借用地から退去した借地農には自らがなした永久的もしくは何らかの残存した改良に対する補償は一切ないままであった[72]。そんな最中に、借地農が保有地を取得しようとする場合に政府からの融資を認めたグラッドストン（Gladstone, Willam Ewart, 1809-98）による第二次アイルランド土地法（八一年）の高潮が押し寄せたのである。ウォーレスの『土地国有化』こうした潮流において読み解かれる必要があるであろう[74]。

ウォーレスは、まず「土地はその量において有限なものである。一方人口は絶えず増加しつつある」[75]（［5］一六七頁、また［5］二六六頁も参照）と大きく見通す。このうち増加の途上にあるイギリスの人口の方は三一〇〇万人を数えるに達していて（［5］二五七頁）、そのうちの「半数は子供と他者の労働に完全に依存している」（［5］p. 6n）し、また「あらゆる労働者諸階級」（［5］二二頁）はしめて九〇〇万人に及んでいると概算している[76]。なかでも、「農業労働者という大階級」[77]（［5］六、二二～三頁）を「最も重要（important）」（［5］二三頁）

であると位置づけている。
しかし視点を土地保有の側面に向ければ、一見「一エーカー以上の土地を有する三二万人の土地保有者（landowners）」（［5］二頁）が存してはいるものの、現前には「在住（resident）地主」（［5］一五四、一五五、一五六頁）のみならず、「半年在住（half-resident）地主」（［5］一五六頁）もいれば、「不在地主制（absenteeism）」（［5］一〇八、一五四、二二五頁）も存続している。ましてや、七三年に公表された新土地台帳（Domesday Book）によれば（［5］一五四頁）、一〇〇〇エーカー以上を有するわずか四二〇〇人の大地主と貴族とがイングランドとウェールズの土地の半分以上を所有しているというのが実状である（［5］二二六頁、また［5］一五四頁も参照）。さながら「地主にあらざる者はすべて事実上奴隷である」（［5］二五六頁）かの様相が醸成されていたのである。[78]
例えば、ウォーレスは借地の概況について、いみじくも、「今や現世紀においては、賃貸契約期間を保証するという慣習は段段と減少してきている。その一部は借地農の投票に影響を及ぼし、政治的力を得ようとする地主の欲望[79]となる。また一部は狩猟権[80]を重視するようになったからである。その結果、地主たちは何も改善しない（non-improving）借地農からの低い地代で土地を貸すことになる。〔中略〕イングランドの土地の四分の三は六ヵ月の告知期間をもっていつでも返却されるようになっている。こうして『最悪の農業』をもたらす借地制度がわが国の大部分の地方で行われる。そしてこういった結果は、主として英国地主の意思や気まま（pleasure）によっている」（［5］一五二〜五三頁）と素描している。
農業労働者については、さらなる惨状にあると観察している。一七一〇〜一八四三年の間に約七〇〇万エーカーの共有地が囲い込まれ、ついで「一八四五年には、一般囲い込み法が通過し、共有地の囲い込みと改善とが一層容易になった」（［5］一六九頁）。共有権の喪失と並行して、小割当地（allotment）の貸与が低地代で実施されるはずであったけれども、「一八七五年には、一万八六〇〇エーカーの土地のうちわずか一三二エーカーだけが小割当地としてあてがわられたにすぎない」（[5]一七一頁）。こう見極めたウォーレスは、チェンバレン（Chamberian, Joseph, 1836–1914）派のコリングズ（Collings, Tesse, 1831–1920）が音頭を取った「三エーカーの土地と一頭の乳牛」による小農民創設運動(81)などを「お笑い種」（[5]一七三頁）にすぎないと一蹴し、イギリス農業労働者の賃金は「競争のために常に低下され、働いている間は辛うじて生命と健康を維持するに足る最小限の生活の手段以外に何ももたない」（[5]一六七頁、また[5]一六一～六二頁も参照）と集約する。

ウォーレスはこうした現状を踏まえ、「土地をもたない（landless）諸階級」（[5]p. viii）あるいは「土地を保有していないイギリス人」（[5]三四頁）に「その生まれたる土地を使用、享楽すべき平等の権利」（[5]三三三頁）を請け合おうとするなら、「国家の下によく保護された占有所有制（Occupying Ownership）」（[5]三三二頁）の確立が喫緊であると再説している(82)（[5]二六九～八四頁）。要は、「土地本来の価値」（[5]二七一頁）はもとより「建物、垣、排水路、門、私道、樹木からなる」（[5]二七一頁）借地権（tenant-right）についても、一四年から四〇年にわたる「政府による地主への補償を通して国家が土地を没収するという(83)」内容であった。ウォーレスはこの実現によって、「一世紀も経ない内に〔年間一億ポンド以上の〕純地代はすべて国家の収入となろう。政府はこれによって最大の重税を漸次軽減し、ついには関税及び消費税の全廃にまで進むであろう。その結果、この方面に用いられていた官吏の大半が不生産的労働から解かれる」（[5]三一六頁、亀括弧内引用者）とまで洞察している。ウォーレスはこうした「土地国有の実際的方策」（[5]二五頁）を通して、「わが社会制度の上に存在すると思われる根本的欠陥」（[5]一三頁）が規正され、ひいては「人々の一般的福利（well-being）」（[5]三頁）が具象化されると確信してやまなかったのである。

したがって、ウォーレスが「大地主制度（landlordism）」（[5]三三、一八三、一九六頁）を声高に言い募り、「土地の国有化計画」（[5]一三五、一八〇、二七五頁）の実行を大言壮語したとの見方(84)はいささか平板であろう。無論、ウォーレスは「大地主は必然的に独占者である専制者（despot）である」（［5］一九四頁）とは言明してはいるけれども、それは地主制度そのものの悪弊を言い立てているのであって（［5］一四〇、二五九頁）、個個の地主の態様を名指ししているわけではない（［5］二五六頁）。ウォーレスはわざわざ、「私は一団（a body）としての地主たちに対して何らの悪感情を有するものでもなく、また個人的にも彼らを非難しようという意思は全然もっていないことをとくに力説しておきたい。」（［5］三四頁）と念を押しているのである。そうであるなら、結局、ウォーレスの『土地国有化』の基調は「『純粋な』資本主義的農業の展開を望むものであって、けっして生産手段一般の私有を否定するものではなかった」のであり、「借地権改革運動論[85]」の先鋒にほかならなかったと見定めえるであろう。だからこそ、「一九二二年には将に土地国有化が現実的政策の段階にまで進んでいた[86]」との概評が下されているのである。

これに対比すると、『土地国有化』の後のウォーレスの思慮は現実離れの感を深くさせる。既知であるように、六四年頃のウォーレスは中流階級が主導していく社会主義社会の実現を夢見ていた「かなり中途半端な社会主義者[88]」であった。しかし元来、「人間の完全性についてオーウェン的理想を持っていたウォーレス[89]」はベラミー（Bellamy, Edward, 1850–98）の『顧みれば（*Looking Backward*）』（一八八八年）に逢着するや、人間の進歩に関して一種の性選択の理論を提起するようになり[90]、「社会改革によって貧富の格差が解消され、万人が十分な教育を受けられるようになると、結婚という手段によって男性に依存せざるを得なかった女性が、自由に結婚相手を選択できるようになる。結果として、不適者が生殖から排除されて、知性と道徳性の優れた男性しか子孫を残すことができなくなり、人種の向上が実現していく」と論を進めるに至ったのである[91]。

なるほど、この論法によって、ウォーレスは七〇年以来頭を痛めてきた「現在の文明国では、自然選択が道徳性や知性の永続的な前進を保証するように作用することは、どんなかたちであれ不可解なように思われる。なぜなら、人生をもっとも成功させもっとも急速に増殖するのは、道徳性と知性の両方において、低い人々ではないにしても、凡庸な人々であることに議論の余地がないからである」[92]という難題を論破してはいく。しかしその反面、「すべての人による各自の能力の公益のための使用と全員の平等な利益のための自発的な労働の組織」[93]に礎石を置いた社会主義社会において、「生物的自然と非生物的自然の間の微妙な均衡のとれた関係」（［2］下、二一五頁）がいかにして保持されていくかには言及しない。「自然の経済」（［6］五一、一一六、三一四頁）を重視した『ダーウィニズム』の中では、「生物相互の、そして生物と地球との複雑な関係（complex relations of organisms to each other and to the earth）」（［6］三〇頁）、あるいは「幸福の大きな均衡が確保される体系（a greater balance of happiness）」（［6］五七頁）が「自然の破壊や人為的な破壊（natural or artificial means of destruction.）によって」（［6］四六頁）どのようにして喪失していくかについては屢述されているのに（［6］一二一、一三一〜三二、一三七、四五七頁等）、社会主義社会では「自然界全体」（［6］一二四、一四〇、三五四頁等）がどんな道筋で保全されていくのか、これについてはほとんど明示されていない。[94]ダーウィンは六版（七二年）の『種の起源』に至るまで、「進化（evolution）」という術語の使用を逡巡し、それまでは「転成（transmutation）」という用語を配置していた。[95]それは、ダーウィンがまぎれもなく変異や中立の種の併存を伴った自然選択の理論の構築、完成に拘泥していたことの遺墨である。ウォーレスはうっかりか、あるいは意識的にそのことを忘失したとみることができよう。

注

（1）例えば、レイビー（Raby, Peter）（長澤純夫・大曾根静香訳）『博物学者アルフレッド・ラッセル・ウォーレスの生涯』新思索社、二〇〇七年、四四八～五四頁や、新妻昭夫『進化論の時代――ウォーレス＝ダーウィン往復書簡』みすず書房、二〇一〇年の巻末参考文献一覧（逆引き一九～二九頁）。またダーウィン＝ウォーレス問題に関する諸文献は、ブラックマン（Brackman, Arnold C.)（羽田節子・新妻昭夫訳）『ダーウィンに消された男』朝日新聞社、一九八四年、三三五～七、三四五～五六頁に詳しい。

（2）ウォーレスが「ダーウィニズムという新語を造」り出した（ブラックマン前掲訳書、三一四頁）とされてもいるけれども、その造語はハクスリー（Huxley, Thomas Henry, 1825-95）の一八六四年論文「『種の起源』に対する諸批判」に看取できる（度會好一「ダーウィニズムの波紋」松村昌家ほか編『英国文化の世紀　三――女王陛下の時代』研究社、一九九六年、九〇、九八頁）。また、その「ダーウィニズム」の内実についても、多様に解釈されてきている（度會同上論文、九〇～二頁）。しかし、本章では、さしあたり、「進化は個体の遺伝的変異に自然選択が作用することで進歩という仕組みを基本にすえた考え方」と理解しておきたい（松永俊男編『ダーウィンの世界　ダーウィン生誕二〇〇年――その歴史的・現代的意義』日本学術協力財団、二〇一一年、三九頁）。さらに、「ダーウィニズムに共通の源泉をもつ発達心理学」の大要については、森田尚人「発達観の歴史的構成」『教育学年報　三――教育のなかの政治』世織書房、一九九四年、一〇一～三八頁を参照。

（3）ウォーレスはサラワク（ボルネオの西北部）地方で、「すべての種は種から生じた」という法則、すなわち「あらゆる新たな創造は同地域に以前に存在していた何らかの種に密接な類縁があるという単純な法則」について記述していた（新妻昭夫『種の起源をもとめて――ウォーレスの「マレー諸島」探検』朝日新聞社、一九九七年、一〇四～一九、一二四、一九六頁）。なお、このサラワク論文やテルナテ論文とダーウィンの所論との比較照合については、内井惣七「形質分岐の理論」日本科学哲学会編『ダーウィンと進化論の哲学』勁草書房、二〇一一年に詳説されている。

（4）ウォーレスは四四年にイングランド中部（ロンドンの北西一二〇キロ）の手工業の町レスターで私設中学校の教師（年収は三〇ポンド、読み書き、算術、それに測量を担当）を務めていた時、町立図書館から『人口論』を借り出している（ブラックマン前掲訳書、一二三頁、新妻同上書、四四頁、デズモンド（Desmond, Adrian）／ムーア（Moore, James）（渡辺政隆訳）『ダーウィン　1809～1882』Ⅱ、工作舎、一九九九年、六七八頁、およびレイビー前掲訳書、四五～六頁、六二頁注31）。またウォーレスは、アマゾン河への探検中（四九～五〇年）にも『人口論』を再読してもいる（ブラックマン同上訳書、一五〇頁、レイチェルズ（Rachels, James）（古牧徳生・次田憲和訳）『ダーウィンと道徳的個体主義』晃洋書房、二〇一〇年、三四頁）。ちなみに、ハートフォードに住んでいたことのあるウォーレスは三〇年の時点でハートフォードの著名人マルサスの名を頭に刻んでいた(レイビー前掲訳書、三二～三頁)。

(5) ウォーレス(中島茂一抄譯)『驚くべき世紀(*Wonderful Century Reader*, 1905)』博文館、一九一一年、二八一～二頁、([2] 下、解説、五五六～七頁)、および新妻同上書、二九四～五頁。また、ブラックマン同上訳書、二〇四～五頁や、レイビー同上訳書、一九六～八頁、あるいはM. Fichman, *An Elusive Victorian:the evolution of Alfred Russel Wallace*, Chicago: The Univ. Of Chicago Press, 2004, pp. 70-2も参照。なおこの回想文の出典に関しては、トデス(Todes, Daniel P.)(垂水雄二訳)『ロシアの博物学者たち』工作舎、一九九二年、三四四頁注45、([2] 上、解説、五〇二頁注5)、およびレイビー同上訳書、二〇三頁注21に詳しい。また、『人口論』がウォーレスに落としている陰影に関しては、J. Moor, "Wallace's Malthusian Moment", in B. Lightman ed. *Victorian Science in Context*, Chicago: The Univ. Of Chicago Press, 1997, pp. 294-311において巨細に詳論されている。

(6) 新妻同上書、二三七～四一頁。またブラックマン同上訳書、一八～二二、二八～三三頁も参照。なお、ウォーレスは三七六四語から成るテルナテ論文(生存闘争により有利な変種は増殖し、不利な変種は衰弱するとの論旨)の中で『人口論』から「幾何級数的増加」を借用するにやまず、生存闘争という概念をも学んだ、それゆえ、「マルサスの影響はあきらかだろう。ライエルとマルサスをつきあわせることから、ウォーレスの生存闘争という概念は生まれた」と説示されている(新妻同上書、二五三頁)。

(7) さしあたり、レイビー前掲訳書、二〇六～九頁や松永俊男『チャールズ・ダーウィンの生涯——進化論を生んだジェントルマンの社会』朝日新聞出版、二〇〇九年、二一四～六頁を参照。

(8) 八杉龍一『生物学者の思索と遍歴』岩波書店、一九七三年、四四、五七頁。

(9) ブラックマン前掲訳書、二一三、二一六、二三三、三〇九、三一二、三二〇、三二三、三四〇頁。

(10) ボウラー(Bowler, Peter J.)(松永俊男訳)『ダーウィン革命の神話』朝日新聞社、一九九二年、六五～七頁。また柴田篤弘・長野敬・養老孟司編『講座 進化 二』東京大学出版会、一九九一年、六一～二頁も参照。

(11) ルーズ(Ruse, M.)/キャノン(Cannon, Walter)/ギーズリン(Ghiselin, Michael)/オスポヴァット(Ospovat, Dov)(横山利明監訳)『ダーウィン論詞花集』新水社、一九九七年、二八頁。また南亮三郎『人口理論』千倉書房、一九六四年、二八八～九頁も参照。なお、ウォーレスは『人口論』の中の「種族の生存闘争」のみを取り上げ、『人口論』の「利用の仕方はダーウィンと全く違っていた」とする所見に接するけれども（ボウラー同上訳書、六六〜七頁）、ウォーレスはまぎれもなくマルサスの文明社会論をも視界に収めているし（［2］上、一五九〜一六〇頁）、結婚を「人間のあるべき自然な状態」（ブラックマン前掲訳書、二四七頁）と考え（［2］下、解説、五六七〜八頁）、失恋後の六六年四月にアニー（Mitten, Annie, 1846-1914）と婚姻した折にも、しっかりとマルサス主義的結婚システムを思い浮かべていたと推察される（ブラックマン同上訳書、二六二〜三頁、レイビー前掲訳書、二九〇、二九四、二九六、三一四、三二二、三五七、三八四〜五頁）。しかし他方では、「ダーウィンが、ウォーレスのマルサスの使い方に倣うのが得策だと考えたのも、自分がウォーレスに劣らずマルサスのことに気づいていたことを示したいという自然な対抗力が一部で働いたかもしれない」とみる見解も散見される［アイズリー（Eiseley, Loren）（垂水雄二訳）『ダーウィンと謎のX氏――第三の博物学者の消息』工作舎、一九九〇年、一一九頁］。

(12) 例えば、八杉前掲書、五四〜六五頁、ハワード（Howard, Jonathan）（山根正気・小河原誠訳）『ダーウィン――進化理論の確立者』未来社、一九九一年、一六八〜一七二頁、およびレイチェルズ前掲訳書、三六〜七頁を参照。

(13) ブラックマン前掲訳書、七三、三一六頁、並びにデズモンドほか前掲訳書、Ⅱ、七八二頁。さらにはウォーレスを「超自然選択主義者」と見立てる説もある（トデス前掲訳書、三一三頁）。

(14) ブラックマン同上訳書、一三一〜二頁、並びにレイビー前掲訳書、五四頁。

(15) ブラックマン同上訳書、一七二頁。

(16) ブラックマン同上訳書、五三、一八五頁や、新妻『進化論の時代』一四頁。

(17) ブラックマン同上訳書、二四八頁、およびレイビー前掲訳書、二五二〜三頁。

(18) 松永『チャールズ・ダーウィンの生涯』二四六頁。

(19) 新妻『進化論の時代』七二、一〇三、四七八頁。

(20) 同上書、七三頁。また藤田祐「進化社会理論とマルサス――進歩をめぐる人口圧の二面性」『ヴィクリア朝文化研究』七号、日本ヴィクリア朝文化研究学会、二〇〇九年、二三〜四頁も参照。

(21) グルーバー（Gruber, Howard E.）（江上生子・月沢美代子・山内隆明訳）『ダーウィンの人間論――その思想の発展とヒトの位置』講談社、一九七七年、七一、四〇二頁。渡辺正雄編『ダーウィンと進化論』共立出版社、一九八四年、一一九〜二〇頁、および新妻昭夫「性選択・ウォーレスとダーウィン」柴田篤弘・長野敬・養老孟司編『講座　進化　四』東京大学出版会、一九九一年、三〇頁。なお、どういうわけか、ロンドン人類学会（民族学会から分出した反ダーウィン集団）の会長ハント（Hunt, James, 1833–69）は進化論の人間への適用を疑問視する声に対して激しく論難している（阪上孝編『変異するダーウィニズム――進化論と社会』京都大学学術出版会、二〇〇三年、四六一頁）。

(22) ブラックマン前掲訳書、二六三～四頁、レイビー前掲訳書、二九〇頁、およびデズモンドほか前掲訳書、Ⅱ、七六六頁。なおウォーレスは六二年か六三年かにレスター時代以来の友人ベイツ（Bates, Henry Walter, 1825–92）と連れ立ってスペンサーを訪ねもいる（レイビー同上訳書、二五二頁、新妻『進化論の時代』七一頁）。

(23) ボウラー前掲訳書、九三頁。

(24) 『講座　進化　二』一一三頁、またボウラー同上訳書、五九、九三頁も参照。

(25) 松永『チャールズ・ダーウィンの生涯』二四七頁。

(26) ブラックマン前掲訳書、二〇九頁、並びに新妻『進化論の時代』七一頁。

(27) 新妻同上書、一二三～五頁。

(28) 松永『チャールズ・ダーウィンの生涯』二四八頁。また八杉竜一『進化学序論』岩波書店、一九六五年、一〇六頁、ボウラー前掲訳書、二二二、二二一九頁、および新妻同上書、一〇二頁も参照。敷衍すれば、ダーウィンは「『種の起源』第五版で『自然選択』の語の後に『すなわち最適者生存』という用語を挿入する形で対応した。『種の起源』第六版〔七二年〕には一五回ほど『最適者生存』が登場する」（亀括弧内引用者）と検証されている（小川眞理子『甦るダーウィン』岩波書店、二〇〇三年、八〇頁）。

(29) レイビー前掲訳書、三〇四頁、また新妻同上書、二六五～六頁も非常に有益である。ちなみに、ウォーレスは「ライエルの『地質学原理』の改訂作業を一時間五シリングで」手伝い、かつダウン・ハウスでライエル自身から第一〇版『地質学原理』の書評を依頼された（デズモンドほか前掲訳書、Ⅱ、八六〇頁、デズモンド／ムーア〔矢野真千子・野下祥子訳〕『ダーウィンが信じた道――進化論に隠されたメッセージ』日本放送出版協会、二〇〇九年、五八〇頁）。

(30) オッペンハイム（Oppenheim, Janet）（和田芳人訳）『英国心霊主義の抬頭――ヴィクトリア・エドワード朝時代の社会精神史』工作舎、一九九二年、三九七頁。

(31) 新妻『進化論の時代』一〇三頁。

(32) 新妻昭夫「ダーウィニズムとウォレス」石井慎二編『進化論を愉しむ本』一、ＪＩＣＣ出版局、一九八五年、八〇頁。

（33）新妻『進化論の時代』二七〇～一頁。

（34）［3］一三三～四頁やレイビー前掲訳書、四六～七頁。また、成城大学文学部学会編『病と文化』風間書房、二〇〇五年、一一三～六頁も有益。なお、ウォーレスは弁護士トマス（Wallace, Thomas Vere, 1771–1843）の三男であったけれども、家計の窮状でハートフォード文法学校を終えたにすぎなかった（レイビー同上訳書、三一～五頁）。しかし一九世紀の「終わりまで、教員見習生は一三歳か一四歳で正規教員に採用された。見習生は一週に約二〇時間もの講義を担当した。」と略説されている［ローソン（Lawson, John）／シルバー（Silver, Harold）（北斗・研究サークル訳）『イギリス教育社会史』学文社、二〇〇七年、四〇五頁］。

（35）この代表例は、オッペンハイム前掲訳書、三七五～四〇五頁。わけても、ウォーレスが二一歳の時、キリスト教から離脱して、「非キリスト教心霊主義者」へと転身していったとの指摘は見落とせないであろう（オッペンハイム同上訳書、三八五、四〇五、四〇七頁や、またブラックマン前掲訳書、一一六頁を参照）。なおキリスト教の信奉者としてのウォーレスの側面については、Fichman, *op. cit.*, pp. 284-6 に詳論されている。

（36）新妻『進化論の時代』四八二頁。

（37）レイビー前掲訳書、二七八頁。

（38）J. R. Durant, "Scientific Naturalism and Social Reform in the Thought of Alfred Russel Wallace", *The British Journal for the History of Science*, Vol. 12, No. 40, Mar., 1979, pp. 48, 54n. 94, レイビー同上訳書、二八四、三一一、三七一、三七五～六頁。またブラックマン前掲訳書、二九五頁も参照。さらに、ウォーレスが七二年に自然発生説を説いたバスチャン（Bastian, Henry Charlton, 1837–1915）の全二巻の新刊『生命の始まり』に興味を寄せていたことも一証左に加味できよう（松永編『ダーウィンの世界』七二～三頁）。とはいえ同時に、ウォーレスがエリオット（Eliot, George, 1819–80）、ナイチンゲール（Nightingale, Florence, 1820–1910）、及びウエッブ（Webb, Beatrice, 1858–1943）といった有識女性にたいするゴールトンの慇懃無礼振りや、探検先の原住民への侮蔑した対応に嫌悪感を抱いていて、ゴールトンやその主張とは一定の距離を置いていたことも牢記しておかねばならない（Fichman, *op. cit.*, pp. 260–1）。

（39）渡辺編前掲書、一一〇頁。

（40）Durant, *op. cit.*, p. 3. また同様に、新マルサス主義運動の活動家で、ウォーレスとも親しく（レイビー前掲訳書、二七九～八〇頁）、八九年に神智学に改宗したベザント（Besant, Annie Wood, 1847–1933）は、親から子への精神的道徳的遺伝や学校教育の意義を認めた上で、「天才とは経験をつんだ古い霊のこと」であると説いている［トンプソン（Thompson, Ernest）（桑原啓善訳）『近代スピリチュアリズム百年史――その歴史と思想のテキスト』でくのぼう出版、二〇一一年、一五一、二四一頁］。ちなみに、ウォーレスは六四年一月に書き始め、苦心の末に（［2］下解説、五六五～九頁、レイビー同上訳書、二八九～九頁）、六九年三月に世に問うた『マレー諸島』において、「天の配剤」（［2］上、四四三頁）という句を配しているし、未開人における「天性の職人」（［2］上、三五一頁）や「真の天才」（［2］下、二五七頁）の存在に触れてはいる。

(41) 例えば、ブラックマン前掲訳書、六、二六三頁、オッペンハイム前掲訳書、四〇六頁、およびレイビー前掲訳書、二八六頁。

(42) 新妻『進化論の時代』四八〇頁。

(43) 新妻「ダーウィニズムとウォレス」、八〇頁、また［4］解説、二五九～三〇頁、ブラックマン前掲訳書、一一四～五頁、オッペンハイム前掲訳書、三八二頁も参照。

(44) ブラックマン同上訳書、一五六頁、（［4］解説、二五六～七頁）、およびレイビー前掲訳書、三六～七頁。

(45) サイモン（Simon, Brian）（成田克矢訳）『イギリス教育史Ⅰ』亜紀書房、一九七七年、二七九～八七、四一八頁やロースンほか前掲訳書、三五七頁。

(46) 芝野庄太郎『ロバート・オーエンの教育思想』御茶の水書房、一九六一年、二七一～二頁。

(47) ロバート・オーエン（渡辺義晴訳）『社会変革と教育』明治図書、一九六九年版、解説、一八八頁。

(48) 芝野前掲書、九〇～一頁。またブラックマン前掲訳書、二八六頁も参照。

(49) オッペンハイム前掲訳書、三八五頁、レイビー前掲訳書、三七頁。

(50) 久保田明光「アルフレッド・ラッセル・ウォーレス研究」『早稲田政治経済学雑誌』五号、一九二六年、一六〇頁、H. Clements, *Alfred Russel Wallace*, London:Hutchinson & Co., 1983, p. 84, レイビー前掲訳書、一四〇、三四〇頁、および新妻『進化論の時代』七一頁。

(51) サイモン前掲訳書、三一六頁。またレイビー前掲訳書、四三〇頁も参照。

(52) 新妻『種の起源をもとめて』、二九八頁。

(53) こうしたウォーレスの思索は、Y. Fujita, "Ecolutionary Theory and the Idea of Civilization: Alfred Russel Wallace's Path *to*

Evolutinary Socialism," *Bulletin of the Graduate Division of Letters, Arts and Sciences of Waseda University II*. No. 54. 2009. pp. 28–33, 36–9で詳細に解剖されている。

（54）『マレー諸島』のこの末尾を目にしたミル（Mill, John Stuart, 1809–73）は七〇年五月一三日付のウォーレス宛の私信の中で、六九年七月の設立に向けて始動していた土地保有改革協会（Land Tenure Reform Association）への参加を奨め［新妻『進化論の時代』八一頁注9］、かつ翌年の六月初めには同協会の最終綱領の第九条と第十条とがウォーレスの『マレー諸島』のこの追記部に負っていると吐露している［四野宮三郎『J・S・ミル思想の展開Ⅱ』御茶の水書房、一九九八年、一一八〜九頁］。ウォーレスは七〇年七月に同協会の執行委員に選出されたけれども（［2］下、解説、五三七頁、四野宮同上書、一二〇頁）、八一年三月に創立された土地国有化協会（Land Nationalisation Society）の会長に就任すると、同協会から脱会した［新妻同上書、四七六頁］。ちなみに、土地保有改革協会はミルの他界（七三年五月）後、保守色を強めていき、自由土地連盟（Free Land League）へと再編されていった［米川伸一『現代イギリス経済形成史』未来社、一九九二年、一五四頁注12］。

（55）新妻同上書、二六九頁。

（56）レイビー前掲訳書、四一〜二頁。なおウェールズには、カトリック系非国教会派が多く、十分の一税（六九年廃止）保有者による強制取り立てへの反発が強烈で、その上旧来の農村共同体を崩していくものは抵抗感を持っていた［リューデ（Rudé, George）（古賀秀雄・志垣嘉夫・西嶋幸右訳）『歴史における群衆――英仏民衆運動史一七三〇〜一八四八』法律文化社、一九八二年、一九五〜六頁、D. W. Howell, *Land and People in Nineteenth-Century Wales*, London: Routledge & Kegan Paul, 1977. pp. 38, 107–9］。ちなみに、ウォーレスは『フォートナイトリー評論』誌の七八年一一月号でエセックス州にある広大なエッピングの森（Epping Forest）を「自由に歩き回る」共有権を主張している（レイビー同上訳書、三三五〜七頁、また四野宮前掲書、七四、七八〜八三頁や諸田實『「新聞」で読む黒船前夜の世界』日本経済評論社、二〇一五年、一五〇〜二頁も参照）。

（57）挾本佳代『社会システム論と自然――スペンサー社会学の現代性』法政大学出版局、二〇〇〇年、一五〇頁。

（58）宇宙の法則性をも視界に入れていた「スペンサーは『the earth』と『land』も微妙に使い分けていた。特に、彼は当時の社会においてすでに所有権容認されている社会的な事実を踏まえ、地球の表面に言及する時は『land』を用いている。逆に自らの主張を強く打ち出す時には『the earth』を用いている。」と解説されている［挾本同上書、三一九頁注34］。

（59）「土地の排他的な所有は、地主の専制である。」と糾弾して（森村進編訳『ハーバート・スペンサーコレクション』筑摩書房、二〇一七年、一六五頁）、公平な土地使用権の行使を求めたスペンサーの所論は、久保田前掲論文、一六一～四頁、山嵜義三郎『ヘンリー・ジョージの土地制度改革論』泉屋書店、一九六一年、一四一～四頁、山下重一「ハーバート・スペンサーの『社会静学』」『国学院法学』四六巻三号、二〇〇八年、五〇～一頁、および挾本同上書、一五〇～六七、二二七～三二頁において余蘊なく説示されている。なお、たとえこうした土地所有が保持されたとしても、「スペンサーは自然を、人間が自分自身の失敗から学ぶよう期待している、厳しい教師とみなした。我々の子孫もまた学び続け［中略］悪い習慣が最終的に除去されると予言して」（ボウラー前掲訳書、五八～九頁）もいた。

(60) 挾本同上書、一六〇～一頁。

(61) 新妻『進化論の時代』四七八頁、およびレイビー前掲訳書、三四一～二頁、三六六頁注3。

(62) 山嵜前掲書、一四六頁、並びに安川悦子『アイルランド問題と社会主義——イギリスにおける「社会主義の復活」とその時代の思想史的研究』御茶の水書房、一九九三年、一七六頁。なお、ウォーレス自身は八二年九月六日にメモリアル・ホールで開催された土地国有化協会の講演会でジョージと会い、渡米した際の八六年一〇月二四日にも再度ジョージを訪ねている（山嵜同上書、一四六頁、レイビー同上訳書三五〇頁）。

(63) 山嵜同上書、一五一頁、また久保田前掲論文、一六五～六頁注13も参照。ちなみに、スペンサーが九二年に『社会静学』の改訂版を刊行した際に、第九章「地球の使用権」と第一〇章「財産権」の一部を削除していると提議されているけれども、他方では、「社会主義」の「節の中に『地球を使用する権利』の核心部分が再度収録されている」との反駁もなされている〔山嵜同上書、一五一～二頁、挾本前掲書、二三〇頁〕。この点、スペンサー、ウォーレス、ジョージ、及びハクスレー（Thomas Henry Huxley, 1825-95）の見解を手際よくかつ周到に比較検討した Y. Fujita, "Land,Nature and the State: Wallace, Spencer and Huxley on the Land Question"『ヨーロッパ研究』六号、東京大学大学院総合文化研究科、二〇〇七年は有益である。

(64) オッペンハイム前掲訳書、三八二頁。

(65) オッペンハイム同上訳書、四〇五頁。

(66) 安川前掲書、一八七頁。とはいえ、ウォーレスはスペンサーのように「純粋に功利主義的な原理にもとづいて発展してきた世界」（［4］二四二頁）を絶対視しているわけではない［D. A. Stack, "Out of 'Limbo Of *Unpratical Politics*'", in C. H. Smith, & G. Beccaloni ed., *Natural Selection & Beyond*, Oxford: Oxford Univ. Press, 2008, p. 303.］。

(67) Stack, *op. cit.*, p. 300-1, またブラックマン前掲訳書、三四二〜三、三六一〜二頁、Fichman, *op. cit.*, pp. 246 および新妻前掲書、七二頁等も参照。ただし、ウォーレスは一八八六年一〇月〜七年八月の北米講演旅行時に社会主義的傾向を強めてはいた(Fichman, *op. cit.*, p. 246)。その際ウォーレスが目撃した一八八〇年代の西部アメリカにおける森林資源の態様については、大田伊久雄『アメリカ国有林管理の史的展開——人と森林の共生は可能か?』京都大学学術出版会、二〇〇〇年、三六〜五二頁が有益。また、『土地国有化』に影を投じている冊子として従来注目されてきたのは、スコットランド生まれで、独学で地質学や植物学に通じていった一医師ディック(Dick, Robert, 1810/11-66)による『各人が地主や国家の借地人になることから生ずる害悪、悪影響、および不合理について』(一八五六年)である。ディックはその中で、「わが企図を約言するなら、富は必ず一方では貧困を生み出しながら、個個人また諸階級によって蓄積される。同様に、他方でやむなく二倍、三倍、四倍の労働がなされれば、ある人たちまたは諸階級が労働を免ぜられ、富が蓄積されると明示することである」と書き記している(久保田前掲論文、一七〇頁、Fichman, *op.c it.*, p. 254)。

(68) こうした諸相については、さしあたりコート(Court, William Henry Bassano)(荒井政治・天川潤次郎訳)『イギリス近代経済史——一七五〇年より現代まで』ミネルヴァ書房、一九五七年、一八九〜九四、二三五〜四五、二九八頁や、荒井政治『近代イギリス社会経済史——『世界の工場』から福祉国家へ』未来社、一九六八年、一五二〜六二、二一二〜三一頁を参照。

(69) 米川前掲書、五六四頁。

(70) 荒井前掲書、二二五頁。

(71) ポロック(Pollock, Frederic)(平松紘監訳)『イギリス土地法——その法理と歴史』日本評論社、一九八〇年、一五三〜六頁。また米川前掲書、一四〇〜五六頁も参照。

(72) ただし、州によっては「借地人が石灰、人工肥料、人工飼料といったものに出資した場合に補償の度合いを定めている」州の慣習(the Customs of the County)があった(ポロック同上訳書、一五四頁、また米川同上書、一三八〜九頁も参照)。

(73) この法の枠組みについては、安川前掲書、一八〜九、四二、四七〜八頁や、高橋純一『アイルランド土地政策史』社会評論社、一九九七年、六九〜七〇頁を参照。なお、グラッドストンはこの法に先行して、「アイルランドで治安妨害の疑いのあるものを逮捕し、裁判なしに拘禁する絶対権を、国王の任命するアイルランド知事に与えるという」アイルランド鎮圧法を制定していた(安川同上書、四七頁)。

(74) ウォーレスは「私の提唱は、全く最善でかつ最も公平な権威者によって記録された事実に基づく。私は自分の仕事が純粋に帰納的性格（inductive character）であると主張する」（[5] 二五頁）と表白しているし、J・S・ミルと親しかったモーリ（Morley, John. 1838–1923）が編集していたリベラル派の機関誌『フォートナイトリー評論』の八〇年一一月号に「いかにして土地を国有化するか——アイルランド土地問題の一つの根本的な解決策」（全二一頁）を寄稿してもいる（安川同上書、一七六～七頁、新妻『進化論の時代』四七六頁）。

(75) ウォーレスは土地を「その量において制限され、誰一人としてこれを作りえず、また人間の生存のためには、呼吸する空気のように必要不可欠なもの」（[5] 二六六頁）と捉え、「土地は生命に第一に必要なものであり、食物及び各種の富の源泉である。健康と享楽（enjoyment）を維持するに足る土地は何人にも必要である」（[5] 三三三頁）と確言している。なお、「これまでの経済学者たちが、土地に代表される自然と人間労働との関係をどのようにとらえてきたか」については、金子甫『経済学的自然観の歴史』文眞堂、一九九七年や、安川隆司「経済学における自然認識」佐藤清隆ほか編『西洋史の新地平——エスニシティ・自然・社会運動』刀水書房、二〇〇五年を参照。

(76) ちなみに、ウォーレスは「イングランド及びウェールズにおける被救済民（paupers）の数は八五万人前後を上下してい」て、ここに浮浪者、一時貧民、受刑収監者、及び私的慈善に常時依存している人々を加算し、さらに「被救済民化（pauperism）の淵で身の上を案じている階級を編入するなら、全部で四五〇万人に達し、総人口の六分の一以上となる」と積算している（[5] 三～四頁、また[5] 一三四頁も参照）。

(77) 八一年になされた「最近の国勢調査の報告」（[5] 二九八頁）によれば、七一年に九六万人余りであった農業労働者は八一年には八七万人ほどに減少した（五十川武雄『十九世紀英国選挙法改革の研究』雄渾社、一九六八年、三九六頁）。

(78) ウォーレスはイギリスの国土をおよそ六五〇〇万エーカーと概算し（[5] 二頁）、また一エーカーあたり一・五～三ポンドもの地代については、これを「法外な（exorbitant）地代」（[5] 一一一、一一二頁）と難詰している。

(79) 六七年の第二次選挙改革（総人口の約七%が有権者になった）によって、年額五ポンド以上の土地の自由保有農や年間一二ポンド以上を支払う借地農も有権者になったけれども、「第二次改革後も多数の議員は貴族階級と結合」するにとどまり［五十川前掲書、三七六頁、また同書、三四九～五〇頁も参照］、「大地主もしくは大地主たらんと望む人間が大部分を占めている議会」（[5] 二六四頁）を急変させえなかった（米川前掲書、一三三頁）。

(80) 借地農が地主の狩猟権を獲得することは稀で、「この結果鳥獣が繁殖し、穀物は時には四分の一も収穫を減じた」といわれている（米川同上書、一二八頁）。

(81) 安川前掲書、二一、四五、一五一～六頁、並びに米川前掲書、一二〇～三頁。とはいえ、ウォーレスはミルの『経済学原理』第2篇第7章や『イングランドとアイルランド』（一八六八年）での所論を手掛かりにして、農業労働者たちが小自営農（Peasant Proprietor）へと転化していくのには賛意を示してもいる（［5］九～六二、六四、一九七、二二五頁、また安川同上書、八七～八頁、九九頁注4、米川同上書、一三二頁、中矢俊博・柳田芳伸編『マルサス派の経済学者たち』日本経済評論社、二〇〇〇年、一七五～八頁、および柳田芳伸・諸泉俊介・近藤真司編『マルサス　ミル　マーシャル―人間と富との経済思想』昭和堂、二〇一三年、九九～一〇〇頁注20も参照）。

(82) この論旨は、久保田前掲論文、一四四～五九頁で詳述されている。

(83) 安川前掲書、一七七頁。

(84) 例えば、ウォーレスは八一年一月にダーウィンの奔走により年間二〇〇ポンドの国家王室（crown）年金を下付されることになったけれども（デズモンドほか前掲訳書Ⅱ、九一八～二〇頁、レイビー前掲訳書、三三四頁、三三五～六頁、注15、三三九～三四八頁）、アイルランド土地法を成立させたグラッドストンでさえ「ダーウィンの恩給請願が数ヶ月でも遅れていたなら、［中略］署名しなかった可能性が高いであろう。」と称している（新妻『進化論の時代』四七九頁、また安川前掲書、五四～六二頁も参照）。

(85) 安川同上書、一五四、一八七、一九一頁。

(86) 米川前掲書、二六二頁、また荒井前掲書、二二八～三〇頁も参照。ただしその一方においては、リャシチェンコ（Liashchenko, Peter Ivanovich, 1876–1955）が「ウォーレスの土地改革案は極めて穏健なものであった。彼の思想はイギリスにおいてさえ何らの見るべき影響を与えなかった。」と冷評してもいる（直井武夫訳『マルクス主義農業経済学』上巻、南北書院、一九三一年、四六三頁）。

(87) ブラックマン前掲訳書、二八四頁。当時のウォーレスは中流階級の方が貴族よりも社会を先導していくとみなしていた（新妻『進化論の時代』九四～五頁、またデズモンドほか前掲訳書Ⅱ、七四九～五〇頁）。

(88) デズモンドほか同上訳書Ⅱ、七四八頁。

(89) レイビー前掲訳書、四三〇頁、またブラックマン前掲訳書、二八五頁や(〔4〕解説、二五二〜三頁)も参照。

(90) Fichman, *op. cit.*, pp. 250-1 や、G. Claeyes, "Wallace and Owenism", in C. H. Smith, & G. Beccaloni, ed., *op. cit.*, pp. 244-5 を参照。なお、これを転機に、ウォーレスは「人種主義者でなかったことと同時に過度に厳格な選択主義者」となり、「ウォーレスはダーウィンよりずっと厳格な選択主義者だった」と説かれていく(レイチェルズ前掲訳書、六五頁、またブラックマン同上訳書、二七六頁も参照)。

(91) 藤田前掲論文、二五頁。またブラックマン同上訳書、二八五頁、Durant, *op. cit.*, p. 48. 丹治陽子「ダーウィニズム以後のユートピアの不可能性について」『人文科学』Ⅱ、第七集、横浜国立大学教育人間科学部、二〇〇五年、一三〜七頁やレイビー前掲訳書、三七六〜九頁も参照。

(92) 新妻『進化論の時代』二七〇頁。また藤田前掲論文、二七〜八頁も参照。

(93) 新妻同上書、四八〇〜一頁。

(94) Stack, *op. cit.*, p. 303. 少なくとも筆者には、市原亮平「自然的人口原理批判」小野一一郎・行沢健三・吉信粛編『世界経済と帝国主義』有斐閣、一九七三年の方が示唆に富んでいるように思われる。

(95) ブラックマン前掲訳書、二六三頁、『現代思想』総特集ダーウィン、三七巻五号、青土社、二〇〇九年、五一〜二頁、並びに松永『チャールズ・ダーウィンの生涯』一四一頁。なお、スペンサーは「進化」という言葉を progress や development といった類語とともに併用し、ダーウィンにも影響を与えたとされているけれども〔グールド(Gould, Stephen Jay)(仁木帝都・渡辺政隆訳)『個体発生と系統発生——進化の観念史と発生学の最前線』工作舎、一九八七年、六四〜五頁、山下前掲論文、七六頁〕、スペンサーもまた個体の多様性や中立の種を射程に収めていたと主張されている(挾本前掲書、一九二、二〇一頁)。

引用文献

(まず邦訳書を掲載した。それは、本論において訳者注や解説部からも引用しているからである。つぎに原典を付記し、引用の際には訳文との照合に心がけた)

[1] A・R・ウォレス（長澤純夫・大曾根静香訳）『アマゾン河探検記』青土社、一九九八年
(A. R. Wallace, *A Narrative of Travels on the Amazon and Rio Negro, 2nd ed.*, London: Ward, Rock and Co., 1889)
[2] アルフレッド・R・ウォーレス（新妻昭夫訳）『マレー諸島』上・下、筑摩書房、一九九三年
(A. R. Wallace, *The Malay Archipelaga*, London: Macmillan and Co., 1869)
[3] アルフレッド・R・ウォーレス（近藤千雄訳）『心霊と進化と——奇跡と近代スピリチュアリズム』潮文社、一九八五年
(A. R. Wallace, *On Miracles and Modern Spiritualism, London*: James Burns, 1875)
[4] A・R・ウォレス（谷田専治・新妻昭夫訳）『熱帯の自然』平河出版社、一九八七年
(A. R. Wallace, *Topical Nature, and Other Essays*, London: Macmillan and Co., 1878)
[5] ウオレース（永井彰一・東浦庄治共譯）『土地國有論』帝國農會、一九二七年
(A. R. Wallace, *Land Nationalisation*, 3rd ed., London: Trübner and Co., 1882)
[6] A・R・ウォレス（長澤純夫・大曾根静香訳）『ダーウィニズム——自然淘汰説の解説とその適用例』新思索社、二〇〇八年
(A. R. Wallace, *Darwinism*, 2nd ed., London: Macmillan and Co., 1889)

第6章　自然史／文明史と進化理論
――初期スペンサー、ダーウィン、ハクスリー――

藤田　祐

第1節　はじめに

本章では、進化理論のコンテクストを幅広く考察した先行研究を踏まえ、『社会静学』を中心とする初期スペンサーの思想、『人間の由来』（第二版）で展開されたダーウィンの人類進化理論、「進化と倫理」を中心にT・H・ハクスリーが晩年に展開した進化社会理論を分析する。[1]

マルサスと進化理論家との連続性を強調した代表的な研究が、ロバート・M・ヤングによるものである。ヤングによれば、両者を結びつけていたのが、一九世紀前半に展開された「自然における人間の位置」をめぐる「共通の議論」である。人間の自然化を推し進めた議論が、人間本性の原理を基礎にして人口法則を定式化したマルサスに端を発し、ダーウィン進化理論で結実したと位置づけられている。人口と食料との間に生じる齟齬が害悪を引き起こすというマルサス人口理論を引き継いだダーウィンは、人口増加の圧力に伴う生きていくための競争が原動力となって、ウィリアム・ペイリーが創造主の叡知を示すとした生物の環境への適応がもたらされると考えた。マルサスの「競争」とペイリーの「適応」を総合し、生存競争を通じた環境への適応という自然選択による進化を定式化したのだ。[2] 一九世紀前半を通じて浮上した「自然における人間の位置」という問題は進化理論をめぐる論争でも中心的な論点となり、自然に調和を見いだすのか齟齬を見いだすのかという問題は進化理論の文脈では進化が進歩をもたらすのかという問題に変換されることになる。

ヤングの議論では自然の探究を通じて神意を読み取ろうとする自然神学の枠組みで「共通の議論」が展開したとされるが、一九世紀後半になると、科学の専門化・専門職化と結びつくかたちで超自然的な要素を科学から排除することを主張する考え方が勃興する。この科学的自然主義と呼ばれる思想が、裕福な階級が担う従来の科学から有給の専門職が公的支援を受けた研究機関で担う新しい科学への転換を後押しした。加えて、身分制と国教会体制に支えられた従来のエリートに対抗して科学者という新しい知識層が興隆するための武器にもなった。この動きを推し進めた中心人物が、宗教界からの批判に対してダーウィンを擁護したハクスリーである。[3]

図6-1　H. スペンサー

図6-2　C. ダーウィン

図6-3　T. H. ハクスリー

同じように幅広い文脈で進化理論家を位置づけたのが、「世界観としてのダーウィニズム」を提起したジョン・C・グリーンの研究である。グリーンによれば、一八六〇年前後にダーウィン、スペンサー、ハクスリー、A・R・ウォーレスの四人が、機械論的自然観、生物進化論、経済学、実証主義という四つの共通要素からなる世界観を共有していた。(4) その雛形としてグリーンが参照しているのは初期スペンサーの世界観である。グリーンによれば、進化を核とする世界観を提起したスペンサーは、「実証主義的な経験主義の影響を受けて不可知論に向かう進化理神論」に根ざした「競争が恵み深い効果をもたらすことへの信念」に基づいて「生物進化という考え方」と結びついた「歴史発展の社会科学という考え方」を展開する。(5) 神の摂理によって恵み深い結果をもたらす進化過程という初期スペンサーの進化理神論を他の三人がどこまで共有していたのかという点は議論の余地がある。しかし、進化理論家が「進化」の過程をどれだけ「進歩」と同一視していたのかという論点は重要である。以下では、自然主義を捨て去るウォーレス以外の三人が展開した理論を分析し、自然主義の世界観に基づいているのかを検討する。

以上の論点を踏まえて本章では、初期スペンサー思想、ダーウィンの人類進化理論、晩年のハクスリーが展開した進化社会理論を対象として以下の三点について考察する。第一に、三者の理論と結びついている世界観において、自然、人間、社会などの要素がどのように位置づけられているのかを検討する。第二に、三者がマルサス人口理論をどのようにそれぞれの理論に導入しているのかを踏まえて、自然の進化過程がよりよい状態への進歩をもたらすのかという問題に対する三者の考察を分析する。第三に、自然の過程が引き起こす緊張関係が三者の理論でどのように浮上してくるのかを分析する。以上の論点を自然史と文明史の関係に焦点を合わせて分析することで、マルサス人口理論の延長線上に展開した進化理論において三者がそれぞれのかたちで自然主義を志向していたことを示す。

第2節　初期スペンサー思想

スペンサーの思想形成における重要な要素が、政治におけるラディカリズムと結びついていた非国教派プロテスタントの思想と文化を吸収していたことである。その影響力が強かったイングランド中部のダービーで生まれ育ち、一三歳の時に福音主義よりの国教会牧師であった、おじのトマスに預けられて古典や自然科学の教育を受けた。ダービーという環境とおじの影響で理性主義と福音主義という非国教派プロテスタントの二潮流を吸収し、『エコノミスト』編集部で同僚だった理性主義者トマス・ホジスキンなどの影響も加わることで、神の創造した自然法則に従って発展する世界という進化理神論の世界観が、初期スペンサー思想の核を成す要素として形成された(6)。以下では、進化理神論の色彩が濃い初期スペンサーの『社会静学』を分析し、自然史と文明史との関係を軸に初期スペンサーの世界観に迫っていく。

功利主義が批判される序論に続く第一部では、『社会静学』の問題設定が提起されるとともに、『社会静学』の世界観が展開される。完璧な人間に対応した規範という道徳の定義が提起される第一章に続いて、第二章では理想社会へと向かう進歩の必然性を基礎づける神義論が展開されている。スペンサーによれば、世界の悪は事物の成り立ちが環境条件に適応していないことから生じる。世界は悪を生み出す不適応を解消するように創造されており、人間も身体だけでなく精神も含めて環境条件に適応していく性質をもつ。特に、人口増加の圧力に促されて社会を形成した人間は、能力を発揮して社会状態へ適応していくことになり、この過程が文明化として位置づけられる。事物が環境条件に適応することで悪が減少して完成に向かうように世界が創造されているとすると、能力が社会状態に完全適応することで人間性が完成する理想社会への進歩も必然的に起こることになる(7)。

進歩は、それゆえ、偶然ではなく、必然である。文明は人工的なものではなく自然の一部であり、胚発生や開花と同じようなものである。（中略）。確実に人間の能力は社会状態に完全に適応するようにかたちづくられ、確実に悪と不道徳とよばれるものは消滅し、確実に人間は完璧になる。(8)

ここで生物の成長と文明の進歩が類比されている点が重要である。生命体などの自然現象と人間の営みである社会現象を類比することで議論を根拠づけている『社会静学』では、自然史と文明史が連続していて重なり合う世界観が展開されているのである。

このような世界観に基づいて『社会静学』の道徳体系における第一原理として「平等な自由の法」が正当化される。第一部の第三章では、最大幸福の実現が神による創造の目的だと位置づけられる。この目的を実現するためには、各人が他者の幸福追求を妨げないような領域内で幸福を追求しなければならない。この条件が社会状態を維持するのに必要な正義の第一原理であり、ここから演繹される正義の体系を探究するのが『社会静学』の課題として位置づけられる。続く第二部の第四章でも、神意によって正義の第一原理である「平等な自由の法」が基礎づけられる。スペンサーによれば、最大幸福を実現するために自らの能力を発揮して幸福を追求することが神の意志であり人間の義務であるので、人間には幸福追求を自由に行う権利がある。さらに万人に平等な権利があるとすると、各人が幸福を追求する権利は、他の人々が同じように幸福を追求する自由を妨げない範囲に制限される。(9) ゆえに、神意を根拠とする正義の第一原理として「あらゆる人には、他のどの人の自由も侵害しない限り、しようとすることをすべて行う自由がある」という「平等な自由の法」が定式化される。(10) さらに「平等な自由な法」から身体の自由や言論の自由、そして「大地を利用する権利」や財産権などを演繹し、「平等な自由な法」によって成人男性と同等であるべき女性や子供の権利を根拠づけている。(11) このような道徳律の体系は、スペンサーによれば、神が創造した自然法則を探究する自然科学と同様に科学的な根拠を持った体系であり、自然科学が探究する自然法則と同じく自然に根拠をもつ法体系である。[12]

このような自然法体系は完全な人間性に対応するものだが、実際の人間や社会は不完全なので、『社会静学』では「完全な法」と「不完全な人間性」が繰り返し対照されている。このような不完全な人間性を統治するのに必要な「不完全な制度」と国家が位置づけられ、理想社会では消滅するとされている。ゆえに国家は『社会静学』の自然法体系では正当化しえず、「完全な道徳律」との不整合を最小化するしかない。しかし、他者の権利を尊重する完全な人間には国家は必要ないが、完成へと向かう途上の不完全な人間には他者の権利を侵害しないように政府による強制力を用いる必要がある。このような前提から、国家が果たすべき第一の役割が個人の権利を保護するように正義を執行して社会を維持することであると位置づけられる。このような最小国家論を根拠として、国教会制度、公教育制度、救貧法、公衆衛生などの政策を批判し、望ましい国家の体制や役割を提起するのだ。[13]

このようなスペンサーの最小国家論は、キャラクター概念を軸とする社会進化論によっても支えられている。スペンサー社会進化論の大前提は、社会制度の性質が「キャラクター」という言葉で表現される人間の性質によって決定されるというキャラクター決定論である。[14] 理神論の神に支えられた進歩の必然性に後押しされてキャラクターが社会化されていくとともに、キャラクターの高度化に伴って社会制度も高度化していくというのが、『社会静学』における文明化であり社会進化である。『社会静学』の世界では、能力の発揮を通じて人間の社会化が進んでいくので、社会制度が発展する前提となるキャラクターが発展するために、社会において能力を発揮する自由の領域が確保されなければならない。スペンサーによれば、正義を執行して社会を維持する目的をもつ政府が自らの役割を逸脱すると、このような自由の領域が狭められる。ゆえに、国家の役割が拡大して社会への介入が増すと、キャラクターの発展が阻害されて社会の進化が妨げられることになる。[15] 人間性の進化と社会の進化を文明化という連続した自然の過程として捉える社会進化理論で最小国家論が擁護されているのである。

『社会静学』の社会進化論において社会化の原動力と考えられているのが、マルサスの定式化した人口圧である。人口の増加に促されて各人が相互の利益となるように結びつくことで社会が生まれ、社会を維持するための機関として政府ができ上がっていく。[16] 『社会静学』出版の翌年に『ウェストミンスター・レビュー』誌上に匿名で発表された「人口の理論」では、個体の生存力と種の増殖力とは逆比例関係にあるという理論が展開され、文明化の原動力である人口圧が文明化の過程とともに減退していくと論じられている。[17] 人口圧は理想社会への進歩を推し進める力である一方で、マルサスが『人口論』で提起したとおり、害悪をもたらすことで進歩を押し止める力でもあるので、初期スペンサー思想で提起されている理想社会では消滅するとされている。[18] このような人口圧の二面性が『社会静学』で前面に押し出されているわけではないが、後述する社会進化における負の側面に現れ出ていると考えられる。

『社会静学』でも「社会有機体」という表現が散見され、全面展開ではないものの、社会を有機体と類比する社会有機体論が展開されている。コールリッジの生命理論に依拠して郡相体と類比することで、社会が進化すればするほど、個体化／個性化と相互依存が並行して進展すると論じている。言い換えれば、文明化が進むにつれて、個人が自律するとともに多様化し、共感能力が強まって個々人の結びつきが強まっていく。並行して社会制度も、英雄崇拝に根ざした支配体制から個々人の道徳感覚に根ざした民主政へと移行していく。最終的に、個性化と相互依存の強化が行き着いた理想社会では、政府の強制力がなくても共感能力を用いて他人の権利を侵害しないように自らの行為を律することのできる完璧な人間が暮らすことになる。個人同士、多数者と少数者、個人と社会、公と私、長期と短期など、社会進化の途上で見られる利害対立が解消してすべての利益が調和するのである。[19]

初期スペンサーの進歩思想は、文明／野蛮の区別と不適者に対する冷酷な態度と一体不可分になっている。『社会静学』では、初めから野蛮を参照することによって文明の価値が語られ、未開人と対照されることで文明化の過程で社会化された人間が説明される。未開人は、社会が成立するより前の世界で暮らしていたとされる、社会とは相いれない存在なのだ。[20]例えば、短期的な欲望の充足を求める野蛮人を引き合いに出して短期的な満足よりも長期的な満足を求めるように自己を律するようになるのが社会化の一側面だと論じられたり、利己的な野蛮人と対照されることで社会化によって共感能力が高まると論じられたりしている。[21]さらに、社会化の途上にある人間の不完全性は、未開人の野蛮な属性が残存しているからだと説明されている。[22]野蛮な属性と対照することで人間の社会性を説明する一方で、社会環境に適応した「適者」と適応していない「不適者」が区別され、後者が感じる苦痛は進歩に不可欠で、場合によっては死に至るのもやむを得ないと論じられている。スペンサーによれば、不適者に降りかかる苦難は「自然が課した罰」であるとともに不適応を「矯正する手段」でもあり、このような「自然のしつけ」を通じて人々は自らの道徳性を向上させていく。貧民救済のような社会政策で「自然のしつけ」の効力を弱めると「進歩が停滞する」のだ。[23]このような社会進化論は、不適者を排除する弱肉強食の世界観として批判されてきた。しかし、公共政策批判のために提起される社会進化論の主眼は、社会進化のための不適者排除の正当化ではなく、神が創造した自然に埋め込まれた「しつけ」の効力を人為的に緩和すべきでないということだ。国家による社会政策で人為的に不適者を保護すると、自然に埋め込まれた「しつけ」のシステムを妨げることになり、結果として社会進化を妨げることになるからだ。適者に恩恵を与えて不適者に罰を与える「しつけ」のシステムが機能することで、人間は苦痛を避けて快楽を得ようとして自然と社会環境に適応していく。このような社会進化論は、社会における不適者の排除を正当化するというよりも、不適者が適者になること

を促すという側面が強いのである。(24)

第3節　ダーウィンの人類進化理論

ダーウィンは、『種の起源』で現代進化理論につながる革新的な理論を打ち出し、欧米の人々に進化論が浸透していく過程を加速した人物である。一方で、現代性と革新性を強調しすぎると、総体としてのダーウィン進化理論が見失われてしまう。このような問題点を念頭に置きつつ、本節では、『人間の由来』(第二版)で展開されたダーウィンの人類進化理論を、自然主義と進歩の思想という観点、そして自然史と文明史の関係という論点を軸に分析する。

『種の起源』で展開された進化理論は、共通起源説と自然選択説を中心とする複数の要素から構成されている。共通起源説は、共通の祖先からの枝分かれ進化で種の類縁性を説明する理論である。自然選択は、マルサスの人口理論から導入した生存競争という過程を通じて環境により適応した個体が多くの子孫を残すことで種の形質が変化するという進化メカニズムである。『種の起源』では、第一章から第四章にかけて自然選択理論が説明されている。第一章では、育種家(ブリーダー)による品種改良が、生物の示す変異を自らの目的に沿って人為的に選択する過程だと説明される。第二章では、育種家がふるい分けている変異が自然界にも存在していることを示し、その変異が不規則(ランダム)であることを強調している。第三章では、マルサスの人口理論が全自然界にも適用可能だと論じ、人口増加の圧力に対して生存に必要な資料が必ず不足することから自然界には絶えざる生存競争が起こっていることを示している。第四章では、生存競争を通じて生存に有利な形質が選択される自然選択のメカニズムを描き出し、自然の過程で環境への適応が説明可能だと示すとともに、自然選択を通じた環境への適応こそが種が分岐していく枝分かれ進化の原動力だと論じている。[25] 以上のように説明される自然選択を通じた進化は、進歩とは異なる特定の方向性を持たない過程と現代進化理論では解釈される。[26] しかし、『種の起源』には進化を進歩と同一視していると受け取れる表現が見られる。最後の第一四章では、自然法則を「創造主が物に刻み込んだ法則」と呼んだ上で、「非常に単純な始まりから（中略）最も美しく驚嘆すべき形態が進化してきて今も進化し続けている（中略）という見方には荘厳さがある」と『種の起源』を締め括っている。[27]

『人間の由来』の第一章と第二章では、人種の序列を大前提とし、『種の起源』と同じく家畜の品種改良との類比で人類の進化を論証しようとしている。人類が動物から進化してきた証拠として身体構造の共通性を例示している第一章では、例えば痕跡器官について取り上げている箇所で、下等動物と文明人との間に位置する野蛮人という人種の序列を前提にしている。[28] 自らの研究成果に基づいて人類にも多様な変異が見られることを示している第二章の冒頭では、人種の序列を前提にしながら、文明人と野蛮人のどちらが飼育動物のような多様な変異を示しているかという論点を取り上げ、人類はどの人種も家畜のように管理されたことはないと論じている。[29] また、先祖返りの変異を論じている箇所でも野蛮人は文明人よりも下等動物に近いと述べ、[30] 続いてマルサスに言及しながら文明人と野蛮人の人口増加率を比較している。ダーウィンは、マルサスの人口理論を引き継いで文明人の方が野蛮人よりも人口増加率が高いと論じ、ここでは文明人を高度に家畜化された人種とみなして飼育動物と同じように繁殖力が高いと論じている。一方で、野蛮人種よりも動物に近いために理性よりも本能に従ったと想定される古い人類は、人口を抑制するような習慣がなく人口の増殖力が強かったはずだとも論じている。[31] 第二章の後半では、人類が動物から進化して優越的な地位を占めた過程で、仲間同士で助け合うという社会的な習慣と直立姿勢という身体構造が重要だったと論じている。ここで重要なのは、火の利用、そして道具や言語など人類独自の発明を知力の成果だと論じている点である。その上でダーウィンは、道具を用いることも含めて手を器用に用

いることができるようになったのは直立姿勢のおかげだと論じ、人類進化における直立歩行の重要性を強調している。(32)

続いて『人間の由来』の第三章と第四章では、観察データに基づいて動物と人間の「精神能力」を比較している。人間独自の属性と考えられていた「精神能力」が、進化の過程で獲得された属性で動物にも萌芽が見られることを示そうとするのだ。第三章では、人間が抱くさまざまな感情と同じような感情を動物も表すというだけでなく、言語によるコミュニケーションや美を感じる感覚、そして宗教の基礎にある服従や崇拝という性質も動物の行動に表れ出ていると論じている。(33) さらに第四章では、自然の過程による人類進化を論証するために、人間独自の属性と考えられていた道徳性が動物から人間への進化過程で自然的に獲得されたことを示そうとしている。ダーウィンは、社会的本能という遺伝する自然の属性が、道徳の基礎を成し、動物から人間への進化過程を通じて発展してきたと論じる。社会的本能を基盤にして道徳が進化してきたと論じることで、道徳が遺伝する自然の属性に基盤を持つというだけでなく、快楽と苦痛によって促される功利主義の道徳とは異なることを示そうとしている。そのような誘因がなくても、共感や愛と結びついたり自制したりしながら仲間のために利他性を発揮するのが、自然の進化過程で進化してきた社会的本能に根ざした道徳なのだ。ただし、自然の進化過程で発展してきた道徳は、専ら社会的本能によって働くわけではなく、共感や理性、そして模倣や経験で身に付けた習慣など他の要素と結びつくかたちで機能していることをダーウィンは認めている。特に、アダム・スミスの道徳理論を受け、他の人々からの是認と否認が共感による経験を通じて内面化する点を重視している。当然のことながら、社会的本能は自己保存の欲求など他の衝動と葛藤を引き起こすが、特に人類は高度な精神能力のために過去の経験を内省を通じて想起せざるを得ないので、短期的な衝動だけでなく過去の経験も含めてさまざまな動機から道徳上の選択を迫られることになる。(34)

道徳の進化についても、単線的な向上を想定している知力の進化とは異なる複雑な議論をしているものの、人種の序列を前提にしている。ダーウィンは、類推力と自制心が未熟な野蛮人を文明人よりも道徳性が低い存在とみなす一方で、同じ共同体の仲間に対しては文明人よりも野蛮人の方が自己犠牲など利他性を発揮するとも論じている。ダーウィンによれば、野蛮人から文明人へと進化するにつれて共感を含めて社会的本能の届く範囲が拡大していく。野蛮人では同じ共同体の仲間に対象が限られていた道徳性が、文明人になると一国の社会全体に広がり、国を越えて発揮されたりもするのだ。同時に、利他性を一方的に発揮するだけの野蛮人の道徳とは異なり、文明人は長期的な自己利益も考慮して道徳判断をするようになる。動物から人類への道徳性の進化過程が道徳の基盤となる社会的本能が進化する過程とみなされるのに対し、野蛮人から文明人の進化は、道徳性の発展と社会的本能の拡大に加えて、利他性だけでなく利己性も道徳性に含まれるようになっていく過程とみなされている[35]。結果として、道徳の基準が高次と低次の二つに分かれることになる。「高次の道徳律」は、「社会的本能が基盤」で「理性」と周りの「是認」によって「支えられ」ている。「野蛮な種族」は「実践」しない「低次の道徳律」は、「世論によって生じ」る「自己に関わる」もので「経験と涵養によって育まれ」る[36]。野蛮人から文明人への道徳性の進化過程では、共感の範囲が拡大するのに伴う道徳性の向上が想定されている一方で、獲得された自己に関わる道徳性は動物や野蛮人にも見られる高次の道徳性ではなく低次の道徳性と捉えられている。道徳の進化とともに、動物や野蛮人にも見られるさまざまな衝動がぶつかる葛藤だけでなく、利他か利己かという高次と低次の道徳性がぶつかる葛藤も生じることになる。このような葛藤を踏まえて適切な道徳判断を行うのが道徳性の発展と捉えられるとともに、このような葛藤は道徳性の発展とともに調和して最終的には解消すると想定されている[37]。

道徳性の進化も含めた文明化の過程において、ダーウィン進化理論の核となる自然選択はどれくらい重要なメカニズムと位置づけられているのだろうか。『人間の由来』の第五章では、その他の要素にも言及しつつも、自然選択の重要性を強調している。「高度な愛郷心、忠誠心、服従心、勇気、共感」という道徳性を身に付け、「お互い助け合って共通善のために自己を犠牲にする」人々から成る種族は、集団を単位とする生存競争を通じて他の種族を押しのけて繁栄する。(38)道徳性で優位に立つ種族が生き残る自然選択過程を通じて人類の道徳性が進化してきたのだ。文明化においては科学技術など技芸の発展が重要な要素であるが、ダーウィンによれば、その基礎には自然選択による知性の発展があるので、技芸も自然の過程を基盤に発展したと捉えられている。

文明人の道徳や知性が自然選択を中心とする自然の過程で発展してきたと論じる一方で、ダーウィンは、優生思想家と同様に、不適者が適者よりも多くの子孫を残すという文明社会での逆選択に懸念を示す。未開状態では、自然選択が働いて不適者が排除されるので、健康な個体が生き残る進化過程が働く。一方、障害者や病人を救う施設や救貧制度などによって弱者を救うことに最善を尽くす文明社会は、不適者の排除が制限されるので不適者が増殖する。ここでもダーウィンは、家畜の品種改良との類比に訴えて不適者の増大が有害であると論じている。(39)しかし、ダーウィンによれば、「無力な人々に対して私たちがしなければならないと感じる援助は、主に共感の本能が偶然にもたらしたもの」なので、「私たちの本性の最も高貴な部分を衰えさせることなしに、たとえ確固たる理性が要求したとしても、おそらく私たちの共感を制限することはできない」のだ。(40)これは、逆選択の悪影響を人為選択という公共政策で相殺すると、道徳性の進化がもたらした果実を手放すことになるという見解である。

文明社会における逆選択に懸念を示す一方で、その他の要因も重視しつつも、文明社会でも自然選択を通じて進歩がもたらされるとダーウィンは論じている。「高度に文明化した国民の間では、進歩の継続は副次的にしか自然選択にかかっていない」としながら、知性にすぐれた集団が生き残る自然選択過程でさらなる進歩がもたらされると論じるのだ。その上でダーウィンは、「進歩をもたらすもっと効果的な要因」として「良質な教育」と、法制度や慣習、そして世論に支えられた「卓越性」をあげている。しかし、「世論」が「卓越性」を「後押し」するのは「共感」を基盤としているからであり、同時に「共感」が「自然選択を通じて発展した」という点も強調するのである。[41] 全体の結論でも、人類の更なる発展のためには人口圧が引き起こす生存競争が必要であり、社会制度によって生存競争を緩和してはならないと主張されている。

> 人類も、疑いなく他の動物すべてと同様に、急速な増殖の結果起こる生存競争を通じて今の高度な状態まで進歩してきたのだ。もし、もっと高度な状態に進歩するつもりなら、残念ながら厳しい生存競争に身を投じ続けなくてはならない。そうしなければ、人類は怠惰に身を沈め、能力の低い人々が高い人々よりも人生の闘いにおいて成功を収めるようになるだろう。すべての人々に開かれた競争が不可欠である。最も有能な人間が最も成功し最も多くの子孫を残すのを法律や慣習で妨げてはならない。[42]

このように論じた直後にダーウィンは、「人間本性の最も高貴な部分」については生存競争と自然選択以外が重要であると述べる。なぜなら、「道徳性」は「習慣、推理力、教育、宗教などの効果を通じて向上するものだから」だ。しかし、同時に「道徳感覚が発達する基盤を提供した社会的本能」が「自然選択の作用」で発展してきたことも強調する。[43] ダーウィンは、他の要因に言及しながらも基本的に生存競争と自然選択という進化過程を通じて文明社会への進歩が成し遂げられたと捉えており、文明社会における逆選択を憂いて自然の進化過程を通じた更なる発展を希求しているのである。

第4節　晩年のT・H・ハクスリー

T・H・ハクスリーは、ヴィクトリア時代を代表する科学者で、自然主義の科学論を掲げて科学の専門化・専門職化を推進するのに貢献した人物である。下層中産階級の家庭に生まれ育ちながらも知の力で身を立て科学研究で給料を支払われる教授職に就いたハクスリーは、論壇で意見を闘わせたり政府の役職を務めたりもする科学者というヴィクトリア時代の新しい専門職エリートを体現する人物であった。「ダーウィンのブルドッグ」と呼ばれることになるハクスリーによる進化論擁護も、科学の自然主義化と専門化・専門職化という大義のためになされたと言われている。(44)

このようなハクスリーの科学観と文明観が表されているのが、論争を呼んだ宗教論などが収められている『いくつかの論争点に関する論集』という著作の序論である。ハクスリーは、「超自然」と「自然」が対抗している知という人間の営みから科学の進展に伴って宗教が拠り所とする「超自然」が排除されていく過程を文明化と捉える。このような自らの立場をハクスリーは「科学的自然主義」と呼び、論考の後半では科学的自然主義に基づく進化論が描き出す自然史と文明史を概括している。(45) 完全に自然主義で説明できるとされる人類の進化史において、決定的に重要だったのが道徳と社会が同時に誕生したことである。ハクスリーによれば、社会の文明化は、共通の利益を実現するために個人の自由を制限する規則が、法や道徳などのかたちをとって複雑化していく過程でもある。ハクスリーは、社会と道徳が相互発展する文明化を「超自然」の排除を伴う自然の過程として説明しているのだ。(46) このような進化論に基づく文明論を一般に向けて語ったのが一八九三年にオックスフォードで行われた「進化と倫理」という題目の「ロマーニズ講演」であり、文明化に関する進化社会理論を定式化したのが講演の序文として書かれた「進化と倫理――プロレゴメナ」である。[47] 本節では、「進化と倫理」で展開された進化社会理論を文明史と自然史という観点から分析する。

「ロマーニズ講演」では、自然現象だけでなく古今東西の思想にも言及しながら、自然の過程に抵抗することで社会と道徳を発展させてきた文明の歴史が論じられている。ハクスリーによれば、文明社会への進歩とは、自然進化の過程である「宇宙過程」を、善いものを残していくための「倫理過程」に置き換えていくことである。[48] ハクスリーは、「宇宙」が「倫理の審判」では「断罪される」と述べたり、[49] 自然に従うことを理想としたストア派が「宇宙の本質は徳の学校ではなく倫理性と対立する敵の本陣である」ことを理解できなかったとみなしたりしている。[50] このように「宇宙過程」と「倫理過程」を対立させることで、自然進化の原理と倫理の原理を同一視する「進化の倫理」を批判している。自然進化における「適者」は、倫理における善とは無関係で、「変化した環境に最もうまく適応したもの」にすぎないからだ。ここで「進化の倫理」と呼ばれているのは、「生存競争」の結果である「適者生存」によって社会が発展するという社会進化論である。自然の原理で社会を語る社会進化論を批判することで、ハクスリーは、(おそらくスペンサーを念頭において)当時「個人主義」と呼ばれた政治的な立場(個人の自由を拡大するために国家の役割を縮小すべきという主張)を「狂信的」として批判する。ハクスリーによれば、文明化の過程では、「生存競争」で有利なのとは正反対の属性が望ましい。「倫理過程」を通じて「自己主張」は「自己抑制」に取って替わられ、個人は同胞を尊重するだけでなく手助けするようになるのだ。[51] 道徳性の発展を含めた文明化の過程は、統治機構によって維持された社会秩序があってこそ可能となる。[52] 逆に、社会秩序を維持して発展させていくような道徳性が、倫理過程を通じて発展することになる。社会と道徳が相互発展していく文明化の結果、文明社会では自然の生存競争を通じて発展した属性は脅威となる。ハクスリーによれば、初期の人類が進歩したのは「人間がサルやトラと共有している性質のおかげ」であるが、そのような人間の動物性は文明社会では罪とみなされる。[53] 動物性に対抗しながら道徳性を発展させることも含めて、「宇宙過程」に抵抗しながら社会の倫理を発展させるのが「倫理過程」であり、「文明の歴史」とは、知識や科学技術だけでなく道徳や社会制度も発展させることを通じて、「宇宙の内部に人工の世界を創り上げることに人間が成功してきた歩み」なのである。[54]

「プロレゴメナ」では、庭との類比で「自然の状態」と「人為の状態」の対立を定式化することで、「ロマーニズ講演」の基盤となっている進化社会理論を明確にしている。自宅周辺の自然描写から始まる冒頭でダーウィン進化理論を概説した上で、「宇宙の内部」にある「人工の世界」の例として庭が持ち出される。「自然の状態」の中に「人為の状態」を創り出して維持する「園芸過程」を説明することで、自然の原理と対立する人間社会の原理を説明しようとするのだ。ハクスリーによれば、「園芸過程」と対立する「宇宙過程」の原理はダーウィンが定式化した激しい生存競争であるのに対し、「園芸過程」は生存競争を引き起こす条件を取り去っていくことで庭の内部での生存競争を抑制する過程である。人間が手入れをしないと庭には雑草が生えて最終的には「自然状態」に回帰してしまうので、「園芸過程」では「宇宙過程」がもたらす自然の力に人間の力で抵抗し続けて庭を維持管理しつづけなければならない。人間社会でも同じように生存競争に回帰する自然の傾向を抑制しつづけなければならないが、そのためには「自己主張」を促す自然の本能を「人為的な人格」である「良心」で抑制し続けなければならない。人間は、社会を維持するために自然に対して二つの戦場で闘っているのである。[55]

庭との類比に続いてハクスリーは、植民地の思考実験によって「自然の状態」の中に創り出された「人為の状態」である人間社会を説明している。植民地を統治する為政者は、庭師が庭の手入れをするのと同様に、知識や科学技術など文明の力を用いて植民地の生活環境を改善していく。為政者が優秀であれば、在来種や先住民を排除するとともに構成員の自己主張を抑えることで相互の平和を実現し、植民地内から生存競争という自然の力を排除していく。結果として、植民地は文明化して自然から切り離され、共通の利益を実現するように改良された人工的な生活環境ができあがる。しかし、優秀な為政者に統治された理想的な植民地が自然から切り離されれば切り離されるほど、自然状態で働いていた人口の抑制が働かなくなり、人口増加の圧力が強まることで生存競争へ回帰する圧力が強まる。相互の平和という社会の成立条件を維持するために、植民地の為政者は人為選択を通じた優生政策を採らざるをえなくなる。このような植民地の思考実験によって、ハクスリーは、文明化が進展すればするほど、逆に人口圧という自然の力による崩壊の危機が高まるという文明社会が抱えるジレンマを提起するのである。[56]

文明社会を脅かす自然の脅威に対してどのように対処すべきかという問題に対して、ハクスリーは、優生思想も、スペンサー流の個人主義も、理想社会の実現を目指す社会主義も、すべて解決策にならないと考える。ハクスリーが人為的に適者と不適者をふるい分ける優生政策に批判的なのは、第一に、人間離れした知性でもない限り、適者と不適者の選別が現実に不可能だからで、第二に、そのような選別は社会の絆を弱めるからだ。ハクスリーによれば、人間社会も、動物の社会と同じように生存競争で有利だったことに起源がある。しかし人間には、ミツバチなどの社会性動物とは違って社会での役割を果たすようにプログラムされた本能がない。[57]逆に、「原罪という教義の根底にある現実」と捉えられる、自己利益を追求する本能が、遺伝を通じて先祖から受け継がれてきている。[58]他方、人間には、共感を通じて感じた他人の感情や評価を内面化することを通じて「良心」が形成される。人間社会の結びつきは、「自己主張」という反社会的な本能を「人為的な人格」である「良心」で抑制する「自己抑制」を通じて強められていく。これこそ、ハクスリーが「倫理過程」と呼んだ過程であり、自然の力に抵抗して「人間社会」と「良心」という「人為の状態」を発展させる文明化なのだ。このような「倫理過程」を通じて発展してきた「社会の絆」を破壊することを根拠にハクスリーは優生政策を批判しているが、同時に自らの進化社会理論を根拠にスペンサー流の「個人主義」も批判する。社会に対する国家の介入を批判して社会の行く末を生存競争に委ねる「個人主義」に対して、ハクスリーは自然界における生存競争と社会における享楽を求める競争との違いを強調し、自己の利益を追求する生存競争を抑制するのが社会の目的であると主張する。一方でハクスリーは、自己利益を追求する「自己主張」の本能も外部の自然に対する生存競争では有益だと論じ、社会の維持に不可欠な「自己抑制」も行き過ぎれば社会を破滅につながると論じている。[59]このようなハクスリーの議論が意味するのは、自己利益の追求を社会の基盤に据えるスペンサー流の個人主義だけでなく、社会全体の利益を実現するために個人の自由を抑圧する社会主義も社会の進むべき道ではないということだ。[60]ハクスリーによれば、生存競争の働かない文明社会では人間本性はほぼ変化せず、人間は常に「自己主張」の本能と人口圧を生み出す生殖本能をもって生まれてくることになる。ゆえに、「良心」は常に反社会的な本能を抑制し続けなければならず、社会は生存競争へと回帰しようとする人口増加の圧力を制御し続けなければならない。「プロレゴメナ」の結論部によれば、「教育と訓練」を通じて、そして「知性」で環境を改善することによって、社会を改善することはできるが、人間と社会を取り巻く自然条件が変わらない限り、社会主義の理想社会は決して訪れることがない「幻想」なのである。[61]

「プロレゴメナ」の結論部では、進化社会理論に基づいて穏健改革路線が擁護されていると解釈できる。ハクスリーによれば、人類が直面しているのは、「自然の状態に対抗して組織された政体という人為の状態を維持して改良する絶え間ない闘い」である。自然の生存競争に文明社会の行く末を委ねるために最小国家を主張する「個人主義」とは異なり、ハクスリーは「組織された政体」による社会改良が文明の発展に果たす役割を強調する。一方で、「人為の状態」が「自然の状態」を完全に征服する社会主義の理想社会は決して訪れない。文明化が進めば進むほど文明社会は自然から切り離されるが、自然の力から完全に逃れることはできない。人口圧がもたらす生存競争再開の圧力に抵抗して社会を維持する「絶え間ない闘い」を強いられる。他方、人間精神では、生存競争を通じた自然選択が働かないために反社会的な人間の本能が固定され、「人為的な人格」である「良心」は自然本能を抑制するための「絶え間ない闘い」を強いられる。文明化の過程は進歩をもたらすわけではなく、「自然の状態」と「人為の状態」の懸隔を拡大するとともに両者の摩擦を拡大する。ハクスリーの認識によれば、宇宙の力は人間の力と比較にならないほど強大なので、自然を征服して理想社会を形成するどころか、庭が雑草の生い茂る原野に戻るように「人為の状態」は究極的には「自然の状態」に回帰する。このような将来展望が示されて「プロレゴメナ」は締め括られる。(62)

第5節　おわりに

『社会静学』で展開される初期スペンサーの世界観では、文明と野蛮の区別が大前提となっているが、社会有機体論も含めて自然との類比で社会が説明されている。進歩をもたらす自然のシステムは神の創造した自然法則に従って機能するという意味で創造神に支えられているが、社会進化そのものは自然の過程として説明されている。このような自然史と文明史を包括する自然の過程で最小国家論が擁護されているのだ。国家の役割を縮小して自由の領域を拡大することで、不適者を苦境に追い込んで排除しながらも、社会状態への適応過程を通じて人間性が完成し、利益が完全に調和する理想社会がもたらされる。このような進化理神論が、初期スペンサーの世界観で核心を占めているのだ。

『人間の由来』では、動物との共通性を示しながら人類のさまざまな属性が自然の過程を通じて進化してきたと論じられている。品種改良と類比したり人種の序列を前提としたりしながら、身体の属性だけでなく、道徳性など人間精神の属性も自然選択を通じて進化してきたと自然主義的に説明している。道徳性の進化に伴って、習慣や文化などが大きな影響を及ぼすようになり、低次の道徳律に従って自己利益を考慮するようにもなる。ダーウィンは、文明社会では自然選択の重要性が低下することを認め、自然選択が働かずに不適者が生き残る逆選択に懸念を示す。しかし、文明社会でも自然選択が全く機能していないわけではないと論じ、共感という重要な要素も含めて社会的本能が自然選択で進化してきた点も強調する。文明社会におけるさらなる道徳性の発展のために重要とされる教育や世論などの要素も、世論が共感に根ざしているように自然の過程で進化してきた自然本性に根ざしている点も重要である。ダーウィンは、自然選択以外の要因も考慮しつつも超自然的な要素を除外し、自然の観察データを用いながら自然の過程におけるさまざまな要素を結びつけることで、道徳の進化を説明しようとしている。文明化を自然主義の枠内で説明しているという点で、文明史が自然史の延長線上に展開しているのだ。

晩年のハクスリーは、個人主義と社会主義の両極を批判して自らの中道路線を擁護する進化社会理論を展開した。「自然の状態」と「人為の状態」の対立関係を定式化して「宇宙過程」に抵抗する「倫理過程」によって道徳と社会が相互に発展したと議論することで、社会を自然の過程に委ねようとする個人主義を批判する。同時に、社会が自然を完全に支配するのは不可能だと議論することで人為の力で理想社会を創り上げようとする社会主義を批判する。「自然の状態」と対立する「人為の状態」を導入することで自然主義を放棄したのではなく、両者の対立が自然の過程でもたらされたと説明しようとしているのである。

以上の三者はそれぞれのかたちでマルサス人口理論を引き継いでいる。初期スペンサーは、社会の成立をもたらした要因を人口増加に求め、人口圧を文明化の原動力と捉えている。自然選択を引き起こす生存競争という概念をマルサスから導入したダーウィンは、文明の更なる進歩を生存競争に求め、人口圧がもたらす害悪を含めて文明の力で生存競争を緩和することに否定的である。晩年のハクスリーはダーウィンの進化理論を引き継いで人口圧が社会にかける負荷を強調した。文明化の進展につれて人口増加の圧力が強まり、社会における競争を引き起こす圧力が強まる。平等という理想に近づくほど不平等をもたらす競争が起りやすくなるので、ハクスリーによれば、理想社会は不可能なのだ。

また、三者はそれぞれ文明化の過程に葛藤や緊張関係を見いだしている。『社会静学』では完全な法と不完全な人間性との対照が強調され、不完全な状態である文明化の途上ではさまざまなかたちの不整合が想定されている。しかしながら、人間性が完成する理想社会という進歩の終着点では、さまざまな葛藤や緊張関係はすべて解消して完全に調和すると論じられている。『人間の由来』では、文明化の過程で「高次の道徳律」と「低次の道徳律」に分かれ、利己性と利他性の葛藤が引き起こされると論じられているが、文明のさらなる進歩に伴って解消されると想定されている。他方、ハクスリーが見いだした「自然の状態」と「人為の状態」との対立関係は文明化に伴って解消するどころか、文明化が進展するほど両者の懸隔は拡大すると想定されている。文明化が進展しても、逆に進展すればするほど、自然の力に抵抗して社会を維持することに力尽くさなければならず、人間精神では「人為的な人格」である「良心」で自然の本能を抑制するように努めなければならないのである。

最後に、文明史と自然史という観点で総括を行う。『社会静学』でスペンサーは文明史を自然史の一部と捉え、ダーウィンもさまざまな要素を考慮に入れながらも自然史の延長線上で文明史を捉えている。一方、ハクスリーは宇宙過程を通じた自然史と倫理過程を通じた文明史を対立するものと捉えている。初期スペンサーとダーウィンは社会の行く末を自然の進化過程に委ねることを正当化しているのに対して、「進化と倫理」でハクスリーは、まさにそのような考え方を「進化の倫理」と呼んで批判している。このような対立がありながらも、初期スペンサーやダーウィンだけでなくハクスリーも含めて自然主義の枠内で三者三様の理論を展開したと言える。ヤングの図式を用いるならば、マルサスの延長線上で議論した三者によって人間の自然化が結実したのである。(63)

注

(1) H. Spencer, *Social Statics: Or, the Conditions Essential to Human Happiness Specified, and the First of Them Developed*, 1851, in *Social Statics*, Vol. 3 of *Herbert Spencer: Collected Writings*, Abingdon, Routledge/Thoemmes Press, 1996; C. Darwin, *The Descent of Man, and Selection in Relation to Sex*, 2nd ed., 1879, Penguin Classics, London, Penguin Books, 2004; T. H. Huxley, *Evolution & Ethics and Other* Essays, Vol. 9 of *Collected Essays of T. H. Huxley*, London, Macmillan, 1894, Reprint, Bristol, Thoemmes Press, 2001.

(2) R. M. Young, "Malthus and the Evolutionists: The Common Context of Biological and Social Theory", in *Darwin's Metaphor: Nature's Place in Victorian Culture*, Cambridge, Cambridge University Press, 1985, pp. 23–55.

(3) R. M. Young, "Natural Theology, Victorian Periodicals, and the Fragmentation of a Common Context", in *Darwin's Metaphor: Nature's Place in Victorian Culture*, Cambridge, Cambridge University Press, 1985, pp. 126–63; F. M. Turner, *Between Science and Religion: The Reaction to Scientific Naturalism in Late Victorian England*, New Haven, Yale University Press, 1974, pp. 8–37; G. Dawson and B. Lightman, Introduction to G. Dawson and B. Lightman eds., *Victorian Scientific Naturalism: Community, Identity, Continuity*, Chicago, University of Chicago Press, 2014, pp. 1–24.

(4) J. C. Greene, "Darwinism as a World View", in *Science, Ideology, and World View: Essays in the History of Evolutionary Ideas*. Berkeley, University of California Press, 1981, pp. 128–57.

(5) Greene, "Darwinism", p. 133.

(6) M. W. Taylor, *The Philosophy of Herbert Spencer*, Continuum Studies in British Philosophy, London, Continuum, 2007, pp. 1–26, pp. 38–42.

(7) Spencer, *Social Statics*, pp. 1–65.

(8) Spencer, *Social Statics*, p. 65.

(9) Spencer, *Social Statics*, pp. 66–89.

(10) Spencer, *Social Statics*, p. 103.

(11) Spencer, *Social Statics*, pp. 110–92.

(12) Cf. Spencer, *Social Statics*, p. 462

(13) Spencer, *Social Statics*, Part III.

(14) Eg. Spencer, *Social Statics*, p. 163, ch. XX.

(15) Spencer, *Social Statics*, pp. 250–95.

(16) Spencer, *Social Statics*, p. 62, pp. 197–200, ch. XXI.

(17) Anonymous [H. Spencer], “A Theory of Population, Deduced from the General Law of Animal Fertility”, *Westminster Review*, 57, 1852, pp. 468–501.

(18) 藤田祐「進化社会理論とマルサス――進歩をめぐる人口圧の二面性」『ヴィクトリア朝文化研究』七号、二〇〇九年、一八～三四頁。

(19) Spencer, *Social Statics*, ch. XXX.

(20) Spencer, *Social Statics*, p. 126.

(21) Eg. Spencer, *Social Statics*, p. 85, p. 321.

(22) Eg. Spencer, *Social Statics*, p. 162, pp. 198–200.

(23) Spencer, *Social Statics*, pp. 378–79.

(24) Cf. P. J. Bowler, *The Non-Darwinian Revolution: Reinterpreting a Historical Myth*, 1988, Baltimore, Johns Hopkins University Press, 1992, pp. 38–40, pp. 158–59.

(25) C. Darwin, *The Origin of Species: By Means of Natural Selection; or the Preservation of Favoured Races in the Struggle for Life*, 1859, Penguin Classics, London, Penguin Books, 1985, pp. 71–172.

(26) Bowler, *Non-Darwinian Revolution*, ch. 1.

(27) Darwin, *Origin*, p. 458, pp. 459–60.

(28) Darwin, *Descent*, pp. 35–40.

(29) Darwin, *Descent*, pp. 43–48.

(30) Darwin, *Descent*, p. 58.

(31) Darwin, *Descent*, pp. 63–66.

(32) Darwin, *Descent*, pp. 67–76.

(33) Darwin, *Descent*, ch. 3.

(34) Darwin, *Descent*, pp. 119–40.

(35) Darwin, *Descent*, pp. 140–51.

(36) Darwin, *Descent*, p. 147.

(37) Darwin, *Descent*, pp. 140–51.

(38) Darwin, *Descent*, pp. 157–58.

(39) Darwin, *Descent*, pp. 158–59.

(40) Darwin, *Descent*, p. 159.

(41) Darwin, *Descent*, p. 169.

(42) Darwin, *Descent*, p. 688.

(43) Darwin, *Descent*, pp. 688–89.

(44) Bowler, *Non-Darwinian Revolution*, pp. 63–71, pp. 76–90.

(45) T. H. Huxley, Prologue to *Essays upon Some Controverted Question*, 1892, in *Science and Christian Tradition*, Vol. 5 of *Collected Essays of T. H. Huxley*, London, Macmillan, 1894, Reprint, Bristol, Thoemmes Press, 2001, pp. 1–58.

(46) Huxley, Prologue, pp. 51–54.

(47) T. H. Huxley, "Evolution and Ethics [*The Romanes Lecture*, 1893]", *Evolution & Ethics and Other* Essays, Vol. 9 of *Collected Essays of T. H. Huxley*, London, Macmillan, 1894, Reprint, Bristol, Thoemmes Press, 2001, pp. 46–116; T. H. Huxley, "Evolution and Ethics: Prolegomena", 1894, *Evolution & Ethics and Other Essays*, Vol. 9 of *Collected Essays of T. H. Huxley*, London, Macmillan, 1894, Reprint, Bristol, Thoemmes Press, 2001, pp. 1–45.

(48) Huxley, "*Romanes Lecture*", p. 81.

(49) Huxley, "*Romanes Lecture*", p. 59.

(50) Huxley, "*Romanes Lecture*", p. 75.
(51) Huxley, "*Romanes Lecture*", pp. 79–83.
(52) Huxley, "*Romanes Lecture*", p. 55.
(53) Huxley, "*Romanes Lecture*", pp. 51–52.
(54) Huxley, "*Romanes Lecture*", pp. 81–84.
(55) Huxley, "Prolegomena", pp. 1–15.
(56) Huxley, "Prolegomena", pp. 16–21.
(57) Huxley, "Prolegomena", pp. 22–27.
(58) Huxley, "Prolegomena", p. 27.
(59) Huxley, "Prolegomena", pp. 27–42.
(60) ハクスリーが晩年に展開した進化社会理論の政治性については、藤田祐「自然と人為の対立とその政治的含意——T・H・ハクスリーの進化社会理論」『イギリス哲学研究』二七号、二〇〇四年、三九〜五四頁。
(61) Huxley, "Prolegomena", pp. 37–44.
(62) Huxley, "Prolegomena", pp. 43–45.
(63) Cf. R. M. Young, "The Impact of Darwin on Conventional Thought", in *Darwin's Metaphor: Nature's Place in Victorian Culture*, Cambridge, Cambridge University Press, 1985, pp. 1–22.

第7章 一九～二〇世紀転換期のイングランドにおける都市人口「退化」への懸念とマルサスの『人口論』
――ミース伯爵、『クラリオン』、『マルサシアン』を中心に――

光永雅明

第1節　はじめに

イングランドにおけるマルサスの『人口論』の知的遺産を考える上で無視できない重みを持つと思われるのが、一九世紀末から二〇世紀初頭の世紀転換期に広がった都市人口の「退化（degeneration）」に関する議論である。

イングランドでは一九世紀を通じて人口が急激に増加する一方、その人口の都市、とくに大都市への集中が続いた。たとえばイングランドとウェールズにおける都市（towns）の人口は、一八〇一年においては、全人口の三四％であったが、一九〇一年には七八％に達している。とくに一〇万人以上の大都市の人口比は、一八〇一年における一一％から、一九〇一年における四四％へと急増していた(1)。

その人口動態を大きな背景として台頭してゆくのが都市人口の「退化」に関する議論である。リチャード・ソロウェイによれば、一九世紀中葉から産業都市における「下層諸階級の身体的な悪化（physical deterioration）」を懸念する声が高まり、一九世紀の最後の四半世紀になると、都市生活における人間を「非道徳化し」「退化させる」諸条件が「最下層民（residuum）」と呼ばれる層を生み出しているとの認識が広がる。さらに都市人口「退化」に関する議論は、ボーア戦争時（一八九九～一九〇二年）に産業都市出身者の軍隊志願者たちに不適格者が多数出たことなどをきっかけに再燃していったのである。(2)

以上に述べた都市人口の「退化」に関する議論は、一面においては、イギリスにおける優生学の発展を大きく促すこととなった。ソロウェイによれば、イギリスにおいて優生学がプロパガンダ運動としても、また教養ある公衆に対して説得的な理論としても力をつけたのは、出生率の低下という――さらに言えば、出生率の社会・経済的な地位による違いという――「新しい人口問題」への関心が背景にあったとされる。その出生率の低下への懸念を高めたのが、都市人口の身体的・精神的悪化への恐れという、より以前からあって、より一般的な懸念だったのである。(3)したがって都市人口「退化」問題からマルサスの『人口論』の知的遺産を検討する一つの方法は、明らかに、優生学におけるマルサスの影響の吟味であろう。

しかし都市人口「退化」の解決策として考えられたのは、必ずしも優生学的な方法だけではなかった。たとえばジョセ・ハリスが指摘しているように、当時のイギリスでは「社会的な「退化」と「衰退」」への恐れが浸透していたが、これらの「退化」や「衰退」は、社会環境の整備によって改善可能であるという「環境主義的で改善主義的な思想」もまた根強かった。たとえば社会の「最下層民」は「生物学的な遺伝」ではなく「悪しき社会的・産業的組織」によって生まれ、それゆえ将来的には改善可能という考え方が見られたのである。(4)したがって優生学など新しい生殖管理の発想にマルサスの『人口論』がどのように継承されたのかは無論、きわめて重要な問題であるが、それに劣らず重要なのは、社会環境の改善を通じて「退化」を防ぎ、抑制するという当時の議論

における マルサス『人口論』の影響であろう。そこで本章ではむしろ後者に焦点を当てることとしたい。

その上で、本章で注目したいのは、社会環境の改善を強調する当時のさまざまな議論においては、しばしば、田園的な要素を生活の中に取り入れることによって都市人口の「退化」を防止・抑制する提言がなされていると思われることである。そもそも都市人口の「退化」は田園人口の健康性とたびたび対比的にとらえられており、(5) この考え方に基づけば、「退化」への解決策として田園的な要素に期待することは自然であったとも言えよう。たとえばオープン・スペースを都市で整備することは、「田園の要素を都市に持ちこむこと」と理解できるが、(6) 本章で確認してゆくように、それによって「退化」の防止や抑制が可能であるとの無視できない議論があった。他方、都市郊外や田園地帯への人々の移住、さらには田園中心の社会へとイングランドを急進的に変貌させることによって、この「退化」問題に対応ができるとの議論も見受けられた。「退化」の防止・抑制を求める声は、このように、田園的な要素を生活の中に拡大してゆくべきだというさまざまな議論——以下ゆるやかに「田園化」の議論と呼ぶこととしたい——としばしば結びついていたのである。

この「田園化」の議論に焦点を当てたいのは、そこにおけるマルサスの『人口論』の影響の有無や内容が、ヴァラエティに富んでいると思われるからである。後述するように、その中には、マルサス『人口論』を実質的にバイパスすると思われる議論から、『人口論』への論駁に基礎をおくと言ってよい議論、さらには『人口論』との積極的な接合を試みる議論までがあった。マルサス『人口論』への多様なスタンスを——したがってその「知的遺産」の多様性を——考える上で、「田園化」を通じた「退化」の防止・抑制に関する議論は、大変興味深い題材を提供してくれているとも言えるであろう。

そこで本章は、以下の順番で議論を進めることにしたい。まず次節では、都市人口の「退化」に関する当時の議論を先導した人物の一人と言える第一二代ミース伯爵(Brabazon, Reginald, 12th Earl of Meath, 1841–1929)(7) をとりあげ、彼が一八八〇年代に展開したロンドンの人口の「退化」に関する議論を検討する。ミースの場合は都市におけるオープン・スペースの整備に「退化」防止・抑制への大きな役割を期待しており、マルサス『人口論』は必ずしも議論に積極的に取り上げていないことが注目されよう。次に第3節では、イングランドの急進的な「田園化」を通じた「退化」の防止・抑制の提唱という一面も窺えると思われる議論として、大衆社会主義新聞の『クラリオン』(*Clarion*)で一八九〇年代に展開された主張を取り上げる。この主張は『人口論』への批判をひとつの背景としていたように思われる。続いて第4節で検討するのは、イングランドの「田園化」とそれを通じた「退化」防止・抑制に一定の共感を示しつつも、そのような試みを『人口論』と結合しようとした、「マルサス主義連盟」(Malthusian League)の機関誌『マルサシアン』(*The Malthusian*)における二〇世紀初頭の議論である。(8)

以上のように「田園化」による「退化」の防止・抑制を試みた議論を順次検討して、この時代のイングランドにおけるマルサス『人口論』の知的遺産の多面性の一端に光を当てることが本章の目的である。なお本章の第2節と第3節では、すでに発表した拙稿および拙報告を用いており、その詳細は註で示している。

第2節　ミース伯爵——都市人口の「退化」と『人口論』のバイパス——

一八八〇年代のイングランドにおける都市人口の「退化」に関する議論を検討する際に無視できないと思われる人物の一人が、ミース伯爵である。ミース伯爵は、世紀転換期のイングランドでさまざまなフィランスロピ活動や愛国主義的運動などを推進し、それらの一環としてロンドンにおけるオープン・スペースの整備に尽力したことで知られる。(9)その中で本章にとって重要なのは、ロンドンなどの大都市においては人口の「退化」が生じているとミースが認識し、その認識に基づいてオープン・スペースの整備を開始したことである。すでにこの点についてはF・H・A・アーレンの指摘があり、[10] それも踏まえて拙稿で詳しく検討しているが、[11] そこで得られた知見は本章全体にとっても重要なので、本節ではその内容に依拠しつつ、論を進めることとしたい。

ミースによる都市人口に関する議論は、一八八〇年代を中心に主要な総合評論雑誌において表明されていった。その主張を要約すれば、以下のようになろう。[12] 第一に一八八一年の国勢調査に見られるようにイングランドとウェールズにおける人口は依然急増しており（一九三六年までに倍増するとミースは予想）、しかもその六六％ほどが都市（towns）に居住している。[13] 第二に、その結果、イギリスの人口は年々、「光も、空気も、適切なエキササイズを行う手段もなく、少なからずの場合、十全な——ときには必要不可欠な——食事も、暖も、衣服も無く密集する」「都会の」人口になりつつある。[14] 他方、第三に、多数の人口を養う食料はイギリスで生産できず、海外から輸入すべきとミースは判断しており、[15] 人口を文字通り田園に戻すことは提唱していない。第四に、したがって、人々の身体的な健康状態を維持し、向上させるためには、住居の近くで新鮮な空気と子どもらが体を動かせる場所を確保するスペースを提供することが重要な一方策となる。ミースによれば、「公園、庭園およびプレイグランド」は「国民の健康と強さの平均的水準」を高めるための「公的な必需品」なのである。もし「人々の平均的な生命力」が低下すれば、「各国民間の競争」において大きなハンディキャップを負うであろう。[16] すなわちこれらのオープン・スペースの整備は、人々の身体的な健康を維持・向上させ、ひいては、諸外国との競争においてもイギリスを有利な立場に導く上で大きな役割を果たすとされたのである。

ミースがロンドンで実践してゆくオープン・スペースの整備は、これらのアイデアをもとに進められていったと言ってよいだろう。まず一八八〇年代およびそれ以降においては、ミースは民間の任意団体である「首都公共庭園協会（Metropolitan Public Gardens Association）」を組織し、寄付を募ることによって、首都における小規模なオープン・スペースの整備を進めていった。さらに一八九〇年代には、新たに設立されたロンドン州議会の

「公園、オープン・スペース委員会（Parks and Open Spaces Committee）」の委員長として、市内における小規模なオープン・スペースの整備に加え、郊外におけるより大規模な森林などの保護にも尽力したのである。[17]

さて以上に示したミースの議論で特徴的だったのは、都市住民の健康悪化をしばしば「退化」「退化する」という言葉で論じたことである。[18] たとえば一八八一年の論考でミースは、都市に集中する「最も数が多い」「諸階級」は、「今でさえ健康や力において退化しつつある（degenerating）のではないか」と問いかけ、「健康に必要不可欠なものが欠乏するところでは、身体的な質は退化する（degenerate）と予想できよう」とも書いている。[19] だが、ミースの認識においては「退化」はあくまで、「健康に必要不可欠なもの」が「欠乏」するという環境的な要因によって生じるものであった。すなわち非常に簡潔なミースの言葉を用いれば、「良い食事と良い衣服、新鮮な空気とエキササイズが、人間の体格の健康な発達には不可欠」なのであり、[20] それさえ整えば、「退化」は生じないはずであった。したがってミースの「退化」論は、冒頭で述べた、遺伝の管理というよりは、環境改善を重視する「退化」に関する議論のなかに数えることができよう。その環境改善の方策の中に「新鮮な空気とエキササイズ」のための空間の提供があり、それをオープン・スペースが担うのである。

他方、少なくともこの時期におけるミースの主要なオープン・スペース論に関する限り、マルサスの『人口論』に直接依拠している部分はほとんど見出せない。[21] ミースの認識は、人口増加と都市、特にその一部地区への集中という人口動態が「退化」をもたらすというものであったが、筆者が瞥見する限り、その人口動態を説明する際にマルサスの『人口論』はとくに参照されてはいない。また都市における人口や人口密度の増大がもたらす弊害を抑える方策についても、マルサスを具体的に参照した議論は、筆者は確認できていない。そのための方策としてミースが積極的に主張したのは、海外への移民[22]を別にすれば、まずはオープン・スペースの拡大であり、マルサスとの連想がされがちな出生数の人為的な削減の方法は、積極的に提唱しているとは言いがたいのである。

たとえば早婚の回避についてミースは、こう述べる。大都市への人口集中という「過程」はいつ、どのようにして止められるのか。「無論、人々の習慣における根本的な変化が生じれば、止められるだろう。仮に向こう見ずな結婚が決してなされないとしたら、としよう。また仮に多くの女性が、家族を安楽にまた幸福に育てるだけの手段があると確信している場合だけ結婚するとしよう。そうしたら他の解決策を探す必要はなくなるだろう。」原文は仮定法であり、ミースがこの解決策に期待を寄せていないことは明らかであった。事実この文章は植民地への移民を奨励する文脈で書かれており、「しかし、現実をありのままに理解するなら」移民政策が必要だ、という主張につながるのである。[23] 早婚の回避以外の方法、たとえば産児制限となると、言及している例も見出しにくいと思われる。なお土地生産力の限界についても、特にマルサスは具体的に参照していないと思われる。

無論、ミースの議論がまったくマルサスの思想と無縁であったと断じるのは早計であろう。しかし一八八〇年代の主要なオープン・スペース論に関する限り、人口の増加や密集の害悪を論じる中で直接、マルサスに触れないこともまた事実である。その意味でミースの議論においては、マルサスの『人口論』はバイパスされていると言うことがおそらく可能であろう。

このようにミースの議論は、都市人口の「退化」に人々の一層の関心を向けさせ、しかも、その解決策は都市における生活環境の改善に求められるべきであることを強く訴えるものであった。その生活環境の改善のなかでオープン・スペースが果たす役割に多くの人の関心をさらにひきつけたことを含め、ミースの議論および活動が当時のイングランドに与えた影響は軽視できない。しかしその議論はマルサスをバイパスしているとも思われ、もしこのような表現が許されるのなら、「非マルサス的な」ものだったとも言えるかもしれない。

第3節　『クラリオン』——急進的な「田園化」構想と『人口論』批判——

このミースとは大きく異なり、人々が密集する都市に将来はなく、むしろイングランドの急進的な「田園化」によって人々の健康状態も回復させるという構想を展開し、その際にマルサス『人口論』への批判を下敷きにしていたとも言えるのが大衆社会主義新聞『クラリオン』である。(24)

『クラリオン』は一八九一年一二月、ロバート・ブラッチフォード（Blatchford, Robert, 1851–1943）を編集者として創刊された週刊新聞である。『クラリオン』自体、週刊発行部数が約四万部に達したと言われるが、ブラッチフォードによる連載をまとめた『メリー・イングランド』（*Merrie England*, 1893）も爆発的に売れ——廉価版は約二〇〇万部に達したという——、社会主義運動の中で無視できない重要な勢力となった。(25) すなわち、ミースの議論と実践が一通り展開され、ミース自身がロンドン州議会での公園およびオープン・スペースの整備に乗り出した一八九〇年代に、『クラリオン』が台頭していったのである。

さて『クラリオン』では、『メリー・イングランド』の元の連載が端的に示すように、都市、とくに巨大な工業都市における身体的な健康の悪化にしばしば警鐘が鳴らされていた。たとえばその連載記事のひとつでブラッチフォードはこう述べている。「どの巨大な工業都市（industrial town）を見ても——石炭産業、鉄鋼産業、生糸産業、あるいは木綿産業であれ——、ハードな仕事、汚れた空気、過密、病気、醜さ、飲酒酩酊、そして高い死亡率が浮かび上がる」。そしてイギリス各地における人口密度と死亡率を表示した地図を紙面に掲げ、「これらの地図を検討すれば、製造業がもっとも巨大なところでこそ、死亡率が最も高く、人口が最も稠密なことがわかる」と主張したのである。(26) ここでは「退化」という言葉さえ用いていないが、都市住民の死亡率が高いことを強調し、そしてその大きな理由に「人口が最も稠密なこと」をあげているのは、ロンドンに即したミースの「退化」の議論と大きく類似していると言えよう。

また『クラリオン』では、当時の「退化」論においてしばしば引用されていた医学的な言説も用いられていた。たとえば同紙の執筆者の一人であるウィリアム・ジェイムスンは、「王立外科医師会フェロウのジェイムズ・カントリ（Cantlie, James）」の言葉として「純粋なロンドン人の第四世代を発見することは完全に不可能である。部分的には欠乏により、部分的には身体的な衰退と、持続性が不可能になっていることにより、子孫がいなくなっているのである」というものをあげている。(27) ここでも「退化」ではないにせよ、「身体的な衰退」等の表現が用いられ、それらを含む要因によって、世代的な再生産が不可能になっているという、実質的には「退化」の議論に近い主張が展開されていると言えよう。したがって「退化」への何らかの懸念という点では、ミースによる議論と『クラリオン』における議論との間には、かなりの親近性が窺えると言ってもよいであろう。

しかし『クラリオン』は、現在の都市生活の問題点をどのように改善してゆくかという処方箋においては、ミースとは大きく異なる主張を展開していた。すなわち『クラリオン』は、都市のなかに田園的要素を持ち込むどころか、イングランドにおける都市化に終止符を打ち、土地の国有化を通じたより田園的な社会へとイングランドを急進的に転換させる構想を打ち出していたのである。

その構想を説明しよう。ブラッチフォードによれば、将来の政府は、無限定な工業化に歯止めをかけ、第一次産業を重視し、以上を達成するために、多くの生産・交通手段等を「人々の財産」にすべきであった。『メリー・イングランド』の元となった連載において、ブラッチフォードはこう述べている。「第一に、私は、溶鉱炉、化学工場、そして工場を、わが国の人々に供給するために実際に必要な数だけに限定するだろう。次に水力および電力を発展させることにより煙害を止めるであろう。次に、自分たちで消費するために小麦や果物を育て、牛や家禽を育てるよう、人々に働いていただく。次に、漁業を発展させ、巨大な養魚場や港湾を建設するだろう。／このような目標を達成するためにすべての土地、製作所、鉱山、工場、仕事場、商店、船舶、そして鉄道を人々の財産にするだろう」[28]。以上の全体的な構想のなかでも大きな柱となるのが、第一次産業の復興である。とくに農業に関しては、後述するように、種子の品種改良などの人工的な方法で生産高が飛躍的に増大するとされ、その豊かな食糧生産力に支えられた田園的なイングランドという将来像が描かれたのである。

ミースとは大きく異なる将来構想であるが、そのミースとの違いを『クラリオン』側は鮮明に以下のように指摘している。先述のウィリアム・ジェイムスンによれば、ロンドン州議会が確保したオープン・スペースは全てで「三六五六エーカー」に過ぎない。むしろ政治家に求められているのは、「イングランドの田園地帯のすべてにロンドンの植民地を設立すること」なのである（強調は原文）[29]。ジェイムスンは名指しこそしていないが、ロンドン州議会のオープン・スペース政策の初代統括者は他ならぬミースであった。それとは異なる徹底的な「国内植民」こそが求められていると『クラリオン』では明確に主張されたのである。

都市化と急激な田園復興のいずれを選ぶかで『クラリオン』はミースと大きく異なっていたが、マルサスの『人口論』への態度もまた、対照的だった。いわば「非マルサス」的であったミースとは異なり、『クラリオン』は、「反マルサス」とでも言うべき主張を展開していったのである。

その経緯を確認しておこう。まず出発点はイングランドに亡命したピョートル・クロポトキンが、無政府主義者などとも接触しつつ、さまざまな執筆・出版活動を進めたことにある[30]。そのなかでクロポトキンがマルサスの人口論への批判を鮮明に打ち出したのが、ニューヨークで刊行されていた雑誌『フォーラム』の一八九〇年八月号に掲載された「農業の可能性」というタイトルの論文である。そこでクロポトキンは「マルサスの『人口論』ほど次の三世代にわたって経済思想の発展全般に有害な影響を及ぼした書物は少ない」としたうえで、土地の生産力の限界に関するマルサスの主張に以下のように批判を加えている。

確かに、人間が蒸気と電気を自分のものとして以来、工業分野では人間の生産力のとてつもない成長はマルサス理論をいくらか動揺させた。工業的な富は、どのような人口増加も達成できない速度で増大しているし、なお大きな速度で増大することができる。だが農業は今でもマルサスの哲学の城砦と考えられている。最近の農業と園芸の偉業は十分よくは知られていない。そしてわが国の園芸家が気候や緯度を克服し、亜熱帯植物をわが国の風土に馴化させ、一年に一度ではなく十回作物を栽培し、それぞれ特別に耕作するのに必要な土壌を自分で作るにもかかわらず、経済学者は土地の表面には限りがあり、その生産力についてはなおさらそうである、と言いつづけている。彼らは今でも、人口はたとえば三〇年ごとに倍になるに違いなく、そのような人口は、生活必需品の欠乏に直面するだろうと言っているのである！［力点は原文］(31)。

同論文の残りの部分では、欧州における農業生産力が飛躍的に拡大しうることを具体的に主張しており、この論文が、のちにクロポトキンの主著のひとつ『田園、工場、仕事場』(*Fields, Factories and Workshops*, 1898) へと組み込まれることになる。

『クラリオン』においてブラッチフォードが用いたのが、この『フォーラム』掲載段階のクロポトキンの論文である。同論文のうちマルサス批判の部分は、ブラッチフォードは直接には引用していない。しかしクロポトキンによる農業生産力の増大の主張については以下のように要約と引用をしている。すなわち、「一八九〇年の『フォーラム』誌においてクロポトキン公爵は、土壌をどのように利用するかを学べば、現在の人口の一〇倍を簡単に養えることになるかもしれないと言っている。これはフランスで証明されたと彼は主張している。」つまりクロポトキンによれば、「種子の選別、種を列で撒くこと、そして適切な肥料といったシンプルな一連の方法を組み合わせること」で「現在の最良の平均値の少なくとも七五％増」が可能である。(32)「この国は現在の人口の三倍以上を養うことが可能である」(33)と主張するブラッチフォードにとって、クロポトキンのマルサス批判がきわめて有用であったことは明らかであろう。イングランドの急進的な「田園化」を求めるブラッチフォードの構想には、たとえそれを進めても、イングランドの全人口を養うだけの食糧は生産しえないというマルサス的な反論が容易に予想できたと思われる。しかしブラッチフォードは、土地生産力の限界に関するマルサスの懸念は杞憂であると明言するクロポトキンの主張をすでに手中にしていたのである。マルサス批判を直接引用はしないものの、ブラッチフォードの主張は、土地生産力と人口との関係に関する限り、実質的には反マルサス的と呼ぶことがおそらく許されるだろう。(34)

したがって当時のイギリスにおける都市人口の「退化」問題とマルサスの知的遺産の関係を考える場合に、『クラリオン』の議論を無視することはできない。それは、都市人口の「退化」に警鐘を鳴らす主張にかなりの親近性を示していたとも言え、そのうえで、マルサス人口論への強い批判を背景とする、イングランドの田園復興構想を打ち出していたのである。

第４節　『マルサシアン』——都市人口「退化」への懸念と『人口論』——

以上のミースや『クラリオン』とは対照的に、都市人口の「退化」への対応をマルサスの『人口論』と積極的に結びつけようとしたと考えられるのが、マルサス主義連盟の機関誌である『マルサシアン』である。(35)新マルサス主義団体であるマルサス主義連盟の創設は一八七七年に遡るが、本章では機関誌の主たる検討対象を二〇世紀初頭とし、さらに一九〇七年をひとつの区切りとしたい。二〇世紀初頭とする大きな理由のひとつは、先述のようにボーア戦争を契機としてイングランドにおける世論で「退化」への懸念が再燃するという歴史的背景を重視するためである。他方、一九〇七年で区切りを付けるのは、長年会長の座にあったチャールズ・ロバート・ドライズデール（Drysdale, Charles Robert, 1828–1907）がこの年に死去し、妻であるアリス・ヴィカリ（Vickery, Alice, 1844–1929）に会長が交代するとともに、二人の息子で消極的優生学の支持者とされるチャールズ・ヴィカリ・ドライズデール（Drysdale, Charles Vickery, 1874–1961）が『マルサシアン』の編集者に就任するという、連盟内の状況の変化[36]による。

まず時代的な背景であるが、よく知られているように、ボーア戦争を契機とする「退化」問題への国民的な関心の高まりを象徴したのが、「身体的悪化に関する省庁間委員会（Inter-Departmental Committee on Physical Deterioration）」の設立（一九〇三年）であった。ここで重要なのは、この委員会の設立にはミースが大きく関与していることである。すなわちミースは一九〇二年にまず「労働者階級の身体が次第に悪化していること（deterioration）」が新兵補充の将来に重大な影響を及ぼしかねないとの警鐘を発し、その後、一九〇三年に貴族院で「わが国の巨大な都市における貧困人口」が「身体的な健康と力の全国的な標準を不可避的に低下させる条件のもとにある」か否かを検討する委員会を政府が設立すべきだと指摘したのである[37]。この意味で同委員会はミースによる都市人口「退化」論を重要な背景としていた。

また同委員会が一九〇四年七月に出した報告書にも留意が必要である。それは遺伝が「退化」にもたらす影響に強く疑問を投げかけ、むしろ、児童の場合、無知、ネグレクト、栄養状況、住居、空気や水の状態などを含む生育環境こそがその「悪化」を生むと結論付けたのである[38]。本章の冒頭で述べた「環境」的な要因を重視したイングランドにおける「退化」に関する議論を象徴するもののひとつが、この報告書だったと考えることもできよう。

このように国民全体で「退化」への関心が高まる前後に『マルサシアン』でも「退化」に関する議論が出されてゆくのであるが、その議論においては二つの点が注目に値する。

第一は、『マルサシアン』もまた、「退化」は基本的には環境の改善によって防止ないし消滅させられると明確に主張していることである。「省庁間委員会」の報告書について『マルサシアン』はこう指摘している。

［……］何人かの医学的な権威たちの意見によれば、子供や青少年らの環境に比べた場合、退化（degeneracy）を生み出す上で遺伝は重要性が非常に低い要素であり、社会生活がより適切に制御されれば、一世代か二世代のうちに退化は急速に消滅してゆくことになろう［……。］／これらの見解には真理があると私たちは思うので支持し、他方、カール・ピアスン氏やA・リード博士、そして一般的に言ってダーウィン主義者たちの仮説は、私たちの経験に従えば、誤った観察に基づいている。(39)

すなわち報告の基本的な趣旨に従い、『マルサシアン』は、「遺伝」の管理よりも「環境」ないし「社会生活」の整備がより重要だと明言したのである。

また第二に、この環境の整備のために不可欠な条件としてマルサス主義連盟が考えていたのが、人口の量的な抑制である。ソロウェイが指摘するように、マルサス主義連盟らの新マルサス主義者は、貧困の脅威に対抗し、人種の劣化を食い止めるためには、チャリティや救貧法や社会改良だけでは不十分であると考えていた。むしろ「労働貧民たちの過剰な出生率を抑えること」ことこそが、その目的を達成する。(40) 言い換えれば同連盟は、「人種の再生に向けての必要な最初のステップ」として「過密状態を緩和して環境を改善すること」にコミットしていた、とも言えよう。[41]

以上の二点を背景に置くとよく理解できると思われるのが、さまざまな「田園化」構想に関する同誌のいわば条件付賛成とも言うべき議論である。

まず強調しなくてはならないのは、『マルサシアン』においては、イングランドにおけるさまざまな田園化の試みにしばしば積極的と言ってよい関心が示されていることである。たとえばイギリスは今後、「食糧供給は、自国の需要を十分ではないがほとんど満たす程度になっている」フランスをモデルとすべきだというアリス・ヴィカリの主張[42]は、イギリスにおける農業復興を提唱したものとも解釈できよう。さらに『マルサシアン』は、ブラッチフォードの著書『イギリス人のためのイギリス』(*Britain for the British*, 1902)を好意的に紹介している。ブラッチフォードによる土地国有化論それ自体は批判しているものの、長子相続権および限嗣相続権に関する法改正を通じた土地の譲渡の容易化を代案として提出しており、しかも、この記事が展望している将来社会は、「国土の四分の三が完全に耕作される」一方で自然美を保つ場所――「土地を美しく」するための場所――も残されているものだとされていた。[43]

しかも、このような田園化には、しばしば「退化」の防止という観点からも、好意的な評価が与えられていた。たとえば『マルサシアン』には、都市人口の「体格がおそらくは継続的に衰退していること」への対策として考慮に値するのは、土地課税の改革を通じた、いわば一定人数の田園への移動であるとの主張が見られる。すなわち土地課税の改革を行えば、「人口の一定部分はおそらくプラスの利益を生み出しつつ農地(land)へと戻るだろうし、都市(towns)における労働市場は一息をつき、当面は生活水準が全体的に上がる」からである。[44]

だが田園的な要素を拡大することには、ひとつの前提条件がつけられていた。産児制限を通じた人口の抑制がそれである。かかる人口の抑制と組み合わされてこそ、田園化による改革は実を結ぶというのが同誌の基本的な立場であった。たとえばフランスのように食糧自給率を高めるべきだという議論は、同国における出生率の低下を見習うべきだとの主張と組み合わされていた。フランスは、「人口が年々ほぼ静止状態に近くなり、食糧供給は自国の需要を十分ではないがほとんど満たす程度になっている」からこそ、自分たちの将来の道筋を示しているのである[45]。

土地保有者の拡大という方策も、人口抑制による貧困の改善を前提とすべきだと論じられた。すなわち、アメリカの農業労働者が置かれている過酷な状況を参照するなら、むしろ「良質な土地と、良い市場と、小家族の場合においてのみ、安楽は可能なのである」（強調は原文）。続けて『マルサシアン』はこう論じる。

> したがって、わが国の人口における身体的な効率性を確保するためには、家族の規模が抑制されることが絶対不可欠になるのである。都会の労働者たちは、貧困のまま農地（land）に住むことには一般的に言って同意しないであろう。都会には生活の多様性があるため、彼らはむしろ都会で貧しく暮すほうを選ぶであろう。したがって土地改革をしても、問題の根幹において改善がない限り、退化は続くであろう[46]。

「問題の根幹」すなわち「貧困」は人口抑制を通じてのみ取り組みが可能であり、それを無視した小土地保有による田園化を行っても、結果的に都市人口は減らず「退化」は続く、との議論である。土地改革による「社会的・経済的環境」のみの改善は貧民の境遇を恒久的には変化させない、という「正統的な新マルサス主義者」たちの見方が[47]、ここにも流れ込んでいると言うべきかもしれない。

このように『マルサシアン』は、田園化を通じた「退化」の防止という考え方に、人口の抑制が前提条件であるという重大な留保をつけていた。その背後にあったのは、無論、マルサスの『人口論』だったと言えよう。まず『マルサシアン』では、世界における人口は急増しており、他方、食糧の生産高は頭打ちになっているという具体的な現状分析が示されていた。たとえばアリス・ヴィカリは「次世代の食糧供給」と題する連載の中で、中国、ロシア、インドと、毎年自分たちは「世界のどこかでの飢饉」を耳にしており、合衆国も人口が「急速に増加している」以上、輸出に回せる余剰の小麦は早晩、尽きる、と主張している。(48) この食糧危機論は、マルサスを批判したクロポトキンへの反駁というかたちをとることもあった。たとえば、クロポトキンの主張とは正反対に、「世界の食糧供給は、健康で強靭な状態で世界人口を維持するために必要な量の三分の二を超えるものではない」というのが事実である。(49) またクロポトキンが主張する園芸農業における高い収穫量は、「単に土壌に大量の肥料を投入したこと」によって得られた結果にすぎない。(50) いずれも古典的なマルサス『人口論』の影響が窺える食糧危機論と言うことが許されよう。さらに、『マルサシアン』は、すでに述べたように、貧困の抑制のためには労働者の総人口を減らすべきだという、彼ら流のマルサス解釈を放棄しようとしなかった。

以上のように、『マルサシアン』もまた、田園的な要素の拡大による「退化」の防止や抑制を展望していたと言えよう。しかしそれは、同誌によるマルサス『人口論』の解釈をベースにした人口抑制策を前提にしてはじめて有効とされたのである。非マルサス的ないし反マルサス的な「退化」に関する議論とは異質な、マルサス的な「退化」の防止・抑制論と呼ぶことも許されよう。

第5節　結びにかえて

以上のように本章では、都市人口の「退化」問題とマルサスの『人口論』との関係を扱ってきたが、その中でも「環境」の改善を重視した人々、しかも「田園化」に力点を置いた人々に焦点を当てて検討を進めてきた。その結果、ミース伯爵の議論が『人口論』をいわばバイパスし、『クラリオン』の議論が『人口論』への反駁を実質的にはベースとしていた一方で、『マルサシアン』の議論がある種の「田園化」を通じた「退化」の防止・抑制と『人口論』を積極的に組み合わせようとしていたことが浮かび上がってきた。これらは、世紀転換期における『人口論』の受け止められ方について、ささやかな光を投げかけるようにも思われる。

まず本章でその一端が改めて示されたのは、遺伝的な管理それ自体によって「退化」の防止・抑制を狙うというよりは、むしろ「環境」の改善によってそれを達成しようとする、さまざまな思想的な潮流の存在である。遺伝的な管理を目指す優生学が当時有していた影響力を軽視することはまったくできないが──また「環境」重視の見方との境界線は曖昧でもある──、「退化」に関する議論の少なからずは、遺伝決定論というよりはその逆のほうに向かっていったのである。とくに本章では、さまざまなレベルでの「田園化」を通じた「退化」の防止・抑制を狙う議論もまた十分に根強いことが確認できたと思われる。

この「田園化」による環境改善という議論は、今回確認したミースや『クラリオン』においては、マルサスの『人口論』と積極的に結びついたわけではなかった。たとえばマルサス自身が都市における労働者たちの健康状態に警鐘を鳴らしていたことも考え合わせれば(51)、より積極的なマルサス評価があってもしかるべきかとも思われるが、実際にはそうではない。これには両者それぞれにさまざまな理由があったと思われるが、とくに『クラリオン』の場合に無視できないのは、一九世紀末の段階においてもマルサス批判はなお根強かったと思われることである。従来から社会主義者たちが貧困の説明としてマルサスの『人口論』に強く反発してきたことは言うまでもない。その上でクロポトキンが強調しているのは、土地の生産力に関するマルサスの主張への批判である。一九世紀の末にイギリスの社会主義者たちの間では『クラリオン』に限らずある種の田園志向・農村志向が見られたが、土地の生産力が容易に限界に達するというマルサスの主張は、そのヴィジョンを現実的に見せるためにも積極的に批判する必要があったと言えるかもしれない[52]。

かといって「田園化」を通じた「環境」の改善への展望が『人口論』と積極的に統合されるアイデアが無かったわけではない。本章で焦点を当てたのは、そのうち『マルサシアン』の議論である。しかし「田園化」への展望と『人口論』の遺産を結合させようとする試みは、『マルサシアン』に限定されていたわけではなかった。本稿ではまったく立ち入る余裕はなかったが、当時の経済学の主流であったアルフレッド・マーシャルの議論もその中に加えることがあるいは可能かもしれない。よく知られているようにマーシャルもまた一八八〇年代における都市人口「退化」の問題に関心を寄せていた[53]。しかも、たとえば『経済学原理』の第4編第5章が示すように、都市住民に対して「新鮮な大気と健全な運動を適切に与えること」を、「人口の健康と力」を適切に維持するための重要な一方策と考えていた[54]。これはマーシャルがその著作等で提唱してきた都市における公園、遊び場、緑地等のオープン・スペースの整備の提案の一部と考えてもよいであろう[55]。他方、同じ章が示すように、適度に早婚しつつも初産の時期を遅らせて家族数を「必要な範囲」に抑えることや、「人口の中のより高い系統」が「より低い系統」に比べて出生数を維持するという人口のいわば質的な維持もまた、「人口の健康と力」に貢献しうる[56]。マーシャルはその前の章（第4編第4章「人口の増加」）でマルサス『人口論』を全面的にではないにせよ継承しているので[57]、それに立脚しつつ、第5章では、本章で言う「田園化」とマルサスの『人口論』の遺産を結合しようとした可能性を考えてみることも、あるいは許されよう。

無論、同じくマルサス『人口論』との結合を図ったとしても、マーシャルと、本章でとりあげた『マルサシアン』とでは議論の内実には大きな違いも見られる。たとえばマーシャルの場合は、産児制限の積極的な徹底による人口抑制の主張は弱くなっていると言ってよいであろう[58]。他方、人口の質的な管理に関しては、二〇世紀初頭段階の『マルサシアン』よりもあるいは積極的と言えるかもしれない。

とはいえミースや『クラリオン』とは対照的に『人口論』の遺産を積極的に「田園化」と結び付けようとした点で両者が共通することは、強調してもしすぎることはないと思われる。言い方を換えれば、「田園化」を通じた「退化」の防止・抑制という発想は、たとえば『マルサシアン』、あるいはマーシャルによってさまざまに発展させられることにより、マルサスの『人口論』の知的遺産と積極的に結合されたとも言えるであろう。

本章で明らかにすることを試みたのは、以上のように思わぬ広がりを有していた「退化」の防止・抑止論とマルサス『人口論』との関係の一端である。

注

（1） Table 1. 1, “Percentage of the Population of England and Wales Living in Towns, 1700–1951,” F. M. L. Thompson, “Town and City,” F. M. L. Thompson ed., *The Cambridge Social History of Britain, 1750–1950*, vol. I, Cambridge: Cambridge UP, 1993, pp. 1–86, p. 8.

（2） R. A. Soloway, *Demography and Degeneration: Eugenics and the Declining Birthrate in Twentieth-Century Britain*, Chapel Hill, U. of Carolina Press, 1990, pp. 38–43. 一九世紀最後の四半世紀に関するソロウェイの記述は、ギャレス・ステドマン・ジョーンズに拠るものであり、以下も参照のこと。G. Stedman Jones, *Outcast London: A Study in the Relationship between Classes in Victorian Society*, Harmondsworth: Penguin, 1984, pp. 127–30, 281–90.

（3） Soloway, *Demography and Degeneration*, p. 18, pp. 38–9.

（4） J. Harris, *Private Lives, Public Spirit: Britain 1870–1914*, Harmondsworth: Penguin, 1994, pp. 241–4.

（5） Soloway, *op. cit.*, pp. 39–40.

（6） 後述するミースの活動について述べたランレットの表現（J. Ranlett, “ “Checking Nature’s Desecration”: Late-Victorian Environmental Organization,” *Victorian Studies*, 26, 1983, pp. 197-222, p. 201）。ランレットや同様の見方については、拙稿「都

市住民にとっての自然――一九世紀末のイギリスにおけるミース伯爵のオープン・スペース論に関する一考察」『神戸市外国語大学研究年報』四四号、二〇〇七年、一二五～一二九頁、三五頁。さらに以下も参照のこと。M. Faraut, "Bringing the Country to the City: Lord Brabazon's Urban Politics," G. Bonifas ed., *Lecture(s) de la ville; the city as text: Actes du colloque de newcastle upon tyne, september 1999*, Nice: Association des Publication de la Faculté des Lettres de Nice, 2000, pp. 181-94.

(7) ブラバゾンがミース伯爵となったのは一八八七年だが、混乱を避けるため本章の地の文では一貫して伯爵名で呼ぶ。

(8) マルサス主義連盟の機関誌名の日本語表記は、定着していると思われる『マルサシアン』を用いる。

(9) 拙稿前掲論文および拙稿「ロンドン住民の健康と帝都の美観――ミース伯爵によるオープン・スペースの整備」岡村東洋光・高田実・金澤周作編著『英国福祉ボランタリズムの起源――資本・コミュニティ・国家』ミネルヴァ書房、二〇一一年、一一〇～一三四頁。

(10) F. H. A. Aalen, "Lord Meath, City Improvement and Social Imperialism," *Planning Perspectives*, 4, 1989, pp. 127–152.

(11) 拙稿「都市住民にとっての自然」、特に五五～六六頁、拙稿「ロンドン住民の健康と帝都の美観」、特に一一五～九頁。

(12) 拙稿「都市住民にとっての自然」六〇～六頁、拙稿「ロンドン住民の健康と帝都の美観」一一六～九頁による。

(13) R. Brabazon, "Great Cities and Social Reform," *Nineteenth Century*, 14, November 1883, pp. 798–803, p. 798.

(14) R. Brabazon, "Health and Physique of Our City Populations," *Nineteenth Century*, 10, July 1881, pp. 80–9, pp. 82–3.

(15) R. Brabazon, "Decay of Bodily Strength in Towns," *Nineteenth Century*, 21, May 1887, p. 676, R. Brabazon, "Some Suggested Remedies for Over-Population and Its Attendant Evils," rept. in Brabazon, *Social Arrows*, 2nd ed., London: Longmans, Green, 1887, pp. 251–70, pp. 254–5.

(16) R. Brabazon, "Open Spaces and Physical Education," *National Review*, 8, December 1886, pp. 483–90, p. 484.

(17) 拙稿「都市住民にとっての自然」四二～五二頁、拙稿「ロンドン住民の健康と帝都の美観」一一三～五頁。

(18) 拙稿「都市住民にとっての自然」、五九～六〇頁、拙稿「ロンドン住民の健康と帝都の美観」一一六頁による。

(19) Brabazon, "Health and Physique," pp. 82–3.

(20) Ibid., p. 83.

(21) 以下本段落の主たる内容は、拙稿「都市住民にとっての自然」、六五頁注40による。

(22) ミースの移民・植民観およびそこにおけるマルサスの影響の有無については、本章では立ち入った検討ができていない。ミースの移民・植民観については、差し当たり以下を参照のこと。Aalen, op. cit., pp. 133-5, Stedman Jones, *op. cit.*, pp. 308-10.

(23) Brabazon, "Some Suggested Remedies for Over-Population," p. 258.

(24) 『クラリオン』の田園化論は、クロポトキンとの接点を含め拙稿で手短にだが扱い（「一九～二〇世紀転換期のイギリスにおける社会主義的環境保護主義の研究」科学研究費助成事業研究成果報告書（二〇〇九～二〇一一年度）、基盤研究（C）、課題番号 21520753、二〇一二年、4―(1)(3)）、拙報告ではミースと対比して論じた（「一九世紀末のロンドンにおけるオープン・スペースの整備と都市住民――ミース伯爵と首都公共庭園協会の活動を手がかりに」、洛北史学会第一五回大会（京都府立大学、二〇一三年六月一日）。上記成果報告書でも触れたクロポトキンのマルサス批判や農業共同体設立への影響は下記拙報告で検討を開始し（「一九～二〇世紀転換期のイギリスにおける社会主義者と「環境保護主義」――ヘンリ・ソルトを中心に」英国研究センター研究会、大学共同利用施設 UNITY、二〇一一年三月三〇日、「一九世紀末のイギリスにおける社会主義者たちの農村生活志向の変容――ヘンリ・ソルトの場合を中心に」近代社会史研究会、京都大学、二〇一二年三月一七日）、その農業生産論は以下で扱った（「『シンプル・ライフ』とテクノロジー―イギリス史からの検討」京都大学文学研究科・文学部公開講座シンポジウム「人間とテクノロジーの歴史と現在」京都大学文学部、二〇一四年一一月一四日）。本節の主要部分は、以上の内容を本章の主題に従って再構成・統合し、加筆修正したものである。

(25) M. Wright, "Robert Blatchford, the Clarion Movement, and the Crucial Years of British Socialism, 1891-1900", *Prose Studies*, 13, 1990, pp. 74-99, pp. 74-8. なお同誌とブラッチフォードについては、以下も参照のこと。P. C. Gould, *Early Green Politics: Back to Nature, Back to the Land, and Socialism in Britain, 1880-1900*, Sussex: Harvester Press, pp. 36-42, 54-5, 72-5; G. Claeys, *Imperial Sceptics: British Critics of Empire, 1850-1920*, Cambridge: Cambridge UP, 2010, pp. 172-180.

(26) Nunquam, "Merrie England," *Clarion*, 18 March 1893, p. 6. なお Nunquam はブラッチフォードの筆名である。

(27) W. Jameson, "Why Should London Grow?," *Clarion*, 2 March 1895, p. 72.

(28) Nunquam, "Merrie England," *Clarion*, 1 April 1893, p. 6.

(29) W. Jameson, "Why Should London Grow," *Clarion*, 23 February, 1895, p. 64, Jameson, op. cit., p. 72.

(30) イギリスにおけるクロポトキンについては差し当たり以下を参照のこと。M. Bevir, *The Making of British Socialism*,

Princeton, N. J. Princeton UP, 2011, pp. 256–77. 同書でも論じられる農業共同体設立への影響に関しては、他に拙稿「都市住民と自然保護――二〇世紀初頭のイギリスにおける生態学者とヘンリ・S・ソルトの議論」『神戸市外国語大学研究年報』四七（二〇一一年三月）一～二〇頁、七～八頁。本章註24も参照。

（31） P. Kropotkin, "The Possibilities of Agriculture," *Forum*, IX, August 1890, pp. 615–26, pp. 615, 616. 同論文はのちにクロポトキンの『田園・工場・仕事場』に組み込まれている。本章で引用しているのはその訳文である（訳文は一部変更している）。P. Kropotkin, *Fields, Factories and Workshops: Or Industry Combined with Agriculture and Brain Work with Manual Work*, New York, 1904, pp. 83–5［磯谷武郎訳『田園・工場・仕事場』『クロポトキンⅡ』三一書房、一九七〇年、二一七～五一三頁、三一七～九頁］.

（32） Nunquam, "Merrie England," *Clarion*, 25 March 1893, p. 5.

（33） Nunquam, "Merrie England," *Clarion*, 18 March 1893, p. 6. ブラッチフォードが、クロポトキンにも影響されてイングランドの農業生産力の増大を主張したことについては、マルサスとの関係に立ち入ったものではないが、以下も参照のこと。Gould, *op. cit.*, pp. 72–5.

（34） ただし他の面においては『クラリオン』とマルサスの思想との関係はより複雑であると思われる。すでにソロウェイも指摘しているように、『クラリオン』には、労働者階級の小家族化への評価や、マルサス主義連盟の出版物を紹介する――ただしその「経済哲学」は批判しつつ――コラムや、ボーア戦争後には出生率低下への批判に反論する記事があったという（R. A. Soloway, *Birth Control and the Population Question in England, 1877–1930*, Chapel Hill: U. of North Carolina Press, 1982, p. 84）。本章註43も参照。

（35） 同連盟の歴史については以下を参照のこと。R. Ledbetter, *A History of the Malthusian League, 1877–1927*, Columbus: Ohio State UP, 1976, Solloway, *Birth Contral*, 柳田芳伸「マルサスの深慮的抑制論からドライズデール兄弟の産児制限論へ」永井義雄・柳田芳伸編『マルサス人口論の国際的展開――一九世紀近代国家への波及』昭和堂、二〇一〇年、柳田芳伸「新マルサス主義――イギリス」マルサス学会編『マルサス人口論事典』昭和堂、二〇一六年。

（36） この変化については、Ledbetter, *op. cit.*, pp. 203–6.

（37） *Parliamentary Debates*, 4th Series, Vol. CXXIV, 1903, 9 July 1903, 1324–1337, Soloway, *Demography and Degeneration*, pp. 43–4.

拙稿「ロンドン住民の健康と帝都の美観」一二五頁。
(38) Soloway, *Demography and Degeneration*, p. 45.
(39) "The Deterioration of the Race," *Malthusian*, November 1904, pp. 84–5.
(40) Soloway, *Demography and Degeneration*, pp. 86–7.
(41) *Ibid.*, p. 101.
(42) A. D. Vickery, "Our Food Supplies ," *Malthusian*, November 1900, p. 85.
(43) C. V. Drysdale, "Britain for the British: Mr. Blatchford's New Book," *Malthusian*, July 1903, pp. 53–4; August 1903, pp. 60–1, p. 61. 誤植による行の入れ違えと思われる箇所 (p. 61) は訂正した。なお本章では立ち入れないが、『マルサシアン』による『クラリオン』評価は、後者におけるマルサス消化の内実と関連付けてさらに検討されるべきであろう。たとえば『マルサシアン』は一九〇二年一〇月号で、近年の『クラリオン』では「人口問題」への態度が「家族数を制限すべきとの主張に助けになるほど」「修正」されたと述べている。『イギリス人のためのイギリス』の中でブラッチフォードが、貧困の問題とは別に、多産は女性にとって好ましくない旨主張しているとの指摘もある (J. M. Robertson, "Popular Socialism and Population," *Malthusian*, October 1902, pp. 76–7)。
(44) J. M. Robertson, " "Efficiency" and Population," *Malthusian*, July 1903, pp. 51–2.
(45) Vickery, op. cit., p. 85.
(46) Robertson, " "Efficiency" and Population," pp. 51–2, p. 52.
(47) Soloway, *Birth Control*, p. 78.
(48) Vickery, op. cit., p. 85. 拙稿「一九〜二〇世紀転換期のイギリスにおける社会主義的環境保護主義の研究」4—(4)。
(49) C. V. Drysdale, "Garden City and Neo-Malthusianism," *Malthusian*, September 1907, pp. 67–9, p. 68.
(50) "The Food Supply," *Malthusian*, August 1908, pp. 57–8, p. 57.
(51) 柳田芳伸『マルサス勤労階級論の展開——近代イングランドの社会・経済の分析を通して』昭和堂、一九九八年、第四章「マルサスの健康論」を参照のこと。
(52) この点については社会主義者のヘンリ・ソルト (Salt, Henry S.) のマルサス批判も参照のこと。拙稿「大地への帰還——ヘンリ・

ソルトにおける農村志向と人道主義」『神戸外大論叢』六二巻二号、二〇一一年、六三〜六七頁。
(53) Stedman Jones, *op. cit.*, pp. 128, 287n., 302–4.
(54) A. Marshall, *Principles of Economics*, 9th ed., vol. I, London: Macmillan, 1961, p. 203［馬場啓之助訳『経済学原理Ⅱ』東洋経済新報社、一九六六年、一六八頁（訳文は一部変更している）］。
(55) 都市の公園、遊び場、緑地帯などの整備に関するマーシャルのさまざまな議論については、たとえば西沢保「マーシャルにおける経済進歩と福祉国家・福祉社会」西沢保・小峯敦編著『創設期の厚生経済学と福祉国家』ミネルヴァ書房、二〇一三年、九五〜一〇〇頁。
(56) Marshall, *op. cit.*, pp. 202–3, 一六八〜九頁（訳文は一部変更している）。
(57) *Ibid.*, pp. 178–80, 一三六〜九頁。
(58) たとえば、人間投資の結果、労働者が所得を増加させれば、その結果自ずと人口成長率は低下するというマーシャルの理解は、貧困解消の前提条件に産児制限を置くJ・S・ミルらとは対照的だったとされる（西岡幹雄『マーシャル研究』晃洋書房、一九九七年、一六二頁）。同様の指摘および、マーシャルが「大いなるマルサス的困難」から同時代の経済学を解放したのだという評価、さらに、新鮮な空気などの「環境」の整備が進めば、人口が増加しても富・所得は低下しないというマーシャルの主張については、以下も参照のこと（西沢、前掲論文、八八〜九五頁）。
(59) なお『マルサシアン』が出生率の社会階級間の差異に無関心だったというわけではない。ただ同誌は、優生学者たちとは対照的に、「不適格者」の出生の抑制を主張する傾向にあり（またその手法は「断種」ではなく、自発的な産児制限が提唱された）、しかも消極的優生学にさらに接近していったのは、本章の対象時期以降である一九〇七年以降と思われる（Ledbetter, *op. cit.*, pp. 203–6. Soloway, *Demography and Degeneration*, pp. 86–7）。

（謝辞）本章には、JSPS科研費JP17330044・JP21520753により得られた成果が含まれている。

第8章　一九世紀末における貧困観の遷回と「人口論」の変容
――社会進化論の影響のなかで――

姫野順一

第1節　はじめに

本章は、一九世紀末にマルサス人口論がどのように継承され変容したのかを検討する。[1]第一に取り上げるのは、この当時最有力の経済学者であったアルフレッド・マーシャルの人口論である。マーシャルは新しい経済学のなかの生産に人口を包摂する。第二は、同時期に社会改良による社会進化を模索したJ・A・ホブスンの人口論である。労働・都市・人口・女性・児童といった社会問題が浮上する世紀末に人口論も変容する。第三は、ダーウィンとスペンサーの社会進化論に影響されたパトリック・ゲッデスの田園都市計画における人口論である。ゲッデスは人口・社会問題を解決する都市計画をめざす。そして最後に同じく社会進化論に影響されながら社会改良を追求したデイビッド・リチーの人口論を取り上げる。ここで浮上する問題群は、二〇世紀の社会問題とその解決としての福祉国家を先取りするものであった。

第2節　アルフレッド・マーシャルのマルサス批判

マーシャルの『経済学原理』（一八九〇年）は、大企業の登場や、新しい貧困、植民地の拡大といった時代の課題を経済学の中に吸収して経済学の体系を示し、ピグーの『厚生経済学』（一九二〇年）が出版されるまで「一巻の書」として三〇年間、英米の経済学の標準的なテキストとしての地位を占めた。マーシャルの経済学はマルサスら古典派経済学を批判的に継承する。

マーシャルの浩瀚な伝記を書いたピーター・グロネベーゲンは、一八六〇年代以降マーシャルのケンブリッジの道徳科学の中における知的背景として、ベインの心理思想、ヘーゲルの歴史哲学、ダーウィン、スペンサーの進化科学を挙げる。(2)これら社会進化論の影響下でマーシャルは新しい経済学を彫琢する。労働者の貧困に関心を寄せたマーシャルはJ・S・ミルの『経済学原理』（一八四八年）、ジェボンズの『政治経済理論』（一八七一年）、チューネン、クールノ、マルクス、ラッサールなどを読み、哲学に向かう自らの関心を封じて、実際的なビジネスや主要産業の技術、労働組合員やその協力者およびリーダーに関心を集中させた。このようなマーシャルの「労働者階級の将来」に立ちふさがったのは、「陰鬱な科学（カーライル）」と呼ばれた古典派経済学の静態的な諸命題、すなわちマルサスの人口法則やリカードウ、J・S・ミル等の賃金基金説であった。(3)

セント・ジョンズ・カレッジの道徳科学の講師から、一八六八年ブリストルに新設されたユニヴァシティ・カレッジの校長として転任し、政治経済学を教えたマーシャルは、毎日の生活の実際的な決定のための行動学（ethology）を心がけ、生産の理論で分業、人口増加、資本蓄積を取り扱い、価値の理論では賃料、価格、賃金、利潤を、ほかに労働組合とその協力者、奢侈、貨幣、銀行、貿易、政府と課税、景気変動と商業恐慌を教えた。

ここで人口の問題は生産の理論のなかで論じられていることが注目される。(4) 一八八五年にセント・ジョンズ・カレッジフェローとしてケンブリッジに帰還したマーシャルは、セント・ジョンズ・カレッジのセツルメント活動に加わり、その年の秋にはロンドンで創設されたトインビー・ホールで「人口圧力」について講演し、これはマルサス主義連盟の機関紙『マルサシアン』に掲載されている。ここでマーシャルは、人口は生計費（食料）に依存するというマルサスの原理を誤りとし、資本の成長および知識の成長が人口を決定するという、のちにマーシャル経済学の核心となる進歩の動態的経済学に人口要因が包摂されている。ここでロンドンの例として人口要因にマーシャルが挙げているのは、新鮮な大気、開放的な空間、清潔な水といった住宅問題である。その場合彼は、特に子どもの養育環境が人口に影響することを重視する。子どもの減少は世界の平均的な人口質を低めるだけでなく、イギリスの平均的な人口質を劣化させるというのが結論であった。(5)

人口問題を動態的経済学に包摂する試みは、すでに一八七九年に公刊された、妻メアリーとの共著『産業経済学』に現れていた。すなわちこの書の中で人口は第一編土地、労働および資本、第二編正常価値、第三編市場価値という大体系の中の第一編に置かれ、第一編第三章資本および第四章収穫逓減法則を論じた後の第五章で、「人口の増加、マルサス、救貧法」として論じられている。ちなみに第六章は資本の蓄積という動態論である。マルサス論を聞いてみよう。

マーシャルはマルサスの人口法則を人口密度に対する食物供給の関数、すなわち収穫逓減法則として把握している。(6) ここで注目されるのは、人口階層の所得水準と結婚すなわち生殖との関係である。マーシャルは「ある所与量の必需品、便益品および贅沢品を享受できるという予想なしには、結婚しようとしない」という水準を「安楽基準（standard of comfort）」と定義した。この基準を用いれば、マルサスの人口法則は以下のように修正される。「人口のある階層の平均所得の上昇は、その階層の安楽基準の上昇かあるいは結婚・出生数の増加をもたらす。安楽基準の上昇はほとんど確実に無事に育つ子どもの割合を高める。したがって平均所得の上昇は、ほとんどつねに人口増加率を高め、その下落はほとんどつねに人口増加率を低下させる」[7]。ギリギリの生活が救貧法で補償され、マルサスの人口法則が妥当と思われた時代から安楽基準が推移するなかで、平均所得の上昇が人口増加の関数として把握されている。つまりマルサスが主張した人口過剰に対する「予防的制御」としての「道徳的自己抑制」は、労働の能率の観点から見直されているのである。

マーシャルは、食糧生産の限界を唱えたマルサスが予見できなかったものとして蒸気機関による運輸を挙げ、これが実は人口稀薄な諸国からの都市に安価で大量の食糧輸入を可能としたとしている。またそのような輸送機関は、過剰人口の耕作可能地への移送を可能にするものであった。マーシャルは「人口増加は出生数に依存するのではなく、成人に達する人数に依存することを忘れてはならない」と念を押しているが、ここでマーシャルが重視する成人とは、自立し生産性を発揮できる成人男子のことであり、彼は人口の質を決めるのものとして肉体的、道徳的、知的な教育という動態的な要因に注目した。マーシャルにとって救貧法による救貧院の院内救済は、やり直しがきかない監獄と同じであり、院外救済についても、不当な低賃金は受給者を最低生活に押しとどめ、「怠け者、浪費家、ずるい人間、そしてまた偽善者の戦利品になる」ものであった。彼は、救済に値する貧民と、そうでない貧民の区別が困難と見ていたが、『産業経済学』では、貧民救済としてボランティア活動の自由とその組織活動を提案している。それは貧民救済で活動していたオクタビア・ヒルの、家賃は自分で払わせる、金品よりも労働を、共感により力づける、独自の人生観を尊重するという主張に同感するものであった[8]。

マーシャルは、人口増加の抑制が「民族の中のより賢明な階級」（上流階級）におよぶと害悪がもたらされ、逆により劣る下層階級が上級階級よりも増加すると、英国人や英国人の血を引くアメリカやオーストリアの住民も劣化するという。また「活力が劣った民族（中国人）」の人口が増えると優れた英国人の排除を生むと、民族に優劣をつける優生学（eugenics）の思考を示しているが、貧困不可避論を主張するピアスンやベンジャミン・キッド等の生物学的な社会進化論には批判的であった。[9] マーシャルにおいて、ダーウィニズムの道徳的な役割は、鍛錬性（malleable）のある現代世代の犠牲（sacrifice）による将来世代の「進歩の理論」として受け入れられた。とはいえ、国際的な競争力を維持するための「優生学的な力」は母親にあることを強調する。その目標とする「生活水準」の質の改善は、増大する富の結合、政府の知恵、知識の成長に求められた。

マーシャルの『経済学原理』最終版である第九版（ギルボー版一九六一年）で、人口論は生産を論じる第四編に置かれている。この章は、土地生産物の収穫逓減を論じた第三章に続くのであるが、第四章が「人口の増加」、第五章が「人口の健康の力」である。ここで人口論は、家計所得を背景とする労働の生産性論のなかに置かれていることが注目される。これに続く本編後半の第六章から第一二章までが産業訓練および産業組織論で、全体が生産論というまとまりをもつ。

さて人口論の第四章は、人口と所得を関連付けたフィジオクラートおよびアダム・スミスの高賃金論が評価されたあと、マルサス人口法則の命題は三つの要素に分解される。[10] 第一の要素は、生活必需品不足・疾病・戦争・幼児殺しに起因する「家族の繁殖力」の減退である。マーシャルはこれを「労働供給を制限する」とし妥当性を承認する。第二要因は、人口数と生活必需品の相反である。ここでマーシャルはマルサスが絶対的な人口数ではなく、人口と食料の相対的な把握を評価する。第三は、自然的抑制のない人口は貧困と苦難で抑制されるという自然的貧困必然論である。マーシャルは、第二、第三要因は内容的に正しいが、蒸気機関が発明され生活水準と所得水準は上昇し、労働の生産性が可変的になっている現代では形式的に時代遅れだとみた。マーシャルは歴史的・地理的な事情を考慮したとしても、収入と出生率の一般的な結論は、将来に投資しない活動的な生活者の出生率が高く、中産階級は晩婚、未熟練労働者は早婚と階層差がみられるという。これは統計からみた時代の傾向であると。[11] さらにマーシャルは歴史的・地理的・統計的データを参照しながら、第五章の一般的な人口理論を導いている。

一般的な人口論として注目されたのは、人口の質すなわち人口の肉体的（体格の力強さや活気）・知性的および道徳的な「健康と力」であった。これは産業上の能率・職業上の能力に結びつけられている。人口数に対する民族的な影響は気候によるものが大きく、結婚年齢、出生率、死亡率を左右しているものの、重要なのは「生活必需品の構成」とその重要な構成要素である食料の過不足が活気と死亡率に影響するというマルサス命題である。マーシャルが特に注目したのは知性と活力を奪う衣料・住居・光熱という生活環境と、「活気がある人口」の不可欠な変動要因である休養であった。過労、心労、過度の緊張は体質を弱め、民族の活気をそぐ。マーシャルは、「人間的な条件」が希望と自由および変化を保証すると、人間の精神的・肉体的効率の観点に立っていた。(12)

この「人口の健康と力」は、労働力を通じて職業に影響する。人口が集中・集積した都市の生活と貧困が新しい人口問題の焦点となる。とはいえ、マーシャルはロンドンには最も強い体力と性格を持つものが集中し、教育施設や運動競技にも恵まれ、産業が郊外や田園都市に広がり、人口稠密の弊害は減少していると、貧困問題に楽観的である。マーシャルの人口論の結論は、子どもを健全に育てられるまで結婚・出産を控えること、子どもが育つ教育・競技といった環境施設を充実させ、優生学的に言えば、医療・保健・政府の活動と知恵、物的富の増大という良い原因を発展させることである。ここで下層階級の人口増加という過剰人口の悪い原因を克服するための新マルサス主義が承認されている。(13)

マーシャルは稼得を人口および産業の動因とみた。『経済学原理』の最終第六編国民所得の分配の最終第一三章は、「〈生活基準〉との関連における進歩」が論じられている。ここで注目されるのは、欲望を基礎とした活動の基準としての「生活基準」と、人為的な欲望の充足という「快楽基準」の区別である。「生活基準」は活力と気力を持って家族を養い維持していく基準である。「快楽基準」に、単なる消費財の消費水準である。この観点からマルサスの賃金鉄則を解釈すると、食料（生活必需品）の輸入困難な中で人口が高い増加率を複利的に続けることは、「生活基準」が満たされなくなることを意味し、仕事の能率と養育（生殖）は相反し人口は減少する。人口率を維持しようとすれば国民分配分も稼得も減少することになる。しかしマーシャルは、この賃金鉄則が実際には作用しないとみる。なぜなら実際には快楽基準が生活基準を超えているので、人口は抑制されるとみる。つまりイギリスをみた場合、賃金は農産物資源に対する人口圧力により抑制されているのではなく、賃金は能率向上によってのみ上昇している。快楽基準が生活基準を超えることは、マーシャルによれば希望・自由・変化といった能率を発揮する必需品の増大を意味する。マーシャルにおいて、人口は食料ではなく賃金の従属変数となっている。すなわち食料が増大したら快楽基準が増大するが、人口は調整されて賃金は上昇しない。快楽基準の上昇は、──人口増加が起ころうが起こるまいが──能率向上を伴った場合に国民配分は人口に比べて増大することになる。[14] マーシャルにおいて人口圧はもはや問題ではなく、労働の能率を維持する賃金（国民配分）の拡大、すなわち人口に適合した経済成長が社会進歩の問題であった。この余剰の観点はホブスンにも通じるものであった。

第3節　J・A・ホブスンによる「新しい貧困」の発見と社会進化論[15]

ホブスンは、マーシャルの『経済学原理』が刊行された翌年に『貧困の諸問題──貧民の産業的状態についての研究』（一八九一年）を出版し、失業が経済の不均衡から必然的に生じるという「非自発的失業」を発見した。この発見はケインズの『貨幣・利子・雇用の一般理論』（一九三六年）に四五年先立つものであった。このホブスンの非自発的失業の発見は、一八八九年に出版・公表された、チャールス・ブースの『ロンドンにおける生活と労働』の調査報告に依拠している。[16]「貧困の研究の中でブース氏および彼の協力者たちの仕事は真に画期的な」

ものであった。ブースは、東ロンドン八地区における約九〇万人の住民を生活程度に応じてAからHの八階級に分類し、底辺Aを一過的労働者、浮浪者および準犯罪者からなる「極貧」階級と定義した。Bは臨時稼得者、Cは仕事が途切れる稼得者、Dは規則的に小さな収入がある稼得者である。ブースは、この不安定就業のAからDの下層階級を「貧民（poor）」と定義し、この限界線を「貧困線（poverty line）」と呼んだ。ちなみにEは規則的収入の標準的な労働者、Fは高級労働者、Gは低級中流階級、Hは上級の中流階級である。ブースの調査によれば、貧困が多いセント・ジョージ地区で四八・八％、ベスレヘム・グリーン地区で四四・七％の貧困率となり、調査対象となった全住民の三五・二％、つまり三分の一が「貧困」という結果であった。(17)

ホブスンはこの結果に注目し、このような不安定就業や失業の内容をさらに精査する。ホブスンは「被救済貧民（pauperism）」と「貧困（poverty）」の区別の必要を強調する。一八三四年チャドウィック等の努力による旧救貧法は「劣位資格」として一〇の基準がおかれ、救貧院（ワークハウス）に収容するワークテストが被救済貧民（pauper）に課され、救済者は「罪なき牢獄」となっていた。この制度により院内救済（indoor pauper）が増加して、院外救済は減少していたが、ホブスンが注目したのは、一八五七年から一八八九年の間に三倍、人口比で〇・三二％から〇・四七％に膨れ上がった新しい時代における院外貧民の増加である。(18)いわゆるイギリスの七〇～八〇年代の大不況については、この発生について論争があり、技術の進歩による賃金の上昇、物価の相対的下落、労働時間の縮小、豊富な食料、生活の安定、犯罪の減少、貯蓄の増加といった繁栄の側面を強調したのは、当時商務省の会計検査院長だったロバート・ギッフェンや、商法学者で統計家のレオン・レヴィであった。これに対してホブスンは、賃金稼得者のなかの「劣位の貧民」に限定すると、この増加のスピードは大きく、富者と貧者の格差は拡大していると主張する。この世紀末の拡大する院外救済や劣位の労働者の増大というのは「新しい貧困」であり、ホブスンはこの原因として大規模生産を実現した機械に注目する。彼は、マーシャルが「労働の能率」の視点から、労働者を画一的な労働に従事する下層労働者と知性および資質を持つ高級労働者に分割して考察したことに共感し、大規模生産の機械による労働者の二極分解を新しい貧困の原因と考えた。機械による「労働の置換」が一時的であれば、雇用の不安定性と不規則性はやがて解消されるが、大規模生産の機械過程が定着すると失業や不安定就業が常態となるというわけである。マーシャルの場合も労働者の二極分解と下層労働者の貧困を観察していたが、マーシャルは「労働の能率」改善により貧困は経済機構の均衡のなかで解消されると展望した（ケインズが指摘する古典派パラダイム）。これに対してホブスンは、貧困を、生産と消費の不均衡、所得の不平等という経済的不均衡として掌握する。

貧困対策としてマーシャルは、教育や図書館といった人間的な条件を保証する公共政策を提唱したが、ホブスンは、トクヴィルの、貧民の物質的な生活状態を放置したままでこのような道徳的で知的な活力を育成しても、経済的な救済が先行しなければ、貧民の自己意識と不満をいたずらに助長するだけであるという主張に賛同する。「生きるに値する生活」をすべてのものに可能にすべきだと主張するのがホブスンであった。一国の知識、富およびエネルギーを正しくあてがうことが重視されていた。ブースに対しては、「社会の失敗」について、性格の根深い悪徳と、機会の喪失による失敗の区別がないことを批判している。

ホブスンにおいて貧困を解消する政策は、「機会の均等」を提供し、そこで自分の努力により相当の社会の消費力を受け取り、それを健全な消費の高い水準に使うことへ誘導することである。その具体策は以下の三つである。(19)

一、個人はしばしばあまりにも弱く無知であるので、契約あるいは売買の中で自分を守れず、公的保護を必要とする。（公的保護による機会均等の保証）

二、公共的利益の考察は、「財産権」に対して増大する干渉を正当化するためになされる。（公的政策による

所得の再配分）

三、国家あるいは自治体は、その機能を一定の方法と程度で拡大し、明白な公共的利益を提供し、助長する。（行政による公共政策の実現）

このような社会立法の原則は、「個人の努力＝消費の充実」という政策理念で、国家介入により弱者を配慮した「自由で個人のバランスのとれた充実」を政策誘導するものであった。ホブスンは、これを民主主義の体現と考え、「実践的社会主義（practical socialism）」と名づけた。これはウェッブの「理論的社会主義（theoretical socialism）」やドイツ流の「意識的社会主義（conscious socialism）」と区別されるものであった。

ホブスンは所得分配にも注目し、独特のレント論を展開している。[20] ホブスンの関心は、独占が支配的になっている市場における「独占のレント（超過利得）」であった。ホブスンによれば生産費（コスト）は個人の努力を尺度するものであるが、生産支出（エクスペンシズ）には超過利得として亜種のレントが含まれている。この亜種のレントには、まず「節倹の努力」に帰される資本の「個別レント」と、特権や独占、企業秘密や生産規模、階級的な優位に起因する「特別レント」が含まれる。専門家の能力の成果は「個別レント」である。労働に対しては個別の能力に帰せられる「個別レント」と、就業機会や熟練機会により特別に社会的集合的に発生する「特別レント」が含まれる。ここでホブスンは、異業種・異業態の独占的な競争市場に目を向けている。土地に対しては肥沃度に由来するリカードウの差額地代は「個別レント」である。これに対して、土地の位置などにより特別に発生する独占地代は「特別レント」に含まれる。このような亜種のレントを含む諸収入は、生産必要物の所有者に分配されるわけであるが、そこには総所得が、経済合理的な「個別レント」と、独占により発生した「特別レント」、つまり社会的余剰に区別されている。ホブスンにおいて、所得の不平等構造と、社会的余剰＝社会的価値が析出されているわけである。これはまだ諸所得の静態的な分配論である。この静態的な所得分配論は『分配の経済学』（一九〇〇年）でさらに整理される。

ところでホブスンは同じ時期に書いた『社会問題』（一九〇一年）の第一一章で人口問題を取り上げ、社会問題の障害として生理学的問題が人口を論じる場合に無視できないと述べている。ホブスンに独特な人口論の萌芽である。ホブスンは、「男性らしさ（manhood）」と「女らしさ（womanhood）」という表現は、正常な判断と基準を隠蔽すると警告し、市場の圧力と労働者の生殖に目を向ける。[21] ホブスンによれば、マルサスの貢献は人口を質と区別された量の問題を提起したことであったが、ホブスンにとって問題なのは人口の質である。マルサスの解釈では、高賃金になると子どもが増えるが、生計費＝賃金が自然率（賃金鉄則）であるから、過剰な人口（失業者）により、市場圧力が働き、正常賃金は維持される。したがって貧困は労働者自身の自己責任問題であり、団結は無効というものであった。この市場の圧力による自然賃金決定論を踏襲するホブスンは、前に見たように、多様な労働者間の競争で決まる労働市場の賃金を、平均賃金と超過賃金に区別する。一部の労働者の賃金が需給の結果上昇する場合、それは地代や利潤から派生した超過賃金であり、富者から高級労働者への所得の移転に過ぎず、平均賃金への収斂が作用しているから、人口法則としての収穫逓減法則は妥当とみる。また高賃金の労働市場には参入障壁があるから、外国商品の輸入や外国移民とは関係がないとみる。一方、国際的な労働市場では、他国の人口増加のなかで、自国の生産力が高まればその分労働者が流入し、この場合富は拡大し、また食糧輸入は生計費を縮減して、収穫逓減を延期させることになる。土地耕作の拡大についても、集約的農業が拡大すれば、人口制限がないことになる。つまり、ホブスンにとって超過稼得の分配が問題なのであるが、平均賃金においてホブスンは古典派の賃金鉄則と人口法則を継承している。[22]

マルサス的な人口超過、つまり労働市場における超過労働はホブスンにおいて都市問題であった。したがって問題解決は、町の労働の田舎への移動ということになる。ここでホブスンは、トルストイから「パン労働は最も自由」という言説を引用する。農業という自然生産への人口のシフトはほかの産業を衰退させるが、製造業の「機械過程」の生産性がこれを補うとみる。ホブスンは、町の機械過程が労働を集約し、田舎の農業労働を休息・人間エネルギーの回復・アートとサイエンスの拡充を促すものと捉え、これが人間の動物的・生理学的ニーズを減少させて、高度な生活を実現すると考えた。これはホブスンの主張するラスキンから学んだ人間生活の量から質への転換、言い換えれば「適者選択」から「性格と生活」を基軸とする人間的人口論への展開を示唆するものであった。[23]マーシャルは労働の効率を重視したが、ホブスンは生活の人間的質を重視した。

ここで労働者の生理学的問題、すなわち出産と育児についてのホブスンの見解を聞いておきたい。ホブスンは、政府による産児制限を危険と見ていた。子宮の子供は「産まれる法的強制」が必要であり、出産は社会の責任であった。子を放棄するような無価値な親は育児すべきではなく、子には社会の責任として市民の肉体的・精神的・道徳的基準が与えられるべきであると。またホブスンは、優生学が統計的に抽出する人口の中の「低劣(inferior)の量」に言及し、これが「悪い生活の生産」から生まれることに同意する。しかしその解決は、自然選択や排除ではなく合理的な拒否、すなわち「被救済貧民」に対する社会的・合理的な社会政策を推奨する。ここに「生活の質」に基づくホブスン人口論が顕れている。[24]富裕階級の民族主義や帝国主義の弁護に結びつく人種優生学は、その後ホブスンから厳しく批判されることとなる(第9章第4節参照)。

この「実践的社会主義」として社会的価値を公共政策により実現する社会進化、すなわち社会進歩の動態は、『現代資本主義の進化』(一八九四年)のなかでより鮮明である。ホブスンは、産業技術が発展して初めて、資本と労働力(人口)を結合させる近代工業資本主義が発生すると考えていた。歴史的には、農業の改良と救貧法が農村の過剰人口を都市に流入させ、自由貿易とあいまって製造業が発達したとみる。そしてまたこの機械が過剰生産と所得の不平等といった産業社会の物質的・精神的な病因であると。そこで社会進歩は、機械に対する支配と消費技術の教育により改善されると主張された[25]。

第4節　ゲッデスの「個性化」論と田園都市計画

パトリック・ゲッデスは、同じ世紀末にあって都市計画の観点から社会改良を提唱した。ゲッデスは、生物・植物学者、教育学者、都市プランナーとして知られているが、その実践的な都市計画は社会進化論に支えられていた。ゲッデスとトムスンの共著『性の進化』（一八八九年）は、獲得形質は遺伝しないので良質の人口は優良種の拡大と劣等種の除去により実現するという、ゴルトンおよびピアソンに対する反論であった。ゲッデスが依拠した理論はスペンサーの法則、すなわち「個性化」の理論であった。スペンサーは人口圧で生殖率が高まったとしても個性化が進むために生殖率（人口）は減少すると考えていた。ゲッデスは、その関係を図8-1のように図示している[26]。

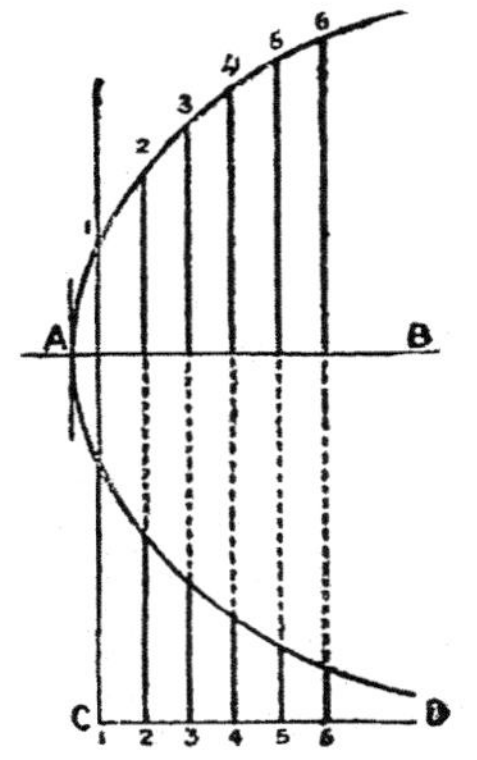

図８−１　個性化と生殖率の相関

出典：Geddes and Thompson, *The Evolition of sex*, p. 268.

ゲッデスは、スペンサーの個性化による人口論とマルサスおよびダーウィンの人口論との違いを図８-２のように整理している[27]。

ゲッデスは、スペンサーやマーシャルと同じく「個性化(individuation)」を種の進化の原動力とみた。それは人口の増加

（生殖率）に反作用する個人的な受胎調整力なのである。さらにゲッデスは、性病や売春といった外からの恐怖による抑制でなく、禁欲的な分別のある内的抑制力を強調する。それは生活の質の向上を意味し、「再生産（reproductive）」すなわち性交に伴う子育てを配慮する力と定義される。[28] ゲッデスは、これを一夫一婦制度のもとでの「育児の責任」と述べ、それには熟慮された「増殖の抑制」とともに環境の改善が必要という。メカニズムからオーガニズムへの転換の主張である。彼は、ゴルトンやヴァイスマン同様、進化の要素として「性（sex）」に注目するのであるが、彼らとは逆に、これを「二つの運命の相互作用」という内的な進歩力で把握した。[29] この力が作用する有機体の構造は、気候変動、食料、外部環境といった外的条件である。そして個性化のプロセスは、活性化する新機能と位置づけられる。ゲッデスにおいて「競争（struggle）」とは、限界や食料制限を乗り越える環境への適応力にほかならない。[30] ダーウィンの進化における「有機的な自己改善能力」は、ゲッデスにおいて新しい需要喚起力に転化している。

1．伝統的考え	人口は食料を超えない
2．マルサス	人口は食料を超える
	→ A: 積極的防止策　B：予防的防止策
	→ 実際政策：A をさけ B を採用
3．ダーウィン	マルサスの継承
	生存競争
	→ A: 自然選択
	→ B：人工的選択
	→ A から B へ前進するための自由放任
4．スペンサー	種差の増加率と「個性化」の背反を研究
	→ 種の進化

図 8-2　人口論の発展と人口削減案

出典：Geddes and Thompson, *ibid.,* p. 267.

ゲッデスの有機的な「個性化による進化」の考えが都市に適用され、その政治と社会哲学が具体的に研究発表されたのが『進化の諸都市』（一九一五年）であった。この概略は、都市を「生存のための社会間競争」とみて、都市の進化を「平和と繁栄」のなかの「公民的効率（civic efficiency）」の実現として、産業時代の「公民的共同体（civic communities）」の展望を描き出す。その具体的な応用がゲッデスによる田園都市計画であった。[31] この書は、「都市圏」の概念を示し、予備的調査として生物学的調査に近い社会学的調査を実施する都市計画の手法を確立したと評価される。ゲッデスは、地方および地域の完全な利用を、その個性の発揮と位置づけていた。そのために事前に「サーベイヤーは観察と思想を混ぜ合わせて、経験を活かし、比較し、合理化する必要」を訴えている。ゲッデスによれば、都市計画は静態的・分析的ではなく、アートに接触する動態的な、つまり進化的なものでなければならなかった。[32]都市計画には、博物館、図書館、学校、大学、都市および当局のために、予備的調査に先立つ予備的概観の整備された方法の指標を求めている。その場合、ゲッデスにとって諸科学は、見解・表現・その応用におけるより調整された社会ではじめて進化的になる。生き生きした感情、思想、日々の考えが自分の時代の最良となり、新時代の新しい熱狂と啓蒙につながる。これがゲッデスの田園と都市における「公民再生（Civic Revivance）」[33]である。つまりゲッデスにとって地域再生は地理的だけではなく人間的で社会的であり、優性かつ教育的で、心理的に良好な、いわば、ユートピアを地上に実現するものであった。市民的科学が責任ある指揮の下に導かれ、社会的調和が実現され、諸問題が再総合的に建設されること。これが人口問題を解決するゲッデスの都市の進化であり、「都市再生（Revivance of Cities）」であった。このようなゲッデスの社会進化論に基づく都市計画は、エルサレムの都市改革やニューデリーの首都計画に具体的に生かされた。

第5節　デイビッド・リチーによる「政治体」の社会進化論[34]

リチーも社会進化論に基づいて社会改良を提唱し、そのなかで人口を論じている。その主著『ダーウィン主義と政治学』（一八九一年）は、社会進化を思想と制度からなる「政治体（politics）」の進化と受け止めるものであった。彼によれば、ダーウィン、ウォーレス、ライヒらの「自然選択」は、契約、自然権を軽視するものであったが、それは「命の秩序」を統御するガイド（宇宙の理解）としての進化論にほかならない[35]。このリチーによる自然選択学説の整理は次のようなものであった。スペンサーは、差異化（differentiation）にもとづく統合化（integration）を主張した。ゲッデスは、同化（anabolism）と異化（katabolism）を論じた。コープは、成長力（bathism）を強調した。これらに対してリチーは、ウォーレスは猿から人間の進化を述べたが「有益な変化」の所持継承はどうなるのか、「自然選択からの発展」はないのか、道徳の力はどのように作用するのかという問題を提起した。リチーは、獲得形質遺伝についての証明は保留したが、不適者を排除する競争の理論を拒否し、「新しい諸個人」による「制度改革」という実践的な政治体の進化を社会進化として構想する[36]。

リチーのマルサス評価は、生存競争を経済学に応用し、生物学を経済学の「満足すべき教義」の転換し、自由・平等・博愛を無視する心情を普及させ、社会組織の不平等を擁護するというものであった。これに対してスペンサーは、「善行（beneficent）」すなわち生存を「最適（fittest）」と区別し、ルソー、スミスの自然選択の形而上学、つまり神学的な信念（理神論）を継承しているとみる[37]。またダーウィンが、産業の力、道徳、習慣、合理的な力（知性）、教唆、宗教を社会的本能として説明したのに対して、経済競争による極貧から上昇させるシステムとして「自己確立（self-consistent）」を構想したスペンサーの評価は高い[38]。さらにリチーが高く評価するのは、トーマス・ハクスリーの「子孫の継続と移転」の要因である。それは「力に結びつく作為（cunning）」として「種の最大完全」に作用する因子とされ、個体間だけでなく種族間にも発現するとみる。ここでリチーが「政治体」の社会進化の要因として重視したのは、言語でまとまる政治集団や伝統と文化、職業およびその複合体といった人間集団であった[39]。

リチーが注目したのは、獲得された経験としての言語と利他心に関わる社会的制度である[40]。そこで自然選択は意識性と反省および言語で実行される。反省は、ミルやシジウイックの熟慮的な功利主義の特徴であるが、リチーは、これを快楽と苦痛のバランスとし、ここに功利主義の新しい意義を認めている。これを「高度な人間社会」と定義する。この社会でリチーが知的進化の新しい要素として抽出するのは、数学・音楽といった形而上的な能力である。ウィットとユーモアは人間質における精神的な大きさを現すものであり、この人間精神は社会制度において、芸術・宗教・科学・哲学の形をとる。この高度な人間精神は、格闘と反省および模倣を通じて、自発的に変異と有用にいたる。そこで文明の進歩が最終的普遍を実現するという。リチーによれば「適者生存」は、生きるもの・美しいもの、すなわち「力と高潔」の証明であった。ここでリチーは、カント的・ヘーゲル的な見方に影響されている。

リチーは、ヘンリー・メインが身分から契約へと理論化した社会進歩の法則に賛同し、契約社会の中で、反省および疑問と批判により新しい意見が登場し、社会が弁証法的に安定するという[41]。この発展段階は、スペンサーおよびゲッデスが唱えた「個性化」の完成とみなされた。これはリチー流の社会主義でもあった。こうしてリチーは、国家介入による政治体の改善を進化とみることになる。労働状態の改善と女性の平等化、人口問題の解決はその具体化である。このような国家介入による個性化（個人の自由の確保）がリチーのコア思想であるとすれば、これはオックスフォードのヒル・グリーンが主唱した理想に基づく新自由主義の改良思想、あるいはそれを継承したホブスンの同志レオナード・ホブハウスに近い思想である。

リチーは社会改良に結びつく四つの社会進化を指摘する。第一は、国家による自由な団結の承認、労働組合の支援、高賃金、浪費の節約、文化のための余暇の確保による労働状態が改善である。その労働改善政策はマーシャルおよびホブスンに近い。第二に、労働条件の改善と結びつく女性の身分向上である。リチーには、未開人（savage）差別、性差別、黒人差別を同等とみた。リチーは、子育てに携わる女性は社会性から排除されるという女性劣性の見方は偏見であると指摘する。制度・法・習慣に関して教育と責任は男女平等であり、女性の能力発揮と家族の安寧（well-being）には最大配慮が必要であるとされる。具体的な男女平等政策は、女性への普通市民権の授与、教会における平等、種族における母親優位の承認、男性優位という伝統的家族観の廃絶という両性平等の承認である。第三の社会進化が人口問題である。リチーは、戦争・飢饉・疫病に対して生存闘争は人口増加を回復させる力だが、問題は、労資分裂が人口退化をもたらし移民を流入させることであった。ここでリチーの対策は、スペンサーの「個性化」の理論、すなわち個別労働者の生活質の改善である。自治領オーストラリアとニュージランドの人口問題については、牧師の堕胎禁止の説教や、前労働法状態にある児童労働と救貧法の状態が種族に与える影響を配慮した女性対策の必要を説いている。女性対策はここでも女性の個性化である。女性が妊娠以外の関心をもち、知的育児で少産少死を実現し、両親から二人が産まれて経済的定常状態が維持される。これが自然的な精力維持と相互協力を意味するものであった。このようなリチーの社会進化論は、人口問題を「政治体の個性化」により解決する点で、ゲッデスやホブスン、マーシャル等のスペンサー型に近い社会改良思想である。

以上、主として社会進化論に影響された社会改良を提唱するアプローチの人口論を見てきた。次章（第9章）では、同じく社会進化論に影響されながら帝国主義を擁護した優生学の人口論とその批判を検討してみたい。

注

（1）マルサス人口論の国際的伝播については永井義雄・柳田芳伸編『マルサス人口論の国際的展開——一九世紀近代国家への波及』昭和堂、二〇一〇年参照。

（2）P. Groenewegen, *A Soaring Eagle: Alfred Marshall 1842–1924*, Edward Elgar, 1995, p. 3. マーシャルの主要な論文については A. C. Pigou, *Memorial of Alfred Marshall*, Macmillan, 1925 が、その初期草稿については J. K. Whitaker, *The Early Economic Writings of Alfred Marshall, 1867–1890*, The Royal Economic Society, 1975 が詳しい。マーシャルの経済思想については西沢保『マーシャルと歴史学派の経済思想』岩波書店、二〇〇七年の第Ⅳ部第三章、西沢保・小峯敦編著『創設期の厚生経済学と福祉国家』ミネルヴァ書

房、二〇一三年の第二、三章および西沢保・平井俊顕『ケンブリッジ　知の探訪——経済学・哲学・文芸』ミネルヴァ書房、二〇一八年のI部第一、二章参照。岩下伸朗『マーシャル経済学研究』ナカニシヤ出版、二〇〇九年はマーシャル経済学の社会進化論的アプローチを解明している。マーシャルの帝国との関わりについては W. J. Cunningham, *British Economists and the Empire*, Croom Helm & St. Martin's, 1983, 第3部参照。N. Hart, *Alfred Marshall and Modern Economics*, Palgrave/Macmillan, 2012 の7章3節もマーシャルの経済学の進化論的アプローチを扱っている。

（3）Groenewegen, *op. cit.*, p. 141.

（4）*Ibid.*, p. 286.

（5）マルサス主義連盟の機関紙『マルサシアン』については本書第7章第4節参照。

（6）A. Marshall & Mary, *The Economics of Industry*, Macmillan, 1884, p. 27［橋本昭一訳『産業経済学』関西大学出版会、一九八五年、三三頁］.

（7）*Ibid.*, p. 28, 三八頁。

（8）*Ibid.*, p. 35, 四五頁。

（9）Groenewegen, *op. cit.*, p. 483.

（10）A. Marshall, *Principles of Economics*, Macmillan, ninth ed., 1961, p. 178［馬場啓之助訳『経済学原理』Ⅱ、一九六六年、一三六頁］.

（11）*Ibid.*, p. 185, 一四四頁。

（12）*Ibid.*, p. 178, 一三六頁。

（13）Cf. *ibid.*, pp. 193–203, 一五五～一六九頁。

（14）*Ibid.*, p. 692［馬場啓之助訳『経済学原理』Ⅳ、一九六七年、二五三頁］.

（15）ホブスン全体像については姫野順一『J・A・ホブスン　人間福祉の経済学——ニュー・リベラリズムの展開』昭和堂、二〇一〇年参照。本節はこの第二章を拡張している。チャールス・ブースに関しては A. Fried & R. Ellman eds., *Charles Booth's London*, Hutchinson, 1969 と D. Englander and R. O'Day, *Retrieved riches: social investigation in Britain, 1840–1914*, Scolar Press, 1995 参照。

（16）J. A. Hobson, *The Social Problem: Life and Work*, James Nisbet, 1901, p. 6.

（17）C. Booth, *Life and Labour of the People in London: First Results of An Inquiry*, Macmillan, 1901, pp. 200–13.

（18）J. A. Hobson, *Problem of Poverty*, Methuen, 1891, p. 21.

（19）*Ibid.*, p. 194.

（20）J. A. Hobson, "The Law of the Three Rents", *Quarterly Journal of Economics*, vol. 5, 1891, pp. 263–88.

(21) Hobson, *The Social Problem*, p. 205.

(22) *Ibid.*, pp .206–7. 平均賃金と超過賃金の区別の視点は次章で紹介するホブスンの最適人口論で重要な分析視角となる。

(23) *Ibid.*, pp. 213–4.

(24) *Ibid.*, p. 216.

(25) J. A. Hobson, *The Evolution of Modern Capitalism*, Walter Scott, 1894, p.209.

(26) P. Geddes and J. A. Thomson, *The evolution of sex*, 1889, p. 268.

(27) *Ibid.*, p. 267.

(28) *Ibid.*, p. 272.

(29) *Ibid.*, p. 273.

(30) *Ibid.*, p. 274.

(31) P. Geddes, *Cities of Evolution*, 1915, p. 393.

(32) *Ibid.*, p. 396.

(33) *Ibid.*, p. 399,

(34) リチーについては高哲男「一九世紀後半イギリスにおけるニュー・リベラリズムの台頭とダーウィンの道徳進化論——H・スペンサー、T・ハクスリー、D・G・リッチーを手掛かりに」『エコノミクス』九州産業大学経済学会、一六巻四号、二〇一二年参照。

(35) D. Richie, *Darwinism and Politics*, Swan Sonnenschein, 1891, p. iii, in Preface to the second edition.

(36) *Ibid.*, p. iv.

(37) *Ibid.*, p. 2.

(38) *Ibid.*, p. 4.

(39) *Ibid.*, p. 27.

(40) *Ibid.*, p. 37.

(41) *Ibid.*, p. 56.

参考文献

C. Booth, *Life and Labour of the People in London: First Results of An Inquiry*, Macmillan, 1901.

W. J. Cunningham, *British Economists and the Empire*, Croom Helm & St. Martin's, 1983.
D. Englander and R. O'Day, *Retrieved riches: social investigation in Britain, 1840–1914*, Scolar Press, 1995.
A. Fried & R. Ellman eds., *Charles Booth's London*, Hutchinson, 1969.
P. Geddes, *Cities of Evolution*, 1915.
P. Geddes and J. A. Thomson, *The evolution of sex*, 1889.
P. Groenewegen, *A Soaring Eagle: Alfred Marshall 1842–1924*, Edward Elgar, 1995.
N. Hart, *Alfred Marshall and Modern Economics*, Palgrave/Macmillan, 2012.
J. A. Hobson, *Problem of Poverty*, Methuen, 1891.
——, "The Law of the Three Rents", *Quarterly Journal of Economics*, vol. 5, 1891.
——, *The Evolution of Modern Capitalism*, Walter Scott, 1894.
——, *The Social Problem: Life and Work*, James Nisbet, 1901.
A. Marshall, *Principles of Economics*, Macmillan, ninth ed., 1961［馬場啓之助訳『経済学原理』Ⅱ、一九六六年］.
A. Marshall & Mary, *The Economics of Industry*, Macmillan, 1884［橋本昭一訳『産業経済学』関西大学出版会、一九八五年］.
A. C. Pigou, *Memorial of Alfred Marshall,, Macmillan*, 1925.
D. Richie, *Darwinism and Politics*, Swan Sonnenschein, 1891.
J. K. Whitaker, *The Early Economic Writings of Alfred Marshall, 1867–1890*, The Royal Economic Society, 1975.
岩下伸朗『マーシャル経済学研究』ナカニシヤ出版、二〇〇九年。

高哲男「一九世紀後半イギリスにおけるニュー・リベラリズムの台頭とダーウィンの道徳進化論――H・スペンサー、T・ハクスリー、D・G・リッチーを手掛かりに」『エコノミクス』九州産業大学経済学会、一六巻四号、二〇一二年参照。

永井義雄・柳田芳伸編『マルサス人口論の国際的展開――一九世紀近代国家への波及』昭和堂、二〇一二年。

西沢保『マーシャルと歴史学派の経済思想』岩波書店、二〇〇七年。

西沢保・小峯敦編著『創設期の厚生経済学と福祉国家』ミネルヴァ書房、二〇一三年。

西沢保・平井俊顕『ケンブリッジ　知の探訪――経済学・哲学・文芸』ミネルヴァ書房、二〇一八年。

姫野順一『J・A・ホブスン　人間福祉の経済学――ニュー・リベラリズムの展開』昭和堂、二〇一〇年。

第9章　二〇世紀転換期から戦間期における「帝国」の拡張と社会進化論
――人口法則をめぐって――

姫野順一

本章は、一九世紀から二〇世紀にかけての転換期から戦間期にかけて、国際的に帝国主義が蔓延し国内的には福祉国家が形成される時代の人口論の変容について検討する。第1節で、ナショナリズムと帝国および社会改良と社会進化論の関係について整理し、一八九九〜一九〇二年のボーア戦争をめぐるブリテン帝国の弁護論と人口論の関わりを検討する。第2節で、帝国主義を擁護したベンジャミン・キッドと、ブリテン帝国を擁護しその建設を提唱したアルフレッド・ミルナーの人口論との関わりを検証する。第3節で、優生学を確立させて人種的優生学に道を開いたフランスス・ゴールトンの人口論を聞き、その継承者で優生学を統計学として科学化させたカール・ピアソンの人口論を検討する。最後の第4節で、これら帝国主義擁護論を論駁し、最適人口論を提唱し福祉国家の確立に貢献するホブスンの人口論を検証する。

第1節　社会改良による社会進化と「帝国」――ボーア戦争前後――

フリーデンによれば社会進化の思想は、一八四八年以降イギリス人の間に「民族化（racialising）」や「国家化

（nationalising）」の自己意識が強まり、帝国の拡大という国家感情がヨーロッパに広がるなかで、柔軟で適応的に文明化するという展望を背景にして登場してきた[1]。フリーデンはさまざまな社会進化の異型を国内的社会改革のイデオロギーととらえていた。それは社会生活の自然法則として描き出され、生物進化の自然科学から社会科学に転形されたものであった[2]。

一九世紀後半、ブリテン帝国の拡大は人口問題のひとつの解決であった。ブリテンの拡張の歴史を説いたケンブリッジ大学のJ・R・シーリーは、議会や体制から国民国家やその外部関係に注目点を移動させた。マンラーによれば、自由を愛するイギリス国民あるいは人民は、一八八六年のアイルランド自治法に直面して、「自治（self-government）」、プロテスタント的な敬愛、企図、拡張を支持した。「イギリス嫌い（Anglophobia）」に対して「イギリス人らしさ（Englishness）」が議論され、ジュリア・ステイプルトンなどは、この時期から第一次大戦期までナショナリズムの問題をイングランド人とブリテン人の一体化として強調した。

グラッド・ストーン、ゴールド・スミス、ロバート・ロウ、E・A・フリーマンらは急進主義の立場に立って一八七〇年代のディズデイリーの「帝国主義」を批判した。とはいえ、これらの急進的な自由主義に立脚する帝国主義批判者は、一方で、法治主義、商業や富の重視、民主主義と自治によるブリテン帝国の統治という「真の帝国主義」を主張したのであるが、この主張は、のちに自由帝国主義と呼ばれことになる。グラッド・ストーンのこの伝統は非国教会徒の同盟を意味し、伝統的なピールの保守主義とは一線を画していた。急進主義の帝国拡張論を整理したピーター・ケインによれば、急進主義の思考のなかでは、帝国の軍事および外交の費用は、帝国が経済的もたらす便益を常に超えるものであった。例えばインド人の軍隊は本国の軍人パワーを持続的に補給するものであったが、ヨーロッパ列強のなかで本国の軍事力を弱らせ、外国勢力との間の摩擦を増大するものであった[3]。

フリーデンは、一八八〇～九〇年代の社会改革と帝国の拡張のうねりの中で、T・H・ハクスリーの社会進化の思想が、急進自由主義の社会理論あるいは「自由団体主義（Liberal Collectivism）」としてベンジャミン・キッドと同じ理論型の「社会ダーウィニズム」であることを強調している。(4) 人口に関していえば、ダーウィンの遺伝理論は、人間の獲得した性格は遺伝するとするラマルクの見解（用不用説）と、「生殖細胞（germ cell）」はその継承を両親の肉体に依存しているため獲得した人間性格の継承は不可能とするヴァイスマンの見解（獲得形質遺伝不能説）とに分流する。前者は、社会改革がもたらす人間性格の改良効果を重視する。これはスペンサーが強調した急進主義の「個性化」の流れを汲んでいる。これにたいして後者は、獲得した形質は遺伝しないから社会改良は意味がないと主張する。このような社会進化の解釈の違いは、貧困問題・人口問題の解決としての帝国主義にたいする意見の相違として顕われることになる。

ボーア戦争をきっかけにして戦争に耐えうる国民的な体力が問題となり、民族・人種の強さが、ゴルトンを起源とする優生学に基づいて主張される時代が訪れる。

獲得形質の遺伝を主張したラマルキアンは、自由主義の急進改革の流れを理論づけ、獲得形質の遺伝を否定して「生得の性格」は変更不能とするドイツ人ヴァイスマンの主張は、「優生学」を基礎づけることになる。この分類によればホブスンやJ・M・ロバートソン、L・T・ホブハウスやリチーは前者に、ゴルトンやキッド、ピアソンは後者に属する。自由主義陣営における「優生学」の解釈においても、「種性（stock）」の改善という技術的な改良の立場を認めるものや、種性の不可避性に疑問をはさみ、社会善に重要性を認めて個人的自由を伴う共同気質の改善を主張するものがあった。フリーデンは改良の道具としての優生学について、ナショナリズムの拡張と見たが、これは政治思想史の学生の関心を超える社会問題を提起するものであった。その影響や流布については決して成功したイデオロギーではなかったとしても、今日以上に影響力があったと力説する。(5)

バルフォア内閣の植民地大臣に就任したジョセフ・チェンバレンは、一九〇三年五月一五日のバーミンガム演説で帝国特恵関税制度を提案した。これは食料品を含む外国の商品に報復関税を課し、帝国内には特恵的な関税を導入して帝国の結びつきを強化し、大英帝国としての自給自足的な経済圏を確立し、増加する関税収入で財政を均衡させ、社会保障を充実させようとするものであった。(6)

チェンバレンはイギリスの凋落衰退に危機感をもち、関税改革という「大きな努力と自己犠牲」により大帝国となる「帝国連合（Imperial Unity)」の建設を呼びかけた。その主張は個人の性格を強め、国家の性格（国民性）を強化し、人口に関していえばアングロ・サクソンという「人種（race)」の強い将来を展望するものであった。ケインは、このような保守主義を支える知性を「公民性（Civic Virtue)」の伝統に求めている。その内容は、精力、勤勉、節倹、慎慮、正直といった経済的進歩に関わるものであった。ケインによれば、シビック・ヒューマニズムの言説は宗教改革以降大陸からイギリスに流入したものであり、公共サービスや軍事的勇敢で定義され、スパルタ的農業主義に支えられる「徳（virtue)」であった。これらの徳が、遠隔の半未開の土地の探検、文明化と支配の精神として称揚された。(7)

ホイッグの側からは、シーリーやJ・A・フルードが、このような精神を国内の進歩および遠隔地での「偉大な人物の模範」として描き出した。またラスキンも富や知識よりもモラルを重んじるような、勇敢で真面目で、母国に忠誠を示すような「主《あるじ》の徳（chief virtue)」を推奨した。

ボーア戦争をきっかけとした国民的な体力衰退の問題は、「社会改良」か「国家的効率」かの論争を引き起こした。問題の発端は一九〇四年に公表された議会における「身体的悪化に関する報告書（Report of Physical Deterioration)」であった。一九〇三年に設置された身体的悪化に関する政府の省庁間委員会（Inter-Departmental Committee on Physical Deterioration）は、ボーア戦争をきっかけとした軍隊の弱さと国民の体力の劣化を問題とし、一九〇四年にその実態を公表した[8]。これに続く一九一二年の「精神障害法（the Mental Deficient Bill）」の制定の間、イギリス人の「精神的・肉体的衰退」の問題は国民的な論争点であった。報告書が明らかにしたのは、イギリス軍に応募するイギリス人の三分の一が軍隊の不適格者であるということ、イギリスが伝統を誇る「男らしさ（manly）」の象徴であるラグビーが、植民地のチームに連敗するという実態である。報告書はその原因を都市労働者の破壊的な環境に求めている。働く貧しい人々の子供たちは生まれてから栄養失調になり、哀れな存在に生まれ、危険な状況で働いているという実態である。このような劣化した労働者の状態を放置すれば、強い兵隊はイギリス軍に供給されず、技術的な知識のない農民から構成されるボーア軍にも敗れるという警告である。議会の「身体的悪化に関する報告書」は、イギリス国民の劣化の実態を報告するものであったが、人口衰退についての問題意識は見られない[9]。

当時ルディヤード・キップリング[10]は、イギリスの植民地からの軍隊の供給がイギリス軍を劣化させることを嘆いていたが、報告書の内容は、将来の戦争の兵隊となり得る英国の労働者階級と、将校および将軍として将来の軍隊を率いる英国のエリートの両方の間で衰退の明白な証拠であった。イギリス人自体の大部分が軍隊に適さないという報告書の内容は、ブリテン帝国の人種が優位であり、世界をリードする指導者であるという言説に埋めこまれていたイギリスの市民に、大きな衝撃を与えた。大衆の間での身体的悪化に対する英国の恐怖の増大は「優生学」への関心を呼び起こした。それは英国政府における政策変更と、多くの市民が帝国の成功と支配の理由と信じた英国人（ブリトン）の身体的優位性を取り戻すような民間イニシアチブへの渇望をもたらした。学校給食法（一九〇六年）や学校身体検査法（一九〇七年）、児童法（一九〇八年）の整備や精神障害法（一九一二年）、慈善組織協会（Charity Organization Society: COS）や救世軍などの慈善活動はその現れであった[11]。この報告書の影響の中で、ロバートソンやホブハウス、ホブスンや当時庶民院の自由党議員であったウェッジウッド四世らは、

「自由自主原理（liberal voluntary principle）」の危機を訴えた[12]。

第2節　帝国主義を擁護する社会進化論と人口論

(1) ベンジャミン・キッドの社会進化論

キッドの社会進化論は独特であった[13]。キッドは、アングロ・サクソン人が発展途上の人々を滅ぼした理由は、激しく残酷な戦争ではなく「法の作用（operation of laws）」という西洋の文明力と考えた。したがってキッドは一般に期待されるのは、国家経営の方向ではなく、規模が大きく拡大した国家への法による介入と制御であると主張した。そこでキッドが提案するのは、非文明人あるいは「低次な人種（race of low）」に法により社会効率をもたらすことであった。キッドにおける西洋民族の「優生」は法によるものであった。キッドはダーウィンの進化の理論を社会に応用し、「社会で作用する進化の力が発揮する最大の善は、社会組織の全体としての善である」と定義する。ここで功利主義が主張した最大幸福、最大善は社会組織の善に置き換えられる。その場合キッドにおける「最大成員」には現世代だけではなくまだ生まれていない子孫も含まれている。このキッドにおける「人種の持続」という超越的な社会進化論は、アングロ・サクソンのプロテスタント的な民族的・宗教的優越に強く結びつけられている[14]。

社会進化を主張したキッドは急進主義の流れに属しているが、その宗教的・超越的な人種主義はスペンサーと異なる。キッドはスペンサーの「親の愛のような利他主義（parental altruism）」や「啓蒙された利己心」は不充分と見ていた[15]。彼はラマルク流の「用不用説」ではなく、ヴァイスマンの「民族の自然的選択の法則」という考えに同調し、生得の性格は改良不可能と考えた。キッドによれば「(劣等種) は、絶滅の戦争で費用を費やそうと、改善して市民権を与えようと、それらはいつでも最も精力的な移住してくる人種の前に消滅する傾向にある」[16]のであった。そこでキッドは、衰退を防止するための法による強制という「効率の状態」を推奨する。キッドが過去の歴史から学ぶものは、人間的で合理的な本能の発揮ではなく、社会進化の科学における宗教システムの道具的な利用であった。キッドにおいて社会進化とは「社会効率に貢献する高度の質を持つ人種の優越性の絶対的な実証」にほかならない[17]。キッドが「社会効率」の実現として期待するのは、「新」民主主義や国民の「新」リーダー、倫理運動や超合理的な宗教に結びついた最高次の人間性格であった。キッドは人口問題として産業的中心地の「悲惨」に目を向けていたハクスリーの『社会的病と悪化する救済策』（一八九一年）から引承し、この人口を左右する都市労働者の貧困の実情については、チャールス・ブースの社会調査のデータ、すなわちロンドンの人口の三分の一が貧困線以下にあるという結果を紹介している[18]。キッドにおける人口問題の解決は、この都市の貧困問題の解決であったが、その方法は超越的な宗教的なプロテスタント精神により誘導される社会効率の実現であった。

　このような神話的な宗教に基づく決定論や超ナショナリズムの見解は、上から計画経済を主張した国家社会主義やファッシズムと親和的である。

(2)　アルフレッド・ミルナーの建設的帝国主義

ゴッシェン大蔵大臣のもとでエジプトの財務次官を勤めていたミルナーは、四年間のエジプト経験を一八九二年に『イングランドとエジプト』として公表していた[19]。キッドがナショナリズムの観点からブリテン帝国を擁護した『社会進化論』の草稿をミルナーに見せたとき、ミルナーはその出版を推奨した上司であった。自由党から分離したチェンバレンの関税改革を主導した統一党（Unionist）に与し、南アフリカの高等弁務官およびケープ植民地の総督となり、植民地経営に敏腕を発揮したミルナーは、ボーア戦争と、その後のチェンバレンの関税改革を支持して帝国の建設を語った五つの演説を『建設的帝国主義』（一九〇八年）として出版している。この内容は、キッドの社会進化論に基づく帝国主義擁護を具体的経験に基づいて理論化するものであった。

ミルナーの帝国の側面から見た関税改革の根本原理は国民原理である。ミルナーにとって海を隔てた広大な領地の人々は決して自分たちに疎遠な人々ではなく、「我々自身の同胞であり親族（kith and kin）」であった。人口問題の解決は強い帝国の建設に解消されているのである。ミルナーにとって帝国の問題は貿易問題ではなく、外国政策（foreign politics）の問題であり、陸軍、海軍、植民地、帝国の諸問題の解決はいつでも同じ一本の線上になければならなかった。ミルナーにとって重要なのは、自国国防の熱意でも帝国への忠誠ではなく、その対極の急進的な「公平愛（love of impartiality）」であった。教えられた子どもたちが「ブリテン人（Britons）」の家族の一員として国旗を尊敬するものでなければならなかった。[20] このような家族としてのブリテン帝国を考慮すれば、国際的な特恵政策はブリテン人への社会政策としての意味を持った。老齢年金、小借地者、さらには小土地所有者の倍増、農業の再生、人口稠密地における住宅、都市計画、労働者の衛生、苦汗労働の撲滅、人々の肉体訓練、切れ目のない学校といった社会政策は、ブリテンの「民族（the race）」のスタミナと知的生産的な活力を産むものであった。五〇年前からより社会的に変化した工場法や自由教育は、保守党と統一党が責任を持つべき課題とされた。商業の分野で同胞市民（fellow citizens）と外国人との間に区別はないので、ブリテンの王冠に忠誠を誓うものは同族の家族（kinsmen）であり、この「帝国一家」の思想こそが「帝国統一（Imperial Unity）」の要石とされたのである。[21]

その場合ミルナーにおいても宗教が重要な紐帯となる。ミルナーによれば「神への義務」を説くブリテン人のキリスト教はブリテン帝国を形成する人々の絆であり、「教会の教義」は実際的な愛国主義の大きな目標とされる。[22] この隣人を愛する実際的なキリスト教精神は、堅実かつ適切で、組織された公平な計算による労働により、ブリテン帝国の民衆の健康と健全、満足を維持し、帝国を強大にするものであった。そこで関税同盟こそがその実現を目指す道とされた。帝国に拡大する自力更生を旨とするミルナーにとって、慈善や社会扶助は国家が過剰な人口を産みだす不用な政策であった。ミルナーは優等種と劣等種の共同を認めない。「恥の感情」が重要であるとし、白人の中流階級の「良い種性（stock）」が劣等種性に対する指導的な新市民を生み出すと主張する。ミルナーは、南アフリカの黒人（African Kaffir, ニグロ）に対する西欧のアーリア人の支配を文明の進化と考えていた。[23] このような建設的帝国主義は、ナショナリズムを帝国まで拡張し、強者の人口拡大を目指すものであり、のちの排外的なファッシズムやナチズムと親和性をもつ思想であった。

第3節　優生学の生誕と発展 ——ゴールトンとピアソンの「人口・貧困」統計学と優生学——

イギリスでヴァイスマンの生殖説を彫琢したのはフランシス・ゴルトンであった。

「動植物の長く継続的な観察から至る所で続く生存のための努力を理解できた」、「好ましい変異は保存され、好ましからぬものは破壊される傾向があることがすぐに私の心に浮かんだ」。これは一八三八年にマルサスの人口論を読んで、自然選択による適者生存の着想を得たという、ダーウィンの『自伝』（一八八七年、息子のフランシスの編集）の草稿からの原文である。この着想から『種の起源』（一八五八年）の形質の遺伝による生物進化の理論が生まれた。この理論的枠組みについてダーウィンは「飼養動植物の変異」（一八六八年）のなかで、自己増殖性の「ジェミュール（gemmule, 芽球）」が獲得した情報をためて子孫に伝えられると説明している。これは「パンゲン説：汎発生学（pangenesis）」として知られ、基本的にラマルクの用不用説に賛同する。

これに対しゴールトンは、獲得形質は遺伝しないと考え、「胚（germ）」が遺伝により子孫に「自然的な親和力（natural affinity）」を継承するとして、生殖細胞（germ cell）による遺伝理論に固守した。ゴールトンによれば、「性格は有機的生活の枠内にあり、それが生殖の雑多な形としての自由な行為（婚姻）を通じて人の体の協力する生活を生み出し」、集団の違った種別を生み出すものであった。そこで注目されたのは、自由な婚姻（自然選択）によって形成される人口の構成と、その産みだす力による社会の発展である[24]。

処女作『天才的遺伝』（一八六九年）は、人口構成における「愚者（idiots）」と「低能者（imbecilities）」がイングランドとウェイルズで四〇〇人に一人いることに注意を喚起する。さらにゴールトンは、セグイン博士に依拠しながら、人口統計とその階層の特徴に注目する。すなわち、人口の三〇％は、社会的道徳法を享受可能な階層であり、四〇％は「平凡（mediocre）」、二五～三〇％は判断の吟味を寄せ付けない階層と分類する[25]。これらの階層の遺伝的能力と累積的な子孫への影響がゴールトンの関心であった。彼は、人口を最劣等から最優等までの一四階層に分けて「天賦の才能（Nature gift）」の分布を示した。この分布の統計的な「偏差（deviation）」が民族の強さを決定するとみるゴールトンは、「天才」をこの強さの要因と考えた。そこで注目されるのが、「天才の遺伝」の長期傾向である[26]。

ゴールトンは、ダーウィンの「自然選択のシステム」としての集団的な天才の遺伝調査として、一六六〇年から一八六五年までの二〇〇年間にわたる著名な政治家、文人、科学者、詩人、音学家、画家、僧侶、ケンブリッジの教師、ボート漕ぎ、レスラーの系譜を辿り、これを統計的に集計して、遺伝による優等階層（天才）の集団的遺伝結果を確認する。この「天才」という「天賦の才能」は、国家の能力に影響し、文明に衛生を付与するということになる。そしてスパルタの事例を引きながら、「高い文明」は良質な結婚による人口の改善にあると主張する。

ゴールトンが、一八七四年の公開講義で、結婚生殖という自然選択（淘汰）による人口分布を証明するために用いたのは、クインカンクス（一五〇度五角形：のちにゴールトンボードと呼ばれる）というパチンコ台に似た箱の装置であった。これは上から任意に流し込んだ玉が、ピンにあたりながら下に釣鐘状に正規に分岐するという実験道具で、ゴールトンは、これを自然淘汰による人口の復帰正規分布の科学的証明とした（図9-1）。

このような分布は長期の人口維持を復帰正規分布として説明するものであった。この分布の中でゴルトンは、人口の最優等と最劣等の階層の収斂度の差にも注目する。つまりゴールトンは、平均的な両親からは平均的な能力を持つ子どもが生まれるが、最劣等と最優等の両親の子供は、その優等性と劣等生が弱められるというわけで、その収斂度は「平凡な両親」に比べて三分の一と考えた。ここからゴールトンの後に「退行の法則（law of regression）」と呼ばれる「科学的」な人口法則が導き出されることになる。すなわち、遺伝が繰り返される進化は非連続で、増分は中立化される。ここからゴールトンは、「機会により人口の安定を保証するものではない」「退行係数（regression coefficient）」に注目する。退行係数と条件変数および人口は、簡単な一つの方程式で独立に関係づけられるというのである。つまり人口の退行は、条件変数としての遺伝の質で決まることになる。

こうして、自然選択により優良な個体が劣等な個体に打ち勝つことで社会が進歩するとする考えが、統計学により科学的に証明されたと見るゴールトンは、『人間能力の研究』（一八八三年）でこれを「優生学（eugenics）」と名づけた。優生学の用語は『天才的遺伝』の段階で登場していなかったが、ゴールトンはこの最初の著書のなかで、異なる人種における優等と劣等の集団的比較という人種優生学の価値についても言及していた。[27]

数学者、生物統計学者、気象学者として知られたカール・ピアソン（Peason, Karl）は、『科学の文法』（一八九二年）を書いた時点で、まだゴールトンの優生学を知らなかった。マルサスおよびダーウィンに影響されたこの書の要点は、以下のようなものであった。人間の歴史は自然選択の自然史という科学的歴史であるとみるピアソ

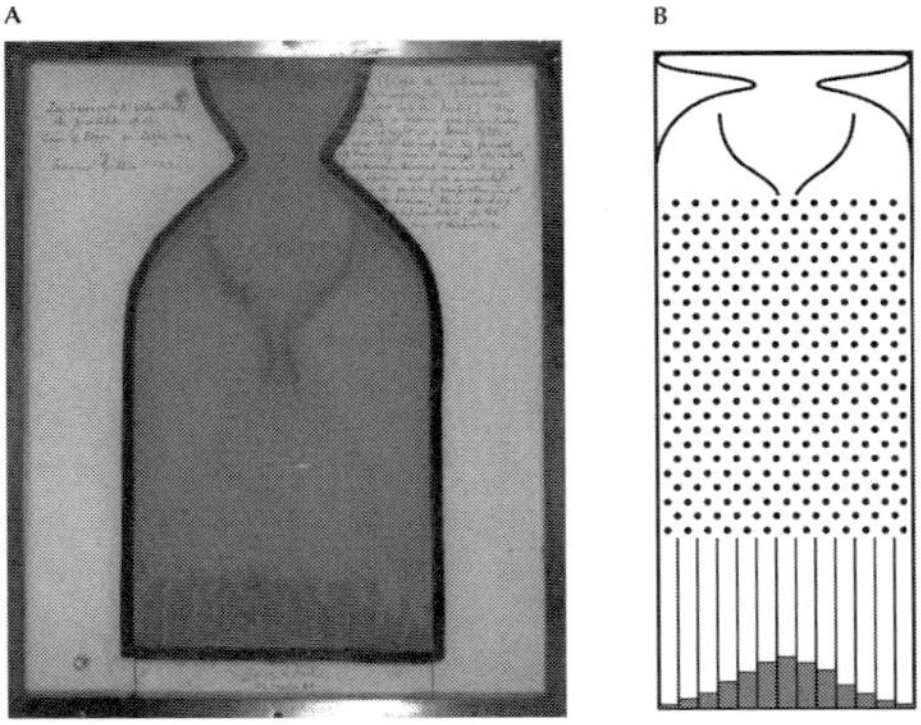

図9-1　クインカンクス（150度）と呼ばれたゴールトンの模型。復帰正規分布の実験に使われた
出典：*Evolution*, CSH Press.

ンは、マルサスおよびダーウィンがいうように、歴史は食糧・性・地理的位置の制約を受けていることを確認する。歴史における「進化の法則」とは、生存競争（struggle of existence）である。[28] それは諸国家の種性（race）の成長をうながすとみる。人口を増加させる国家＝種性の強化には個人の教育訓練が必要である。それは「進歩的なコニュニティ」の形成であり、ピアソンは、これを人間主義に基づく社会主義と名づけた。ここでピアソンは、基本的にダーウィンのパンゲン説を継承し、「個人的本能」が進化原理の要素とみている。[29] とはいえ種性に関し、「悪い遺伝子（gene）は良い遺伝子には変わらない」[30]、「資源（stock）」の「遺伝的出現率」が文明＝進歩を決定すると、のちに優生学へ向かう主張を胚胎させていた。

ピアソンは、一八九一年にグレシャム・カレッジの幾何学教授となり、動物学者のウォルター・ウェルドンに出会い、共同で生物統計学と進化理論を彫琢し、ウェルドンの紹介でゴールトンを知る。その後ピアソンは、ゴールトンの優生学に強く影響され、「ゴールトンの秘蔵っ子」、「統計学の継承者」となる。ピアソンは優生学をソーシャル・ダーウィニズムに応用し、科学的な進化理論の応用として、組織された全体としての「一国民」の高い効率性（efficiency）を維持するための「劣等種との戦い」に挑戦した。『科学の見地からの国民生活』（一九〇一年）

は、その成果である。ここでピアソンは、ドイツの動物学者オウグスト・ヴァイスマンが一八八三年に発表していた、「生殖質（germ plasm）」が遺伝の要素であり獲得形質は遺伝しないという遺伝理論に賛同する。ピアソンは「発生した弱い種性（stock）が、教育や優れた法律および衛生的な環境の積み重なった効果により健康的で健全な種性に変わることはない」と断言する。国家による社会政策と社会福祉は「種性」の改良には無関係で、無意味であり、国家を健全に維持発展させるためには、国家が金を使って優性学の観点から「劣等な形質」を改良する必要があると、遺伝的な「劣等種」の排除を提案することになる。[31] ヴァイスマンに依拠しながら、「現代の科学」として、国家による教育や社会環境の改善による劣等種の変更は不可能と主張するわけである。この理論は、すぐにイギリス帝国の膨張という同時代における「帝国の強さ」を「種性の強さ」で説明する、帝国主義擁護論に転換することとなる。[32]

ピアソン論理はこうであった。人間は遺伝と変異の事実により支配される。自然は肉体的精神的に不適応者を絶滅することで人間をより完全な生き物に駆り立てる。ダーウィンの従兄弟にあたるゴルトンもより良い人間が「神の義務」と述べている。ダーウィンの自然選択の理論は、個人の行為だけではなく重大な社会的・政治的な問題に応用されなければならない。ゴルトンは、旅行観察の経験からイングランド人を中心に据え、自民族の人種愛を確信し、国家を優生学の定義から外すことを許さなかった。イングランド人こそが民族的適応性を備えていると。このように人種の遺伝と自然選択を強調するピアソンは、ゴールトンの改訂『天才論』（一八九二年）の序文に書かれた「一人種が広範な地理的領域で他を圧倒するのは、人間進化の最も著しい事実である」という科学の名のもとの人種優生学を評価する。

人種による「生得の性質（qualities）」あるいは「資源（stock）」が、人間的発展および社会における有益な階級の科学的な決定要素と考えるピアソンは、ゴールトンと共に一九〇四年のイギリス学術社会学会で優生学を確立させる五つの提案をしている。それは、優生学の知識の普及、歴史的探求、事実の体系的収集、結婚に対する影響の強化およびその重要性の国家による承認であった[33]。

ピアソンによる種性の量的決定論は、国民的な価値を測る計量人類学（anthropometrics）として称揚された。その原理は、栄養と教育が社会機械を支え、種族闘争により肉体的・精神的に適者が選択され、世代交代を通じて劣等種の排除を通じた、高い文明の実現であった。

第4節　ホブスンの帝国主義弁護論批判と最適人口論

（1）　帝国主義戦争のなかで

ホブスンの『帝国主義研究』（一九〇二年）は、帝国主義を結論で次のように批判した。「帝国主義は民族生活の堕落した選択であり、動物的生存競争の初期の世紀から民族の中に生き残っている量的拡大欲と強制的支配欲に訴えるところの、自己の利益を求める諸勢力によって押しつけられるものである。政策としてそれを採用することは、個人にとっても同様民族にとっても動物的本能に対する理性の優越を構成するところのヨリ高度な内的資質の涵養を、故意に放棄することを意味する。それはすべての繁栄的な国家の陥りやすい罪悪であり、それに対する刑罰は自然の秩序において変更されえないのである」[34]。この書は、第一部で「新」帝国主義の経済学を大企業体制のもとでの経済と所得の不均衡および保護主義で説明し、新帝国主義を「特権階級とその同調者による利権の維持と、民衆の不満にはけ口を与える」政策であると描き出した。第二部は帝国主義の政治学を主題とし、民主主義の危機と自由党の分裂のなかにおいて、帝国の名誉と安全を求める帝国主義を、「民族生活の堕落した選択」と批判する。この第二章で帝国主義の科学的弁護として取り上げられているのが、ピアソンとキッドの社会ダーウィニズムと呼ばれた人種競争優位の理論と、バーナード・ボザンケの民族国家論であった[35]。

ホブスンは、ピアソンが『科学の立場からみた国民生活』のなかで「劣等人種に対しては戦争、同等の人種に対しては貿易路と原料および食料供給の源泉地を得るための闘争を主な方法とし、対外的能率を競争により最高度にまで保つことが活力の満ちた人種の利益であり、……人類についての生物学的見解である。そしてその主要な点において諸君はそれを覆すことができるとは、私は思わない」と述べた言説を紹介している[36]。ここでピアソンは、社会進化論を民族（人種）の競争優位の理論として拡張している。ピアソンの主張は以下のようであった。「歴史は高度の文明に生まれたひとつの道を、しかも一つの道だけを私に示す。すなわち人種対人種の闘争、ならびに肉体的・精神的適者たる人種の生存、これである。もし劣等人種がより高度の型を発展させることができるかどうかを人々が知りたいならば、彼らはお互いの間で最後まで戦わせる以外に道はないと思う。しかもそうした場合でさえ、個人と個人との間、種族と種族の間の生存競争は、おそらくアリアン種族の成功の多くがそれに依存したところの、ある特殊な要因に基づく肉体的淘汰によって支持されることはないであろう[37]」。前節でみたようにここでピアソンは、人の競争として論じられた生存競争を人種間の競争にまで拡大解釈し、人種の性格・能力を序列化し、人種を劣等から優等に分類する。これは統計的な「科学的」人口分布学に基づいていると補強し、優勝劣敗という帝国主義イデオロギーの科学的な弁護論となる。

帝国主義論で示されたホブスンの「人種優生学」批判は、典型的な帝国主義戦争であった第一次大戦を経験したのち、一九二五年の『社会科学における自由思想』の第三部「政治学と倫理学における自由思想」のなかで「政策としての人種優生学」として改めて一章を当てて論駁されている[38]。この基本的主張は、個人のレベルで受け入れられる部分がある優生学を、人種や民族、階級の強さの説明に用いることの危うさであった。論証は白人優位に対する反論であった。アルプス以北の白人北方民族の一元的優位の主張に対してはアメリカの多元的な優位を説き、民主主義は肉体の伝統からではなく共和制の中から地中海で生まれたこと。白人の生得普遍の優位という一元的価値の強制と、生得的に劣等な黒人の「保護」は支配者の政策であるという。こうして優生学が「人種優生学」として国際的な力関係の説明に利用される場合、それは支配者の帝国支配政策の弁護論となる。これに対してホブスンが注目するのは、個々の自由な発展を伴う人間性を涵養する文明の力である。ホブスンはアメリカをこの典型的な事例として挙げている。植民地に関しても、現住する住民の自立する力と帝国の軍隊に動員された植民地軍の反抗に眼を向けた。

ここでホブスンの人口論を振り返っておきたい。それは人口問題を帝国主義で解決することへの反論だからである。ホブスンは、初期の著作『現代資本主義の進化』の初版（一八九四年）で、工業化・機械化に並進した一九世紀後半の人口増加の統計に注目していた。そこでホブスンが注目したのは、イングランドの都市における人口密度の稠密さと、田園に比べた都市における死亡率の高さであったが、それ以上の人口論の展開はない。最初期の人口論は、「共通の富と生活」を掲げて一八九六年から発刊を始めた *The Commonwealth* に投稿した「人口問題」である[39]。ここでホブスンにおいて人口問題は生理学の問題であった。したがって人口数は食糧問題であり、視点はマルサス同様で、解決策も政治経済学の問題であった。アダム・スミスが『国富論』で、人口増加を経済的繁栄つまり資本と労働の量に依存するという見解はホブスンのものでもあった。しかし古典的な政治経済学における賃金法則は、賃金が労働人口により固定され、低賃金の責任は早婚の大家族という労働者に課されている。これは生産力が高まった一九世紀末には不都合である。ホブスンはマーシャルと同じく、分業と鉄道網の広がりで国民国家の生産力は飛躍的に増大し、播種法・耕作法の改良や科学的肥料の改善は食糧自給力を高め、自由貿易は海外から安価な食料の輸入を実現している時代に生きていた。この時代の新しい問題は大都市における人口過剰であった。

ホブスンは、この「新しい人口問題」を第8章第3節でふれた一九〇一年の著書『社会問題』の第一一章で次のように整理していた[40]。人口問題は「生活の量」と「生活の質」の両方から把握されるべきである。前者は人口を支える生理学的な側面で、マルサスの幾何級数的な人口増加が算術級数的な食糧生産を上回るという人口法則があてはまる。ここでは収穫逓減法則が作用し人口数はこれに制約される。しかし都市に人口が集中し、生産力は飛躍的に高まり、交通発展により安価な食料が輸入される。そこで現代資本主義に新たに問われるのは人口の量ではなく人口の質、すなわち人々の「生活の質」であった。ホブスンは、適者生存が社会効率を高めるとする優生学者に対して、これは社会組織における種の衰退をもたらすと反論する。その後のホブスンは、優生学者の遺伝的形質に関わる自然的排除の主張に対して社会的な制御について考察をふまえ、ラスキンの「生活なくして富はない」という視点から人間的価値の経済学を模索し、『仕事と富』（一九一四年）および『経済学と倫理学』（一九二九年）で「人間的福祉の経済学」を完成させる。後者の第三部「経済システムの有機的改良」のなかの第六章はホブスンの完成された最適人口論が導かれている。

（2）　戦間期の最適人口論――福祉国家の理論として

ホブスンの最適人口論は、若い頃から信条としていた「生活なくして富はない」というラスキンの言葉に依拠して、家族・国家・人類の人口政策を定義するものであった[41]。ミクロの単位である家族には、家の広さ、受胎調節による子どもの数を考慮した経済的・非経済的な最適密度が必要である。国家レベルでは国民的資源（national stock）の有効利用の観点から、社会保険、家族手当、無償公共教育、無償給食、公共住宅、共同サービス、遺伝・受胎調節知識の普及による国民的政策が推奨される。人類に関しては、移民援助や帝国主義批判が展開されている。家族については、限界的な生計（ギリギリの生活）という伝統的生活水準と最適水準を区別する。ホブスンは生存費用と最適は関係ないと考えていた。生産性の上昇は生活に還元されるべきものであった。これをホブスンは、「快楽の進歩的水準」と呼んでいる[42]。このような「生活の質」に基づく生活水準が採用される場合、これを実現するのは親の強靭さであるという。そのために安定的な女性の地位と児童福祉は不可欠のもので、これらが家族の愛情を高めるものでもあった。

ホブスンは、マルサスが食料の不足を人口に結びつけた点を部分的に正しいと考えていた。とはいえ食料の収穫逓減法則は経済の静態的な見方であり、人口動態を把握するには不充分とみた。ホブスンは最大収穫量に対して人口は調整可能な変数と考えた。ホブスンによれば、自然資源の限界生産物の量が拡大することは、人口の最適密度の容量が増加することであった。この最適密度はホブスンによれば貨幣単位や、平均所得や貨幣所得で計測できるものではない。貨幣所得ではなく、現物で測れる「現実所得（real income）」が人間的価値という生活の質＝快楽を測定できる単位となる。それは経済的に現に強制された需要、すなわち現に「望まれている水準（desired level）」ではなく、「望ましい水準（desirable level）」を表現するものである[43]。この「望ましい水準」は、自由選択を通じて混雑を解消し、人口を最適密度に維持する水準であった。ホブスンはこの水準を消費者＝市民の平均的な幸福度と考えていた。

このように人間的な価値を基軸とし、「望ましい水準」＝最適人口と考えるホブスンは、この考えを「人類（mankind）」、すなわち経済的格差があり異なる種族から構成される世界の人口問題、に拡張する。考察の対象は人間的な価値を決定する環境と、種族の生得的質すなわち優生学に関わる生殖であった。南アフリカで勃発したボーア戦争を、帝国主義の戦争であると見ていたホブスンは、新聞記者として現地を詳しく観察し、植民地を、短期的で利己的な、独立性の高い白人の金融業者や産業者の経済的支配の場と見ていた。そこでは優越的な雇用者が契約の名で奴隷労働を強制し、石油、石炭、ゴム、鉄、食料といった天然資源を収奪する場であった。そのために後進地域は人口の健全な成長が抑制されている。善良な官僚と熱心な宣教師はこれらの収奪を支持する勢力であった[44]。

ホブスンが人類史として目指すのは、人類の人間的な進歩と幸福増大であり、後進地域については内生的な人間の価値に基づいた世界人口の合理化であった[45]。ホブスンは原理的に、それぞれの地域には特性がありその土地を専有する人々（両親）から生まれ出る、国によって異なる人口の型と大きさという「性向と性格（disposition and temperament）」があるという。この後進地域における人口の増加と繁栄は、気候により制約される環境と、経済的・人間的な力により決定される。この「内生的な強み」は、構成員の肉体的・知的・道徳的・美的な力の発揮による。したがって旧人口に加わる新入者は、この「強み」に社会的・文化的に同化する必要がある。このように人権に基づき「性向と性格」の違う国家が連携することをホブスンは「国際主義（Internationalism）」と定義した[46]。ホブスンは、肉体的性格と精神的性格を二元的に分けて栄養とトレーニングを教育の全てと主張する教育学者に反論する。人間的価値すなわち人権は、個人と社会に継承される「本源的な構成物（germinal constitution）」であり、この価値は、構成員に提供される「機会の平等」により発揮される。ホブスンによれば、この社会遺産の多様性を継承する力、精力・企画・先導力・協力こそが社会進歩の条件であり、健全で多様な民族を産みだす「文明体（corpus of civilization）」にほかならない。「機会の平等」を実現するためにホブスンが後進地域で重視したのは、部族的な風俗と習慣の伝統に縛られない自由な教育である。この自由教育により人々は普通の結婚に至ることになる。

ところで、悪い種族を断つために結婚に絶対的な規制をかけようとする優生学的専制は、ホブスンが解明しなければならない人口の質的問題であった。優生学者は、人道的な福祉政策が社会低層の出生率を高め、悪い種族を蔓延させるという「貧困ループ」を指摘する。

これに対してホブスンは、その主張は統計的に妥当でないし、人口の質を無視した議論であると反論する。ホブスンによれば、精神薄弱、知的障害、梅毒、犯罪歴といった遺伝による生得の障害は、「望まない子どもを産まない選択」の問題であった[47]。すなわちこれは遺伝知識を踏まえた両親の個別的な選択能力に帰される問題なのである。一方、教育された階級として天才を育成すべきという優生学者の主張に対しては、この条件は不明であり、また経済的成功を社会的成功とはみなせないとみる。優生学が想定する経済人の成功モデルは量的解決に過ぎない。それは自己主張・競争・獲得・優越・戦略に基づいた共通同意と無感覚かつ無慈悲で、ずる賢さを隠した普通の正直さからなる行為であり「社会的望ましさ」に反する。この行為は貨幣単位で測った経済的最適を求めるもので、金銭的動機から経済機会を追求し、人口は農村から都市に移動する。これに対してホブスンは、知的・道徳的最善が実現する文明の適合する質的人口を社会的に最適な人口と定義し、国家の社会政策により、ミクロ的にもマクロ的にもよく調整された望ましい社会的・人間的水準の最適人口の実現を推奨した[48]。

注

(1) フリーデンは「ナショナリズム」を顕著なイデオロギーと見ない。ナショナリズムは、個人と集団が政治行動や宣伝をする場合の社会の実践的な構成された思想型であり、時代と場所で文脈化される。そのコアは国家志向、勇敢の推奨、政治制度の表明、場所と時代、感情と情緒であり、その周辺要素は多様な民主主義、自由、権力、市民性、位階的権威とコミュニティであると定義する。ナショナリズムの周辺要素である民主主義とコミュニティが結び付けられる場合、「自己決定(self-determination)」あるいは「文化価値への集団的意識と利害」がナショナリストの議論を助長したり妨げたりするという両義性を指摘している。フリーデンにおいてナショナリズムの主要な容器(vessels)は平等正義、平等思考をもつ。それは自由と調和を伴う自由主義と、組織の統制、自然変化、超人信仰社会秩序を伴う保守主義および国家、指導力、全体主義、有機体、神話、再生革命と暴力を伴うファッシズムに分類されている。M. Freeden, *Liberal languages*, Princeton UP, 2005, pp. 207–11.

（2） *Ibid.*, p. 204. イギリスの国民的性格についてはL. Colley, *Britons: Forgoing the Nation, 1707–1837*, Yale UP, 1992［川北稔訳『イギリス国民の生誕』名古屋大学出版会、二〇〇〇年］、P. Mandler, *The English National Character*, Yale University Press, 2006が興味深い。

（3） P. Cain, "The Conservative Party and 'Radical Conservatism', 1880–1914: Incubus or Necessity?", *Twentieth Century British History*, Volume 7, Issue 3, 1996, p. 372.

（4） Freeden, *op. cit.*, p. 151.

（5） *Ibid.*, p. 144.

（6） ケインは、ビクトリアからエドワーディアンのクロマー、クルゾン、ミルナー、ラガードといった帝国主義者を軍人や帝国官僚から支持された「超帝国主義者」に分類している。Cain, op. cit..

（7） *Ibid.*, p. 380.

（8） 本書第7章第2節参照。

（9） 八六六ページにおよぶIntern Departmental Committee, *Inter-departmental Committee on Physical Deterioration*, Wyman, 1904の報告書の中に人口への言及はない。

（10） 一八九四年に動物界の弱肉強食を描いた『ジャングルブック』で好評を博した小説家である。

（11） Freeden, *op. cit.*, pp. 188–9.

（12） J. A. Hobson, *The Crisis of Liberalism: New Issues of Democracy*, Orchard House, 1909とL. T. Hobhouse, *Democracy and Reaction*, reprinted in 1972 by P. F. Clarke, Harvester Press, 1904参照。自由帝国主義についてはB. Semmel, *Imperialism and Social Reform*, Cambridge, Massachusetts, Harvard U. P., 1960, B. Semmel, *The Rise of Free Trade Imperialism: Classical Political Economy the Empire of Free Trade and Imperialism 1750–1850*, Cambridge, Cambridge U. P., 1970, H. C. G. Matthew, *The Liberal Imperialism, Oxford*, Oxford UP, 1973, E. H. H. Green, *The Crisis of Conservatism: The Politics, Economics and Ideology of the British Conservative Party, 1880–1914*, London, Routledge, 1995, J. C. Wood, *British Economists and the Empire*, Croom Helm & St. Martin's, 1983, G. R. Searle, *The Quest for National Efficiency*, Oxford, Basil

Blackwell, 1971, A. White, *Efficiency and empire*, 1971 (reprinted The Harvester Press, 1973)が、その消費の視点からの新しい解釈についてはF. Trentmann, *Free Trade Nation, Commerce, Consumption, and Civil Society in modern Britain*, Oxford, 2008が参照されるべきである。

(13) キッドの生涯についてはD. P. Crook, *Benjamin Kidd,: Portrait of a Social Darwinist*, Cambridge UP, 1984, 社会進化論のソーシャル・ダウィニズムへの変質についてはR. N. Soffer, *Ethics and Society in England: The Revolution in the Social Sciences, 1870–1914*, California UP, 1978, M. Hawkins, *Social Darwinism in European and American Thought 1860–1945*, Cambridge, 1997, P. Crook, Darwinism, war and history, Cambridge, 1994, キッドの人口論については藤田祐「ベンジャミン・キッドの『社会進化論』と人口」『マルサス学会年報』二四号、二〇一五年参照。

(14) B. Kidd, *Social Evolution*, Macmillan, 1894, p. 326.

(15) *Ibid.*, p. 293.

(16) *Ibid.*, p. 80.

(17) *Ibid.*, p. 131.

(18) *Ibid.*, p. 204.

(19) ミルナーの生涯についてはJ. L. Thompson, *A Wilder Patriotism: Alfred Milner and the British Empire*, Pickering & Chatto, 2007参照。ホブスンには以下のミルナーへの批判的言及があるJ. A. Hobson, "Sir Alfred Milner and his Work", *Contemporary Review*, Vol. 1, LXXVIII, 1900. J. A. Hobson, *The War in South Africa: Its Causes and Effects*, James Nisbet, 1900はボーア戦争の現地体験であり、南アフリカにおけるミルナーの現地における帝国管理がつぶさに観察されている。

(20) A. Milner, *Constructive Imperialism*, London, The National Review Office, 1908, p. 48.

(21) *Ibid.*, p. 21.

(22) *Ibid.*, p. 9.

(23) *Ibid.*, p. 71.

(24) 『天才的遺伝』を贈呈され読んだダーウィンとゴルトンとの間で交わされた書簡がこの経緯を明らかにしている。

(25) F. Galton, *Hereditary Genesis*, Macmillan, 1869, p. 36.

(26) *Ibid*., p. 53.
(27) *Ibid*., p. 344.
(28) K. Pearson, *The Grammar of Science*, London: Walter Scott, 1892, p. 425.
(29) *Ibid*., p. 439.
(30) *Ibid*., p. 32.
(31) K. Pearson, *National Life from the Stand-point of Science: An Address Delivered at Newcastle*, Adam & Charles, 1901, pp. 24–5.
(32) *Ibid*., p. 46, 62.
(33) F. Galton, "Eugenics: its definition, scope and aims", *Sociological Papers*, The Sociological Society, Macmillan, 1905, pp. 43–52, Cf. K. Pearson, *The Scope and Importance to the State of the Science of National Eugenics*, London: Dalau, 1909.
(34) J. A. Hobson, *Imperialism A Study*, With an Introduction by J. Townshend [1988] Unwin Hyman, 1902, p. 368 [矢内原忠雄訳『帝国主義論』下巻、岩波文庫、一九五二年、三〇八頁].
(35) *Ibid*., Part II Chap. 2 pp. 153–95, 下巻、第二章五四～一〇三頁。
(36) *Ibid*., pp. 163-4, 下巻、五五頁。
(37) *Ibid*., p. 171, 下巻、六四頁。
(38) J. A. Hobson, *Free-Thought in the Social Sciences*, George and Unwin, 1926, pp. 200–21.
(39) J. A. Hobson, "The population Question", *The Commonwealth*, No. 1, Vol. 1, 1896, pp. 105–6.
(40) J. A. Hobson, "The Problem of Population", in *The Social Problem*, James Nisbett, 1901, pp. 205–17.
(41) J. A. Hobson, *Economics and Ethics: A Study in Social Values*, D. C. Hearth and Company, 1929, p. 340.
(42) *Ibid*., p. 342.
(43) *Ibid*., p. 351.
(44) *Ibid*., p. 354–5.
(45) *Ibid*., P. 358.
(46) *Ibid*., p. 357.

(47) *Ibid.*, p. 363.

(48) *Ibid.*, p. 366–8.

参照文献

B. Anderson, *Imagined Communities: Reflections on the origin and spread of Nationalism*, Verso, 1983.

D. Bell, *Victorian Visions of Global Order: Empire and International Relations in Nineteenth-Century Political Thought*, Cambridge, 2007.

D. Bell ed., *Political Thought and International Relations: Variations on a Realist Theme*, Oxford, 2009.

C. P. Blacker, *Eugenics: Galton and after*, Gerald Duckworth, 1952.

M. Beloff, *Britain's Liberal Empire*, Macmillan, 1969.

P. Cain, *Hobson and Imperialism*, Oxford, Oxford University Press, 2002.

P. Cain, "Empire and the Languages of Character and Virtue in Later Victorian and Edwardian", *Modern Intellectual History*, 4, 2, 2007a, pp. 249–73.

P. Cain, "Radicalism, Gladstone, and the liberal critique of Disraelian 'imperialism' ", in *Victorian Visions of Global Order* edited by Duncan Bell, 2007b.

P. F. Clarke, *Liberals & Social Democrats*, Cambridge UP, 1978.

M. Freeden, *The New Liberalism*, Oxford U. P., 1978.

M. Freeden ed., *Reappraising J. A. Hobson,* Unwin Hyman, 1990.

M. Freeden, *Ideologies and Political Theory*, Oxford U. P., 1996.

M. Freeden, "Is nationalism a Distinct Ideology?", *Political Studies*, XLVI, 748–765, 1998.

G. Gerson, *Liberalism, welfare and the crowd in J. A. Hobson, History of European Ideas*, State University of New York Press, 2004.

E. H. H. Green, *Ideologies of Conservatism*, Oxford, Oxford U. P., 2001.

F. Galton, *Inquiries into Human Faculty and its Development*, Macmillan, 1883.
F. Galton, *Natural Inheritance*, Macmillan, 1889.
L. T. Hobhouse, *Liberalism*, London, William & Norgate, 1911.
L. T. Hobhouse, *Social Evolution and Political Theory*, New York, Colombia U. P., 1911.
J. A. Hobson, *Problem of Poverty*, Methuen, 1891.
J. A. Hobson, *The Evolution of Modern Capitalism*, Walter Scott, 1894.
J. A. Hobson, *The Problem of the Unemployed: An Enquiry and an Economic Policy*, Methuen, 1896a.
J. A. Hobson, *Modern Outlook*, Herbert & Daniel, 1910.
J. A. Hobson, *Work and Wealth: A Human Valuation*, Macmillan, 1922.
D. Kelly, ed. *Lineages of Empire*, The British Academy, Oxford, Oxford U. P., 2009.
J. Mackenzie, *Museums and Empire: Natural History, Human Cultures and Colonial Identities*, Manchester U. P., 2009.
C. Masterman, *The Heart of the Empire*, London, T. Fisher Unwin, 1901.
J. Morley, *Liberal Principles and Imperialism*, A Speech at Oxford, National Reform Union Pamphlet, 1900.
J. Pitts, *A Turn to Empire*, Princeton & Oxford, Princeton U. P., 2006.
K. Pearson, *The Moral Basis of Socialism*, William Reeves, 1887.
B. Porter, *The Absent-Minded Imperialism*, Oxford, 2004.
J. M. Robertson, *Patriotism and Empire, London*, Grant Richard, 1901.
T. Särkkä, *Hobson's Imperialism: A Study in Late-Victorian Political Thought*, Jyväskylä University, 2009.
R. H. Tawney, *Equality*, George Allen & Unwin, 1929.
R. H. Tawney, *The Acquisitive Society*, G. Bell and Sons, 1948.
姫野順一「社会進化論と新自由主義」『社会経済思想の進化とコミュニティ』第三章、ミネルヴァ書房、二〇〇三年。

姫野順一『J・A・ホブスン 人間福祉の経済学——ニュー・リベラリズムの展開』昭和堂、二〇一〇年。

第10章　カウツキーとマルサス人口法則
――ダーウィンおよびマルクスとの関連から

石井　穣

第1節　はじめに

カール・カウツキー（Kautsky, Karl Johann, 1854–1938）といえばまず、マルクス主義との関連が想起されよう。カウツキーは一八八〇年代はじめにマルクス主義者となり、一八八三年には同時代のマルクス主義の代表的な雑誌となった『ノイエ・ツァイト』（*Neue Zeit*）を創刊、その編集責任者となった。また自らも多数の著作や論文を精力的に執筆し[1]、マルクス主義の普及に大きく貢献した。とりわけ『資本論』の入門書『マルクスの経済学説』（初版は一八八七年、以後二六版を重ねる）は、一九世紀末から二〇世紀はじめにおいて、マルクス経済学を学ぶ多くの人々に読まれた[2]。

またカウツキーはエンゲルスの死後、マルクスおよびエンゲルスの遺稿を引き継いだことでも知られる。その編集と配列ゆえに批判にさらされてきたが、『剰余価値学説史』[3]（Marx, *Theorien über den Mehrwert*, 1904–10）を最初に出版したのもカウツキーであった。そして一九三八年には、ナチスの迫害を逃れるためオランダに亡命し、

図10－1　カウツキー

（出典）カール・カウツキー（波多野真訳）『帝国主義論』創元社、1953年、カバー見開きより転載。

そこで生涯を終えた。上記の遺稿はオランダ社会史国際研究所（ＩＩＳＨ）に寄贈され、その後のマルクスの草稿研究の重要な足がかりとなった。

このようにカウツキーは、同時代(4)そしてその死後においても、マルクス主義研究の展開を考えるうえで不可欠な人物の一人である。しかしながらカウツキーは、まだ本格的にマルクス主義の道に入っていなかった一八七〇年代、ダーウィン主義、そしてダーウィーンが重要な着想を得たと認めていたマルサスからも影響を受けていた(5)。カウツキーはマルクス主義に転じてからマルサス人口法則への批判を強めたが、ダーウィンおよび新マルサス主義(6)からの影響はその後も強く受け続けていた。

カウツキーは、ダーウィン主義が生物進化の法則を明らかにしたとすれば、史的唯物論は社会進化の法則を解明したとみなし、後者を前者により基礎づけようとしたと考えていた。カウツキーはその「生物学的・史的唯物論(7)」ゆえに、歴史的発展を自然史的発展であるかのようにとらえたと批判されてきた。ここからカウツキーは、社会主義について「宿命論」、もしくは歴史の必然により労働者階級に権力が転がってくるのを待てばよいという「待機主義」に陥り、歴史的発展における労働者階級の主体的契機を排除してしまったと論じられてきた(8)。

カウツキーに対するダーウィンの影響はこのようにドイツ社会民主党の発展と解体とに関連して(9)、かなりネガティブな観点から検討されてきた。ただカウツキーとマルサスとの関係については十分には論じられてきたとはいえない。マルクス主義的な観点からマルサス人口法則を批判することと、出生率の抑制により過剰人口への対処をはかる新マルサス主義的な立場とは本来相容れないはずである(10)。にもかかわらずカウツキーはダーウィン主義のみならず新マルサス主義の影響を受けていたとすれば、カウツキーはマルクス主義者として重大な問題を抱えていたということになるだろう。

これらの問題を取り扱うには、カウツキーはどのような意味でマルサス人口法則を批判し、またそこから影響を受けていたのか、考察する必要がある。本章では、マルサス人口法則の批判的検討を主題とした『社会と自然の増殖と進化』(11)を取り上げ、マルサス、ダーウィン主義、マルクス主義に関する考察をもとに、カウツキーとマルサス人口法則との思想的・理論的関係を明らかにする。そのうえで、カウツキーが新マルサス主義を支持した理由、およびマルクス主義者としてのカウツキー像について言及する。

本章は次のような構成をとる。第2節では、マルサス人口法則が一九世紀半ばまで、さらに二〇世紀初頭に再び社会的影響力を強めた理由について、カウツキーの考察を取り上げる。マルサス人口法則の影響力の復活により、社会主義と人口問題との関連が再び取り上げられたことがカウツキーの問題意識を形成していた。第3節では、ダーウィンの進化論について、カウツキーの考察を取り上げる。マルサス人口法則とダーウィンの進化論との関係、また自然および社会の進化についてのカウツキーの立場を検討する。第4節では、まず資本主義における農業の諸問題、次に社会主義と人口問題についてのカウツキーの考察を取り扱う。結論では、カウツキーとマルサス人口論との思想的・理論的関係をまとめるとともに、カウツキーが新マルサス主義を支持した理由、およびマルクス主義者としてのカウツキー像に言及する。

第2節　マルサス人口法則の普及と影響力の復活

カウツキーは、食料生産は算術級数的にしか増加しないが、人口は幾何級数的に増加するというマルサスの想定を基礎とした、貧困の原因と救済策にかんする考察を「純正マルサス説」[12]と呼んだ。カウツキーによればこの説は一八七〇年代までヨーロッパで強い影響力を持ったが、八〇年代以降は影響力を後退させた。だが二〇世紀初頭になり、再びその影響力を高めたとして、カウツキーはその原因を考察している。本節では純正マルサス説の普及と復活についてのカウツキーの考察を確認する。

マルサスは、人口は食料供給を超えて増加する傾向があるために、時代や社会制度にかかわらず「窮乏と悪徳[13](misery and vice)」とが不可避となると論じた。カウツキーによればこのマルサスの主張は一九世紀の「ブルジョワ思想の基調[14]」をなしていた。このような見解を基礎とした純正マルサス説は、労働者階級の貧困はその人数を増やしすぎた彼らの側に責任があると主張し、情欲の抑制と出生率の低下に救済策を求めた。

ここからカウツキーは純正マルサス説の特徴を、有産階級に労働者階級の貧困の責任はないと考え、救済にあたっても彼らに負担を求めない点にあると捉えていた。それゆえカウツキーは、「純正マルサス説は、既にその第一歩から、全然勞働者に味方しない性質をもつ[15]」と論じている。カウツキーによれば有産階級の側にたち本質的に労働者階級に敵対的であったことが、純正マルサス説の影響力を高めた一因であった。

この点についてカウツキーの考察にもう少し立ち入りたい。人類は動物のように運動の自由を持つだけでなく、知性も発展させてきた。その結果、人類は環境を自らの意思で作り変え、獲得しうる食物の限界を画する「食物範囲(der nahrungsspuelraum)」を押し広げてきた。もし人口増加率よりも食料生産の増加率を高くすることができるならば、人口は食料によって制約されるとは必ずしも言えなくなる。カウツキーは、マルサスもこのような可能性について全く考えていなかった訳ではないが、食物範囲を拡大しうる程度には限度があり、人口法則を根本から変更するものではないと考えていたとしている[16]。

そこでカウツキーは、マルサスの立場からすれば、窮乏と悪徳を解消するには、人口増加を食料生産の範囲内にとどめるしかないという。ところで人類はその他の動物と違って、理性により情欲を抑制することが可能である。マルサスの言うように、食物範囲の拡大に限界があるとすれば、窮乏と悪徳を回避する手段として、この情欲の抑制が取り上げられることになる。むろん現存の生産物の分配を変更することで、窮乏と悪徳とを回避する可能性も残されているが、カウツキーによれば、マルサスはこの可能性については全く考えておらず、ただ情欲の抑制を強調するのみであった。[17]

情欲の抑制は、労働者がしかるべき「倫理」を身につければよいという話なので、基本的に一切の費用をかけることなく実行することが可能である。有産階級にとっては、何らの負担をこうむる必要がないという意味で、マルサスの提言は彼らにとって非常に都合がよいものであったとカウツキーは論じている。[18] また誰でも実行できるということは、裏を返せばそれができなかったということは当人の怠慢ということになり、ここには貧困を労働者階級自身の責任とする論理も含まれている。この点でもマルサスの提言は、有産階級にとって都合のよい論理として利用されたことをカウツキーは示唆している。

また純正マルサス説は事実によって裏付けされたと考えられたことも、その普及を促進したとカウツキーは述べている。一八七〇年代まで、ヨーロッパの各工業国の人口は増加していった一方、食料輸出を行っていた農業国においては食料価格が騰貴した。これらの事実は、マルサス主義の説得力を高めた。[19] さらに「マルサス説を基礎として、直接その上に建てられている」ダーウィン説の勃興も純正マルサス説の普及を促進した。その影響は社会主義者にも及び、「ダーウィン説に立脚する社会主義者達は、当時マルサス説を非常に重要視[20]」し、社会主義もまた過剰人口に直面すると考えられるようになったとカウツキーは指摘している。[21]

だが一八八〇年代以降、農業国との交通手段が発達したことから、工業国では食料価格が低下していった。また工業国ではこの時期から出生数が著しく減少した。カウツキーはこれらの事情から純正マルサス説の影響力もまた低下していったという。[22] フランスでは一八六〇年代後半から、イギリスおよびベルギーでも七〇年代から出生率の減少が始まっている。ドイツでも同様の事態が起こっていた。またこれらの国々では八〇年代までは出生数の増加を維持していたが、それ以降は減少傾向を見せたとしている。

なおカウツキーは、当時のヨーロッパ諸国での出生率低下の理由として、第一に科学と技術の進歩により避妊のための安全で効率的な手段が発見されたことを指摘している。[23] ただいくら効率的な避妊の手段が発見されたとしても、プロレタリアの側でその必要性を感じていない限り利用されないとして、カウツキーは第二に、女性の就労が普及したことを挙げている。都市化が進んだ環境に住む女性にとっては、子供は少なければ少ないほど就労に都合がよい。農村や小都市であれば子供同士遊んだり世話したりすることができ、養育は容易であるが、大都市では子供同士が遊ぶ場がなく、住宅の狭い部屋で過ごすことが多くなる。そうなると子供の存在は大人にとって不愉快な重荷となってしまう。[24] また女性の就労により伝統的な家族への束縛が緩み自由な恋愛が広がると、婚外交渉の機会が増えるが、都市においては、育児を自ら行うことも他人に依頼することもできないので、やはり出生数は低下するという。

以上のようにカウツキーは、まず避妊手段の改善が、次に女性の就労や大都市化が、一八八〇年代以降の出生数減少の主な原因であると結論づけている。これは新マルサス主義的な出生率の抑制により、人口増加を抑制することができたというカウツキーの認識を示している。カウツキーはマルクス主義者としての立場から、新マルサス主義を表立って評価することは控えているが、その有効性を認めていたことは間違いないであろう。

だがカウツキーによれば二〇世紀初頭の食料価格の騰貴および農業国からの工業国への人口流入によって、マルサス人口法則についての当時の思潮は大きく変化することとなった。食料価格の上昇が続けば、階級対立が先鋭化すると考えていたブルジョワたちは、この価格上昇は資本主義に由来するのではなく、自然に由来すると弁解する必要に迫られカウツキーは考えていた。その結果、マルサス人口法則への関心が再び高まったとカウツキーは論じている。

工業国の製品販売のため新たに世界市場に組み込まれた国々では、伝統的な工業は破壊され、農業は工業製品の購入のための商品生産という性質を帯びるようになる。市場での販売を目的とした農業では、短期的に最小の費用で最大の収穫を得るために収奪的な耕作が行われ、土地はやがて疲弊し、農産物価格は上昇する。その一方で、交通手段の発達により、農業国の過剰人口は資本主義的工業国へと移住するようになる。農業国から工業国への人口の移動は、後者の国々での賃金を低下させる圧力となる。かくして「過剰人口」問題は農業国で発生し、工業国にまで広がっていった[25]。

カウツキーは二〇世紀初頭に「過剰人口」が喧伝されるようになった背景を以上のように説明していた。しかしながら農業国では、工業国へと人口を流出させただけでなく、食料品もまた輸出していた。ここからカウツキーは農業国から工業国への人口流出は、資本主義的農業にともなう土地や労働者への収奪に由来しており、自然的な過剰人口として説明することは全く理にかなわないと論じている。

例えばアイルランドは上記の意味での「人口過剰」が存在する地域であった。アイルランドの二〇世紀初頭の人口は、一八四〇年代に比べおよそ半減しているにもかかわらず、なお食料輸出と海外への移民が続いている。カウツキーはトマス・モアの一六世紀のイギリスでは「羊が人を食い殺す」という記述との対比で、アイルランドではさしずめ「柔和な牛が食人猛獣に変わった」と述べている[26]。

以上の状況は、食料の算術級数的増加と人口の幾何級数的増加を想定するマルサス人口法則の説明とは明らかに反している。だが、食料価格の上昇と農業国での「過剰人口」という現象は、マルサス人口法則に対する関心を高める結果となった。これらの現象は資本主義的な生産関係の急速な拡大に由来しているとの認識が広まることは、ブルジョワジーにとっては都合が悪いというのが、カウツキーの見解であった。そこで人口増加ゆえに、いくら技術が進歩しても人々の状態は改善しないとの説が再び出現したという。

カウツキーは「純正マルサス説」の影響力拡大の例として、当時のドイツにおけるマルサス再評価の動きを紹介している。ワグナー生誕七〇周年を記念した論文集において、ハスバッハ[27]とディツェル[28]がマルサスについて論じている。そこでは、ディツェルはマルサス人口論の根本にある考え方は正しいと評価し、またハスバッハはマルサス人口論における独創性を高く評価している。また同年にマルサス人口論のドイツ語訳[29]を出版したウエンチヒ（Waentig, Heinrich, 1870–1943）[30]もまた、その方法論もしくは構成の不備を指摘しつつも、根本にある見解を真理として評価していたという。

カウツキーによれば、マルサス人口法則が一九世紀半ばまで影響力を高めたのは、第一に、貧困を労働者階級自身のせいにし、その救済にあたってブルジョワジーに何ら責任を求めない、反動的イデオロギーを正当化するために用いられたためであった。第二に、マルサス人口法則はダーウィン主義の基礎になったことで、自然科学的な正しさに裏付けられたと考えられた。その結果、社会主義もまた過剰人口問題に直面するというマルサスの批判に注目が集まった。第三に、ヨーロッパにおける同時期の食料価格の上昇と人口増加とはマルサス人口法則の正しさを証明していると思われた、ということであった。

一八八〇年前後から、純正マルサス説の影響力は一時的な衰えを見せたが、二〇世紀に入ると復活した。カウツキーによれば同時期に食料価格の上昇傾向が見られたこと、農業国からの「過剰人口」の流入拡大が生じたことがその理由であった。カウツキーは純正マルサス説の影響力の復活に対抗するため、マルサス人口法則とダーウィン主義との関連、同時期の食料価格上昇と農業国からの人口流入増大の原因、そして社会主義における人口問題について考察している。本章も以下、これらの論点について、カウツキーの議論を検討してゆく。

第3節　マルサス人口法則、ダーウィニズムおよび史的唯物論

マルサス『人口論』は、各生物は必要とする食物の限界を超えて増殖する傾向があること、それゆえ人間と同じく動植物もこの法則の支配を受けると指摘している。マルサスは人間と動植物の個体数の増加を制限する要因を全く同一とみなしていた訳ではないが、食料の不足がその主要な要因である点では同じと考えていた。このようなことから、ダーウィンはその「自伝」に記しているように、マルサスの人口論を一八三八年に読み、『種の起源』における生存闘争についての見解に結びつけた。[31] しかしながら、マルサスとダーウィンは、ともに生物の増殖と食料の関係を指摘したものの、それ以外の点では相違がみられるという。

カウツキーは「マルサスの研究の出発点は資本主義社会の現象」であったが、ダーウィンは生物の徹底的な研究から出発しており、この点で「両者は甚だ異なる[32]」という。すなわちダーウィンは等比級数的な生物の増殖と生存競争から、生物の不断の進化を説明しようとしたのに対して、「マルサスは之れよりプロレタリヤの窮乏と零落とがもたらされるという説をたてた[33]」とカウツキーは論じている。またマルサスは人口と食料との関係のみを考えていたが、ダーウィンは生存闘争というとき、同種の個体のみならず、天候などの自然現象、他の種の動物などとの闘争も考えていたということもカウツキーは指摘している。

このようにカウツキーによれば、マルサス人口法則はダーウィン説とは全く異質であり、その基礎とはなり得ない。それゆえ「自然科学」としてのダーウィン説により補強されていると考えることもできないという。カウツキーは、マルサス人口法則を自然法則として考えることの不合理さを論じるために、まず野生の動植物の増殖について考察し、マルサス人口法則がそれに対して、どれだけ説明能力を持つのか検討している。

カウツキーはマルサスが考察の対象としたのは「徹頭徹尾人間、殊にその眼前に立つプロレタリヤ」のみであり、そこで導出されるのは窮乏による「個体の退化[34]」であるという。マルサスの考察は人類、しかもその一部のみを想定したものであり、生物全般にあてはめることはできない。そもそもカウツキーは、生物には食料をこえて過剰に増殖する傾向があり、それが生存闘争を引き起こすという見解にも異論を呈している。例えば野生の動物においては、同種および異種の個体間の食物をめぐる闘争が展開されることは希であるという。アフリカの草原では、同種の草食動物はもちろん、各種の草食動物とのあいだでもうまく共存してきた、ということをカウツキーは指摘している。

カウツキーによれば、マルサスの人口法則を動植物にもあてはめることができるとの見解は、少数の種の増殖を生物全体から切り離して、モデル的に考えた結果として生じた。個々の現象を全体から切り離して分析することとは必要ではあるが、全体との関係をふまえて総合しなければ、現象を理解したことにならないとカウツキーは論じている[35]。かくしてカウツキーは、食物範囲をこえた個体数の増加というマルサスの想定は、たとえいくつかの種にあてはまるとしても、動植物全体の増殖という観点においては、マルサスが思い描いたものとは異なる帰結にならざるを得ないという。

マルサスは生物を食物需要者の側から考察しているが、同時に他の生物への食物供給者でもある。ある種の生物の個体数の増加は、別種の生物の食物の増加を意味する。マルサス主義者は、制限されなければ生物は急速な勢いで増加するというが、彼らはこの同じ生物が別の生物から同じように猛烈に補食されることを認識していない。マルサスが食物の限度をこえて繁殖する傾向として観察したものは、急速に捕食されたり、自然条件によって死滅してしまうために、急速に増殖することで種を維持している動植物においてのみあてはまる。マルサスは繁殖力の高さを自然界の悲惨さの原因と考えたが、むしろ自然界の生命活動が持続するための根本条件であったとカウツキーは論じている。

それゆえ、動植物の増殖を規制する一般法則としてみれば、マルサス人口法則は不合理であるという。他の生物による捕食や自然の破壊作用ゆえに、食物の限度を超えて繁殖し続ける生物は実際には存在しない。マルサスの人口法則は、ある種の生物を全体から切り離してみれば、確かにあてはまるように見えるが、生物界の法則としては確かに間違っているという。

例えば食物連鎖の上位にいるライオンや虎などは、他の生物から捕食されることはほとんどなく、これらの生物については当然のことながら、過剰繁殖の事実を確認することはできない。仮にゾウが一〇〇年で倍に増えるとし、現在のゾウは一〇万頭とすれば、一五〇〇年後には一六億頭を超える。ゾウは葉や果実だけでなく灌木を引き抜き、草の根まで食してしまうので、山羊や羊などその他の草食動物の場合よりも、一層はなはだしい荒廃を引き起こす。この結果、その他の動物はもちろんゾウ自身の生存も不可能となる。マルサスのいうように、あらゆる生物は食物の限度を超えて増殖する傾向があり、食物の欠乏によりその増殖が阻止されるとすれば、ほとんど一切の生命は死滅してしまうとカウツキーは論じている。

ダーウィン主義者たちは、マルサス人口法則をもとに、各種生物は食料確保のために生存闘争を展開し、強者が存続するなかで生物の進化が生じてきたという。だが強者が弱者を駆逐して、食物を独占するならば、その他の種のみならず、この強種でさえも生存は不可能となってしまう。ダーウィン主義者たちは、生存競争により最も強い個体のみが生存し、弱い個体を征服してしまうと考える過失を犯しているという[36]。

生物界は、個々の種において、また異種相互間において、増殖する力と捕食または破壊される力との釣り合いが保たれることで維持されている。マルサス人口法則にしたがって、生物はその食物の限界を超えて増殖する傾向があり、その増殖は食物の欠乏によってのみ阻止されると想定することは、全く妥当ではないという。かくしてカウツキーは「マルサスに立脚するダーウィン主義者[37]」の想定に明確に反対している。

カウツキーによれば、生物はその増殖を天敵や自然条件による破壊作用と釣り合わせるような形で、その時々の外的条件に適応する。生物のなかには一見すると過剰に繁殖しているようにみえるものもあるが、生態系全体として見れば「破壊と増殖との平衡」が保たれるという。例えばネズミが過剰に増殖すれば、ネズミを補食する肉食獣もまた増加し、この「平衡」は回復する。そしてこの平衡状態が維持される限り「生物は何等の進化もしない[38]」とカウツキーは論じている。そのうえでカウツキーは、地表もしくは地球の内部構造の複雑化にともなう外的条件の変化が進化をもたらすとカウツキーは考えていた。

いま外的条件が変化し、増殖と破壊の平衡が破られるならば、ある生物は数を減らし、別の生物は過剰になる。このとき「平衡の状態では見るを得ざる異常な生存闘争[39]」が生じて、新たな条件に適応すべく生物の進化をもたらす。そして新種の発生とともに増殖と破壊との平衡が回復すれば、状況は安定し生物は再び進化をするのをやめる。このようにカウツキーは、進化について各種生物の増殖と破壊との平衡を回復させるような、外的条件への適応と考えており、単純により環境に適応したものが繁殖し、そうでないものを圧倒する（絶滅させる）とは考えなかった。

カウツキーは地表においては環境が一夜にして全く別のものに変化することはなく、しばしば旧い環境と新たな環境は併存しうると考えていた。それゆえ新たな環境に適応した新種と旧種とが共存するとみなしていた。またカウツキーは進化について、環境の複雑化にともない、より単純なものが集積し高度化・複雑化してゆくことを論じている。カウツキーによれば、外的条件の複雑化に適用するために「各生物の各部分がより複雑化すること、換言すれば各器官がより分業化すること[40]」が進化をもたらす。「進化というものは、古い単純生物が死滅し、新しいより高等な生物がそれに代わるという方法に依って行われるものではない。むしろ古い生物の所へ新しい生物が加わり、生活器官が益々複雑化することに依って行われる」[41]。

このようにカウツキーは、自然の進化は、単純な組織や細胞が集まり、それぞれが機能分化を遂げ、結果として各器官の「分業化」が形成される形で進んできたと考えていたことがわかる。かくして生物は、複雑に変化する外的環境に対応してきたという。カウツキーによれば、進化とはいわば集積と分業によって果たされる。その際、古い単純な生物はより複雑化し高度化した生物と共存するという。これは微生物や昆虫、小動物、そして大型の動物が全体として生態系を作り上げていることに対応した認識といえる[42]。

さらにカウツキーは、生物における進化と同じことが社会についても起こると考えていた。ダーウィニズムが生物進化の法則を明らかにしたとすれば、史的唯物論は社会や文化の発展の法則を明らかにしたとカウツキーは考えていた。「唯物史観は進化論と同じく、その領域だけで、全世界の一般法則又無機物界の一般法則が何たるかを証明した[43]」。すなわち環境の変化が生物の高度化・複雑化を通じて進化をもたらしてきたように、社会や文化も「可変的物質条件、即ちその生命の外的条件に適応[44]」する形で進化してきたとしている。そうであるならば「進化論とマルクス主義とは全然一致する[45]」とカウツキーは論じている[46]。

カウツキーは生物において高度化・複雑化した種と、より単純なもしくは旧来の種とが共存しているように、社会においてもより高度化した民族と、そうでない民族とが共存していると考えた。それゆえカウツキーは、より環境に適応した民族がそうでない旧来の民族を駆逐するという、社会ダーウィニズム的な考え方を批判していた。カウツキーは「ヨーロッパ人種」を高等な民族、それ以外の「下等人種」とみなし、後者は前者により淘汰されること示唆した「植民政策学者」に対して、「地球上に於いては最も単純な生物が最高等生物に伍して生存している事実[47]」をつきつけている。

本節では、カウツキーによるダーウィン主義とマルサス人口法則との関係、およびダーウィン主義とマルクス主義との関係について検討してきた。カウツキーは生物一般に食料供給をこえた個体数の増加を想定することは不合理であるとして、ダーウィン主義からマルサス人口法則を切り離そうとしていた。そして生物の進化と社会の進化とを類比的に考えることができるとの立場から、ダーウィン主義は生物の進化を、史的唯物論は同じ意味で社会の進化を明らかにしていると論じていた。かくしてカウツキーは、史的唯物論をダーウィン主義によって基礎づけようとしていた。

またカウツキーにおいては、進化においては、古いもの、もしくはより単純なものと、新しいもの、もしくはより複雑なものとがとが共存することが前提とされている。これは生態系のみならず、社会についてもあてはまる。このような観点から、カウツキーはヨーロッパ中心主義を批判し、高度な文明に到達したものから、簡素な生活を送っているものまで、各民族は共存しうると考えていたことも明らかになった。

第4節　資本主義的農業の限界と社会主義における人口問題

カウツキーは二〇世紀初頭、マルサス人口法則の影響力が再び拡大した原因として、世界的な食料価格の上昇、および農業国から工業国への「過剰人口」の流入を指摘していた。またカウツキーは、ダーウィン主義およびマルサス人口法則をもとに、人口制限こそが社会的な諸問題の解決にとって不可欠とする、非マルクス主義的な社会主義者たちの見解に注意を払っていたこともすでに見たとおりである。本節ではまず、二〇世紀初頭の世界的な食料価格の上昇と農業国から工業国への人口流入の原因について、カウツキーの考察を取り上げる。そのうえで、社会主義における人口問題の可能性に対するカウツキーの見解を検討することとしたい。

カウツキーは「科学と技術とは、その進歩を止まるを知らない」[48]として[49]、農業でもこれまで科学と技術の進歩は急速に進んできたと述べている。その一方で、資本主義的な農業においては「技術と経済との乖離[50]」が生じるために、科学や技術の発展の成果を十分に利用することができないとも論じている。そしてカウツキーは、資本主義が農業生産力の発展にもたらす制約は、私有財産制（土地所有）に起因するものと、賃金労働制によるものとがあることを指摘している。すなわち「農業技術を次第に退化せしむるものは、実に土地私有財産制度と賃金労働制度とでなければならぬ[51]」とカウツキーは主張している。

まず土地の私有財産制が農業にもたらす制約について、カウツキーの見解を確認しておきたい。農業資本家や小作人は地主から土地を借りて地代を支払う。ここでカウツキーは差額地代論を想定し、平均利潤以上の農業余剰はすべて地代に持って行かれるという。このような状況では、農業資本家や小作人には農業上の改良を行う動機は全く存在しないということをカウツキーは指摘している。

自ら土地を保有する農業者であれば、「地代」を手にすることができるが、この場合にも、農業生産力の発展を妨げる要因が存在するとカウツキーは論じている。土地取得にともなう費用負担（土地購入にともなう支出もしくは融資返済など）が経営を圧迫するため、自作農には農業改良を行う余裕がないという。まず「購入に必要なだけの現金」を、農業者が直接用立てなければならない場合には「農事設備や農事改良に振り向けられるべき資本が、つまりそれだけ減る[52]」。ただし土地を抵当に融資を受け、農地を購入することができれば農業改良を行うことが可能である。だが、生産性の改善にともなう地価上昇の結果、「代金の利子は往々にして、地代として実際に収入するものよりも多[53]」くなる傾向があるため融資による土地購入はしだいに困難となる。かくして自ら土地を保有する農業者の場合も、土地私有財産制度が生産性上昇の妨げになるという[54]。

さらカウツキーは農業改良の費用に加え、家族経営による小規模農業の場合、その多くは十分な教育を受けておらず、農業における技術の進歩を吸収することは困難であるという問題も指摘している[55]。世帯主も子供も過剰労働に陥る傾向があり、新たな科学技術の成果を吸収するための教育を受けることができる十分な余暇がない。その他にもカウツキーは、耕作が進んだ国では、周辺の土地の所有権がすでに確定してしまっているため、最も効率的な経営を可能とする規模まで農地を拡張することは困難であるとの問題にも言及している。以上の理由からカウツキーは「資本主義的生産方法が如何に極力技術の発達を刺激するにしても、生産方法は絶えず此発達を利用することは出来ない[56]」と論じている[57]。

次に賃金労働制が農業生産力の発展にもたらす制約について、カウツキーの見解を確認しておきたい。まず農業労働者に対する監督の困難さ、もしくは監督費用の増加が取り上げられている。工場労働は、狭い場所で密集して行われることが多く、監督も容易であるが、農業労働は広大な土地で分散して行われるため、監督が困難である。これが労働の効率を下げるか、もしくは監督費用の増加をもたらす[58]とされている[59]。

労働強度の引き上げにおける困難さを補うべく農業労働者の労働時間は延長される傾向にあり、これが農業労働者の都市への逃避をもたらすことも論じられている。カウツキーによれば、都市の労働者と違って農業労働者は団結が困難であり、長時間労働が常態化しやすい[60]。かくして農業労働者は、大規模経営に由来する長時間の過重労働に耐えかね、都市への移住を試みるようになる。農村から都市への移住は中世にも存在したが、資本主義社会においては交通機関の発達によってもこの傾向が加速されたとカウツキーは指摘している[61]。

大土地経営者はやむなく農業労働者に耕作を委ねることで、このような人口の流出を食い止めようとするため、今度は小経営へと逆行する動きが生じるという。カウツキーは「斯くして大農経営それ自体から、小農経営が造られる[62]」としている。小農経営では農業科学・技術の発展の成果を適用することは困難であることから、このような経営規模の縮小も、農業生産力の発展を妨げる要因となる。

たとえ国内の農業生産性の上昇が困難であるとしても、安価な食物を海外から輸入する可能性も残されている。だがカウツキーはこの点についても否定的である。まずヨーロッパの新旧植民地（カナダや北米）では土地が豊富にあり、略奪農法が行われやすいことから、土地は荒廃し農業生産の拡大はやがて頭打ちになる。持続的な農業を展開するには、従来の「遊牧的な粗笨経営方法」ではなく「地力の維持と増進とを企図するような、最も永久的な農耕方法」[63]が必要になる。しかしながら、ヨーロッパと同様の土地の私有財産制の影響のために、これらの地域でもそのような農業の展開は妨げられるであろうとしている。[64]

またカウツキーは、ヨーロッパ諸国にならい近代化を追求していた東欧、トルコ、ロシアなどの専制国家にも言及している。しかしながらこれらの国々で資本主義的農業が行われる場合には、状況はさらに悪いという。これらの国々で資本主義が導入される場合、まず農民的工業もしくは農民的自給生産が破壊される。[65]そして農業における資本主義的生産が展開した場合、プロレタリアの側に資本家に対抗しうる階級的基礎が存在しないために、農業資本家の強奪的経営を阻止する方法が全く存在せず、絶対的剰余価値の生産による搾取と略奪的農業による農地の荒廃への歯止めがかからないという。[66]

以上のように、カウツキーによれば、たとえ農業に関する科学や技術が発展しても、資本主義においてはそれらを経営に反映させることは困難である。このような農業生産力発展における制約は土地収穫逓減の原因となり、食料の算術級数的増加というマルサス的な議論の根拠となったとカウツキーはみていた。カウツキーは小規模な自作農が直面する困難を指摘する一方、大規模農業は労働力だけでなく土地に対しても収奪的に作用し、持続的な農業の発展を不可能にすると論じていた。カウツキーはこのような農業生産力発展における制約こそが食料価格の上昇と、西ヨーロッパ周辺の農業国から工業国への移民増大を生み出していると考えていた。

それでは、カウツキーは社会主義における人口問題の可能性について、どのように考えていたのか確認してゆくことにする。カウツキーによれば、社会主義のもとでは資本主義が農業に及ぼした破壊的な制約はなくなり、生産力は上昇する。農業における科学と技術の進歩も「プロレタリヤが政権獲得の暁には、更に更に発展するに相違ない(67)」としている。かくしてカウツキーによれば、当面は人口増加よりも食料生産の拡大の方が急速に進む。「社会主義社会では少なくとも百年以上は、人口の増殖よりも食物範囲の拡張の方が、より迅速たるべしという結論に到達する(68)」。

ただし技術の進歩は永続的たりうるとはいえ、農業は有限な土地に依存しているため、その生産性上昇はいずれ頭打ちになる(69)。その時には、社会主義においても人口増加を問題とせざるを得なくなるという。カウツキーによれば、社会主義は貧困を除去し人々を幸福な状態に置くであろうから「出生率が増加しないにしても、人口増加はどうしても促進される(70)」。そこで社会主義が人口増加を促進する側面と、逆に抑制する側面それぞれが取り上げられ、そのうえで全体としての判断が下されている。

まずカウツキーは社会主義は人々の生活状態を改善することで、人口増加に有利に作用するという。私有財産制の下で行われていた、結婚を遅らせようとする配慮もなくなり、早婚が促される可能性があることもカウツキーは指摘している(71)。さらに社会主義では、資本主義の下での不健康な習慣（夜間に個人的な娯楽や活動を行うなど）、都会において生活に困った女性を引き込む売春制度、および性病の蔓延がなくなり、女性の不妊性が解消される(72)。「そこで総てを考慮するならば、社会主義社会に於いて婦人本来の生殖力は非常に増進され、死亡率は反対に減少する(73)」とカウツキーは論じている。

その一方で、社会主義下では女性は家事負担の軽減にともない、職業的労働および精神的労働により頻繁に従事するようになる。とはいえ現状の家庭内分業の下では「婦人は職業労働する上に家庭労働をもするのであるから、その労働時間はどうしても男子より長い(74)」。そうなると女性にとって子供を持つことは負担になるので、結婚や出産の抑制が行われるようになる。またカウツキーは長時間のデスクワークや職業的労働にともなう精神的緊張によって「非保健的状態に悩まされること、男子よりも婦人の方が多い[75]」として、何らかの対策もなされなければこのような状況は女性の生殖力を低めるように作用すると論じている。さらに余暇や享楽に対する欲求、「又現代人の特徴たる自然や芸術や科学の研究に対する欲求[76]」の高まりもまた、出生率の低下を促すことをカウツキーは指摘している[77]。

カウツキーは、社会主義における生活条件の改善によって「婦人本来の生殖力は大いに増進される」としつつも、「避妊も増加されて、人口の増加を緩和すること、否これを停止させる[78]」ことを示唆している。後者の作用が強まれば人口減少の危惧もありうるが、生活状態の改善により人々の「善風良俗」が保持されていれば、問題にはならないという。そのうえでカウツキーは社会主義においては、人口過剰および人口減少いずれの可能性も、今日知られている方法で十分に対処可能であり心配する必要はない[79]と結論づけている。

カウツキーによれば、二〇世紀初頭の世界的な食料価格の上昇、農業国から工業国への人口流出は、資本主義的制度が農業生産力の発展に及ぼす制約、および土地および労働力に対する収奪的な経営に由来するものであった。社会主義においては資本主義的制度が農業に及ぼす制約や破壊的的作用が取り除かれるため、農業生産力の飛躍的発展が見込まれるとカウツキーは考えていた。また社会主義は人々の状態改善を通じて出生率を上昇させる作用をもつとする一方、女性の就労拡大に伴う負担の増加、育児における困難の増大、および学問や文化への志向の高まりによって、出生率を低下させる傾向をもたらすと論じられていた。このようにカウツキーは、食料供給の増加と人口増加との比較をもとに、人口増加により人々の状態改善は困難になるという社会主義への批判に対する反論を展開したことがわかる。

第5節　結　論

これまで論じてきたように、カウツキーはマルサス人口法則について、人口は食料供給をこえて増加すると論じることで、貧困の責任をすべて労働者階級に負わせる反動的イデオロギーとして利用されてきた側面を強く批判した。そのうえでカウツキーはダーウィン主義からマルサス人口法則を分離し、前者を自然進化の法則として、史的唯物論を社会進化の法則として、両者の総合を試みたことも確認した。社会主義も過剰人口問題に直面するというマルサス的な批判に対するカウツキーの反論も確認した。

にもかかわらずカウツキーが新マルサス主義な立場を維持したのは、第一に、避妊法の普及が出生率を引き下げてきたという認識を持っていた、すなわち、新マルサス主義の有効性が経験的に示されたと考えていたためであった。カウツキーによれば、一八八〇年代以降から、安全かつ効率的な避妊方法の普及などにより、ヨーロッパにおける工業国、アメリカ合衆国、オーストラリアなどの国々では軒並み出生率の低下を実現していた。

また第二の理由として、カウツキーはマルサス人口法則から導出された命題には反対したが人口と食料を対置することで過剰人口を考えようとする分析枠組みは受け入れていたことを指摘しうる。カウツキーは食料価格の上昇および農業国から工業国への人口流出という二〇世紀初頭の状況を分析した際、一方では資本主義的諸制度のもとでの農業生産力の発展の限界を、他方では出生率を問題としていた。社会主義についての考察でも、農業生産力の発展とその限界の一方で、女性の就業拡大、余暇や享楽、学問や文化への志向の高まりによる出生率の変化を取り上げていた。このような人口と食料供給との対置を前提とすれば、過剰人口への対策は、食料生産の増加もしくは、出生率の抑制によらざるを得ないだろう。

ところでカウツキーは、歴史的発展を生物の進化という自然的過程と同一視し、史的唯物論を「平板化」することで、マルクス主義を「俗流化」[80]したとされてきた。カウツキーは集積と分業化から生物および社会の進化を論じていた。人類社会は人口増加もしくは資本蓄積とともに分業を深化させ、生物が機能分化を果たしてきたのと同じような意味で、進化を遂げてきた。この自然と対比された機能分化は、どの時代にもあてはまるという意味で歴史貫通的であり、また段階論的というよりは漸次的である。この歴史貫通的な枠組みこそが、さきの食料と人口との対置による考察を受容した基礎にあるといえよう。史的唯物論の進化論的解釈と、分析枠組みとしてのマルサス人口法則の利用は、相互補完的な関係にある。

社会史を自然史的にとらえ、環境の変化に対する人々の行動は自然的過程により、いわば受動的に変化してゆくとすれば、歴史的発展についての考察もまた漸次的なものにならざるを得ないだろう。かくしてカウツキーは歴史的発展における労働者階級の主体的契機を取り除いたと批判されてきた。このようにカウツキーはネガティブなイメージをもって語られてきたが、これまでの考察をふまえるならば、別のカウツキー像も描きうる[81]。

例えば、漸次的な歴史的発展についての考察は、古いものと新しいものとが共存する、多様性を許容する社会的ヴィジョンをカウツキーにもたらした。また進化を優勝劣敗の過程ととらえ、現存の社会秩序の正当化に利用しようとする態度をカウツキーはとらなかった。それは男女間の社会的役割にも及び、家庭内分業や職場で女性が直面する諸問題に対する彼の関心を高めたように思われる。またマルサス人口法則への接近は資本主義における土地の収穫逓減の考察を通じて略奪的農業による土地の荒廃といった問題をカウツキーが考えるきっかけとなったかもしれない。時代的制約ゆえの限界もあり、過大評価は慎まなければならないが、このような視点の広がりは、カウツキーの考察を奥行きのあるものにしている。ベルンシュタインが今日の社会民主主義のはしりと考えることができるのと同じく、カウツキーは今日のマルクス主義者たちが取り組んでいる、平和、共生[82]、環境、ジェンダーといった議論のはしりとなったと評価することができるだろう。

注

(1) 相田愼一「訳者解説」『マルクスの経済学説——『資本論』入門』丘書房、一九九九年、二四八頁、は、カウツキーの著作目録として執筆されたW. Blumengerg, *Karl Kautsky's literarisches Werk: eine bibliographische Übersicht*, 'S-Gravenhage: Mouton, 1960, p. 21を参照しつつ、カウツキーはその生涯に一七八三の著作を執筆したと述べている。なお、カウツキーの生涯および著作の年表的目録がJ. Kautsky, *Karl Kautsky: Marxism, Revolution & Democracy*, New Brunswick and London: Transaction Publishers, 1994, pp. 223-41により作成されている。マルサス人口法則との関連に限定したとしても、検討すべきカウツキーの著作は少なからずあるが、本章ではごくわずかしか検討できなかった。これは現在の筆者の至らざる所である。その他の著作をふまえた、さらなる考察は今後の課題としたい。また筆者の都合により原稿の提出が大幅に遅れ、出版社および編者・執筆者の方々に多大なるご迷惑をおかけした。この場を借りて深くお詫びしたい。

(2) K. Kautsky, *Karl Marx's Ökonomische Lehren*, Stuttgart: J. H. W. Dietz, 1887［相田愼一訳『マルクスの経済学説——『資本論』入門』丘書房、一九九九年：「カウツキー『資本論の読み方』(一八八七年)」『カウツキー・レンナー・ゲゼル「資本論」の読み方』ぱる出版、二〇〇六年、一〜二二二頁］. マティアスは「多数の指導的社会主義者は、この本によってマルクス主義への転向を成し遂げた」として、この著作は「マルクス主義の普及に最大の役割を果たした」(E. Matthias, Kautsky und der Kautskyanismus: Die Funktion der Ideologie in der deutschen Sozialdemokratie vor dem ersten Weltkrige, in *Marxismusstudien*, Zweite Folge, hrsg. von Iring Fetscher, 1957, S. 156［安世舟・山田徹訳『なぜヒトラーを阻止できなかったか——社会民主党の政治行動とイデオロギー』岩波書店、一九八四年、一八一頁］) と述べている。

(3) K. Marx, *Theorien über den Mehrwert: aus dem nachgelassenen Manuskript "Zur Kritik der politischen Ökonomie"*, 3 Bds., Stuttgart: J. H. W. Dietz, 1904-10［長洲一二訳『剰余価値学説史』全二冊、国民文庫、一九五三〜五四年］.

(4) とはいえカウツキーは一九一〇年前後からドイツ社会民主党内の急進派との対立を深め、第一次世界大戦を前に党内での求心力を失っていった。さらにボルシェヴィキ批判により、レーニンからの「背教者」(V. Lenin, *The Proletarian Revolution and*

the Renegade Kautsky, 1918, Collectec Works, vol 28, July 1918 - March 1919, Moscow: Progress Publishers, 1968［レーニン全集刊行委員会訳『プロレタリア革命と背教者カウツキー』大月書店、一九五三年］とのレッテルを貼られ、晩年はマルクス主義における影響力をほとんど失った。

（5）カウツキーはその自伝において「七〇年代にはダーウィニズムが教養あるひとたちのあいだを支配していた」こと、また貧困を過剰人口に起因するとみなすマルサスに対しては異論もあったが、「有機的生物はすべて、自分の食糧獲得圏以上に増殖するということを、ダーウィンとともにみとめた」と述べている（K. Kautsky, *Die Volkswirtschaftslehre der Gegenwart in Selbstdarstellungen*, herausgegebt v. Felix Meiner, F. Meiner: Leipzig, 1924, S. 120-1［玉野井芳郎訳「カウツキー『自伝』」『世界大思想全集 社会・宗教・科学思想篇 一四 カウツキー・プレハーノフ』河出書房、一九五五年、二七七～八頁］）。

（6）カウツキーは過剰人口の問題に対して「七〇年代の中頃にわかに重要視されてきた新マルサス主義に救済の道をみいだした」（*ibid.*, S. 121, 二七九頁）としている。

（7）Matthias, op. cit., S. 152, 一七六頁。マティアスはブリル（H. Brill, H. Karl Kautsky. 16. Oktober 1854-17. Oktober 1938, *Zeitschrift für Politik*, Neue Folge 1, 1954, S. 240）をもとに、このような表現を用いている。ブリルはカウツキーの解釈の方向性を評価したが、マティアスは「マルクスの歴史論の発展とその豊富化」（Matthias, op. cit., S. 152-3, 一七六頁）とみなすことに反対している。

（8）Hans-Josef Steinberg, *Sozialismus und deutsche Sozialdemokratie: zur Ideologie der Partei* vor dem 1. Weltkrieg 5. erweiterte Auflage Berlin and Bonn: J. H. W. Dietz, 1979, S. 61, 74［時永淑・堀川哲訳『社会主義とドイツ社会民主党——第一次世界大戦前のドイツ社会民主党のイデオロギー』御茶の水書房、一九八三年、一〇四～六、一三三～四頁］.

（9）ドイツ社会民主党は、第一次大戦をめぐる対応から分裂したが、ワイマール体制では再び勢力を盛り返した。しかしナチスの台頭を前に一九三三年に解党に追い込まれた。マティアスはその原因を、社会主義革命への志向と改良主義な労働運動とへの分裂のなかで、党として明確な対応を取ることができなかった点に求めた。そしてこのような分裂を隠蔽し温存したのが「カウツキー主義」であった。カウツキーの決定論的もしくは宿命論的な社会主義の展望は、表面的な急進主義の一方で、その実現に向けた労働者階級の実践的役割を否定する意味で、改良主義者にも受け入れ可能なものであったという。これまでこのような評価がカウツキー研究の方向性を規定してきた。ドイツ社会民主党とカウツキーとの関連については研究蓄積が多く、日本では山本左門『ドイツ社会民主党とカウツキー』北海道大学図書刊行会、一九八一年、相田愼一『カウツキー研究――民族と分権』昭和堂、一九九三年、などによる詳細な研究がある。また比較的最近では、ベラミー『顧みれば(*Looking Backward*)』の急進的立場に対するカウツキーやベーベルの批判から、このような立場を論じようとするC. Toth, "Resisting Bellamy: How Kautsky and Bebel Read Looking Backward", *Utopian Studies*, 23 (1), 2012, pp. 57–78 のような異色の研究もある。

(10) マルクスによれば資本主義における過剰人口は、総資本に占める可変資本の割合が低下してゆくことによって生じる(K. Marx, *Das Kapital. Kritik der politicshen Ökonomie*. Erster Band. Buch I, Karl Marx-Friedrich Engels Werke, Dietz Verlag, Berlin. Band 23, 1962, S. 657–70 [大内兵衛・細川嘉六監訳『マルクス=エンゲルス全集』第二三巻b、大月書店、一九六八年、八一九〜三四頁])。問題は人口の過剰な増加ではなく、労働需要が人口に対して減少したことにある。資本主義的生産および分配こそが変革されるべきで、人口をいわば労働需要に適応させようとする新マルサス主義的な立場は、マルクス主義とは相容れない。

(11) K. Kautsky, *Vermehrung und Entwicklung in Natur und Gesellschaft* (Erster Aulfage, 1910), Zweite Auflage, Stuttgart: J. H. W. Dietz, 1920 [松下芳男訳『マルキシズムの人口論』新潮社、一九二七年]. カウツキーの *Vermehrung und Entwicklung in Natur und Gesellschaft* は一九一〇年刊行であるが、原書参照にあたっては一九二〇年出版の第二版(Zweite Auflage)を利用した。また邦訳からの引用にあたっては、旧字体・旧仮名遣いは新字体・新仮名遣いに直した。なお柳田芳伸「カウツキーの人口論の導入者たち」八木紀一郎・柳田芳伸編『埋もれし近代日本の経済学者たち』昭和堂、二〇一八年、は、日本におけるカウツキー人口論導入の一環として、邦訳者である松下芳男についても詳しく紹介している。それによれば松下は国家主義的な影響をうけた「社会民主主義の右派」(柳田同上論文、九〇頁)であった。

(12) Kautsky, *Vermehrung und Entwicklung in Natur und Gesellschaft*, S. 1, 三頁。

(13) T. R. Malthus, *An Essay on the Principle of Population*, the first edition 1798 in E. A Wrigley and D. Souden eds., *The Works of Thomas Robert Malthus*, vol. 1, London: William Pickering, 1986, pp. 15, 37 [高野岩三郎・大内兵衛訳『初版人口の原理』岩波書店、一九六二年、三一、四三頁].

(14) Kautsky, *Vermehrung und Entwicklung in Natur und Gesellschaft*, S. 1, 三頁。

(15) *Ibid*., S. 2, 四頁。

(16) *Ibid.*, S. 64-5, 九一～二頁。

(17) *Ibid.*, S. 65-6, 九三～四頁。

(18) カウツキーによれば、マルサス主義者たちは「人間のその幸福をもたらすものは技術でもなければ、また社会的改善でもなく、ただ倫理あるのみ」と考えている。これは「唯貧民の産児制限あるのみ」という立場であり、カウツキーによれば「如何にも之を実行することは最も安上りで、又誰にでも実行出来、而かも有産階級には此為に一文の損もかけない」（*ibid.*, S. 66, 九四頁）。

(19) *Ibid.*, S. 2-3, 四～五頁。

(20) *Ibid.*, S. 3, 五頁。

(21) カウツキーはこのような社会主義者としてアルベルト・ランゲ（Lange, Friedrich Albert, 1828–1875）を挙げ、社会的不幸の根絶には人口問題への対処が不可欠との見解を紹介している。なおシュタインベルクはカウツキーが一八七〇年代にダーウィニズムおよび新マルサス主義に傾倒するに至ったのは、ランゲの影響があったとしている。ランゲはマルサス人口法則を基礎に、過剰人口および労働者階級の貧困を生存闘争と見なす立場を取っていた。七〇年代のカウツキーはこの見解に魅了されたが、マルクスやエンゲルスはこのような社会ダーウィン主義を拒否した（Steinberg, *op. cit.*, S. 46, 七二～三頁）。

(22) Kautsky, *Vermehrung und Entwicklung in Natur und Gesellschaft*, S. 3, 五～六頁。

(23) *Ibid.*, S. 193, 二六三頁。

(24) *Ibid.*, S. 193-4, 二六四～五頁。

(25) *Ibid.*, S. 6-7, 一三～四頁。

(26) *Ibid.*, S. 7, 一五頁。

(27) W. Hasbach, Sir Mathew Hale und John Bruckner mit einer Geschichte der vormalthusischen Bevölkerungstheorie, G. Adler (Hrsg.), *Festgaben für Adolph Wagner zur siebenzigsten Wiederkehr seines Geburtstages*, Leipzig: C. F. Winter'sche Verlagshandlung, 1905 (Frankfurt am Main: Keip: 1989), S. 53–87.

(28) H. Ditzel, Der Streit um Malthus' Lehre, Georg Adler (Hrsg.), *op. cit.*, S. 20–52.

(29) T. R. Malthus, *Eine Abhandlung über das Bevölkerungsgesetz oder eine Untersuchung seiner Bedeutung fur die menschliche Wohlfahrt in Vergangenheit und Zukunft, nebst einer Prufung unserer Aussichten auf eine künftige Beseitigung oder*

Linderung der Übel, die es verursacht, Aus dem englischen Original, und zwar nach der Ausgabe letzter Hand (6. Aufl. 1826), ins Deutsche übertragen von Valentine Dorn und eingeleitet von Heinrich Waentig, Jena: Fischer-Verlag, 1904.

(30) カウツキーはウエンチヒにしか言及していないが、ドイツ語への翻訳はウエンチヒにより始められ、ヴァレンティン・ドーン (Dorn, Valentine) により行われた。なお翻訳の底本は一八二六年に出版されたマルサス人口論の第六版となっている。

(31) ダーウィンは「偶然、ただの楽しみのためにマルサスの『人口論』を読んだ」際に、生存闘争による種の選別を説明する手段を得たと述べている。そして「こうしてここに、私はついに自分の研究の頼りとなる理論をえた」(C. Darwin, *The Autobiography of Charles Darwin, 1809–1882: with original omissions restored*, edited with appendix and notes by his grand-daughter, Nora Barlow, London: Collins, 1958, p. 120［八杉龍一・江上生子訳『ダーウィン自伝』筑摩書房、二〇〇〇年、一四九～五〇頁］という。ダーウィンは『種の起源』において生物の等比級数的な増加と生存闘争を論じた際、「マルサスの原理を全動植物界に適用したもの」(C. Darwin, *On the Origin of Species by Means of Natural Selection or the Preservation of Favoured Races in the Struggle for Life*, London: J. Murray, 1859, p. 5［八杉龍一訳『種の起源』上巻、岩波書店、一九九〇年、一五頁］）であることを強調している。

(32) Kautsky, *Vermehrung und Entwicklung in Natur und Gesellschaft*, S. 19, 三一頁。

(33) *Ibid.*, S. 19, 三一頁。

(34) *Ibid.*, S. 20, 三二頁。

(35) この点についてカウツキーは、価値学説を例にとっている。交換行為を個々別々に考えるならば、その生産に必要な労働量が交換価値を規定するという見解は出てこない。だが再生産過程の観点から、交換が繰り返し行われるとするならば、価値関係はそれぞれの生産に必要な相対的な労働量によって決まるとしている（*ibid.*, S. 21–2, 三四頁）。カウツキーは別の所で労働の限界生産力による賃金理論の例として「米国の限界効用学者のジョーン・バーテス・クラーイ［ジョン・ベイツ・クラーク］」（*Ibid.*, S. 66, 九四頁、［ ］は補足）に言及しており、これは限界効用による価値理論への反論を意図したものと考えられる。

(36) 別の形でダーウィンとマルサス人口論との矛盾を想定する議論も存在する。ダーウィンは生存闘争のうちに、個体の生存だけでなく種としての繁殖も含めていた。自然淘汰のもとで存続した種は、その他の種よりも環境に適していると意味で優れていたために、急速に繁殖した結果である。だがマルサス人口論では、人口の急速な増加は、その強さや繁栄の証ではなく、窮乏と悪徳を意味している。この点についてレモフは「ダーウィンのマルサス的ジレンマ」（H. Remoff, "Malthus, Darwin, and the Descent of Economics", *The American Journal of Economics and Sociology*, 75 (4), 2016, p. 883）と表現している。

（37） Kautsky, *Vermehrung und Entwicklung in Natur und Gesellschaft*, S. 49, 七一頁。

（38） *Ibid*., S. 49, 七一頁。

（39） *Ibid*., S. 49, 七二頁。

（40） *Ibid*., S. 50, 七三頁。

（41） *Ibid*., S. 52, 七五頁。

（42） ちなみにダーウィンは『人間の由来』第二部（C. Darwin, *The Descent of Man, and Selection in Relation to Sex*, 2 vols., London: J. Murray, 1871, p. 245［長谷川眞理子訳『人間の由来』上巻、講談社、二〇一六年、三一七頁］）において、自然淘汰（natural selection）とは別に「性淘汰」（sexual selection）という進化の概念を提示している。これは雌が雄を選別するなかで特定の形質が維持され、また発達してゆくというものである。例えばクジャクの美しい羽が発達したのは、環境に適した機能を有していたというよりは、より多くの雌を引きつけたためであった。この想定にしたがえば、環境により優れた適応を示した種がそうでない種を駆逐することにはかならずしもならない。なおレモフは一九世紀後半、自然淘汰の理論のみが取り上げられダーウイン主義として広まった背景には、ヴィクトリア朝的な価値観が雌（女性）に淘汰における決定権を与えることを受け入れなかったためとしている（Remoff, op. cit., p. 891）。

（43） Kautsky, *Vermehrung und Entwicklung in Natur und Gesellschaft*, S. 54-5, 七九頁。

（44） *Ibid*., S. 54, 七九頁。

（45） *Ibid*., S. 54, 七九頁。

（46） カウツキーによる、ダーウィン主義を基礎とした史的唯物論の解釈を示した著作としては、『倫理と唯物史観』（K. Kautsky, *Ethik und materialistische Geschichtsauffassung: ein Versuch*, Stuttgart: J. H. W. Dietz, 1906［堺利彦訳『倫理と唯物史観』［改造文庫復刻版］大和書房、一九七七年］）およびカウツキーの晩年の著作である『唯物史観』（K. Kautsky, *Die Materialistische Geschichtsauffassung*, 1927, herausgegeben, eingeleitet und annotiert von John H. Kautsky, 2 Bds., Berlin: Dietz, 1988［佐多忠隆訳『唯物史観』全三冊、日本評論社、一九三一～三三年］）を挙げることができる。『唯物史観』に対してはいちはやくコルシュ（K.

Korch, *Die materialistisch Geschichtsauffassung. Eine Auscinandersetzung mit Karl Kautsky*, Leipzig: C. L. Hirschfeld, 1929）が批判を展開し、その後のマティアス（Matthias, op. cit.）による考察につながったとされている。ただカウツキーは『唯物史観』では、ヘーゲルやマルクスの弁証法は生物個体の成長・発展（例えば種子が若木へと変化し、さらに大木へと変化してゆくような）の理論であり、ダーウィン的な進化の論理を含んでいないと批判するようになった。この点については山口拓美「カウツキーの進化論的社会発展論について」『商経論叢』（神奈川大学）、三四巻一号、一九九八年、を参照。また『唯物史観』およびコルシュによる批判の詳しい考察（マティアスのコルシュ解釈の是非も含めて）は内田博「カール・コルシュのカウツキー批判（上・下）」『藤女子大学・藤女子短期大学紀要 第二部』三七・三八巻、一九九九・二〇〇〇年、を参照。

(47) Kautsky, *Vermehrung und Entwicklung in Natur und Gesellschaft*, S. 59, 八五頁。

(48) *Ibid.*, S. 225, 三〇八頁。

(49) マティアスは、カウツキーの生涯を通じて、その知的世界の基礎となったのは、第一に「フランス革命の精神の根底にある啓蒙主義的な合理主義」、そして第二にダーウィン主義を高く評価していた「『時代の自然科学的基調』」であったと指摘している（Matthias, op. cit., S. 152, 一七六頁）。

(50) Kautsky, *Vermehrung und Entwicklung in Natur und Gesellschaft*, S. 202, 二七六頁。

(51) *Ibid.*, S. 200, 二七二頁。

(52) *Ibid.*, S. 201–2, 二七五頁。

(53) *Ibid.*, S. 202, 二七六頁。

(54) *Ibid.*, S. 201, 二七四頁。

(55) *Ibid.*, S. 209–10, 二八五〜六頁。

(56) *Ibid.*, S. 203–4, 二七八頁。

(57) カウツキーは資本主義的な工業生産力の発展の一方で、小規模な土地を所有する独立農民層は分解・消滅してゆく運命にあると考えていた。だが一八九〇年以降、ドイツ社会民主党が拡大してゆくにつれて、独立農民の支持を獲得しようとする動きが出てきた。その中でカウツキーは農業改良主義者であったフォルマルらと激しく対立し、土地の集約性を重視する立場から『農業問題』（K. Kautsky, *Die Agrarfrage: Eine Üebersicht über die Tendenzen der modernen Landwirthschaft und die Agrarpolitik*

der Sozialdemokratie, Stuttgart: J. H. W. Dietz, 1899〔向坂逸郎訳『農業問題――近代的農業の諸傾向の概観と社会民主党の農業政策』上・下巻、岩波書店、一九四六年〕を執筆した。この点については G. Steenson, *Karl Kautsky, 1854-1938: Marxism in the Classical Years*, Pittsburgh: University of Pittsburgh Press, 1978, pp.103-11〔時永淑・河野裕康訳『カール・カウツキー一八五四〜一九三八――古典時代のマルクス主義』法政大学出版局、一九九〇年、一五〇〜六二頁〕も参照。

(58) Kautsky, *Vermehrung und Entwicklung in Natur und Gesellschaft*, S. 212, 二八八〜九頁。

(59) またカウツキーは農業では機械の利用は困難であるという。カウツキーによれば、機械の利用は労働を単純化させるが、その一方で「智的な又教養的な労働力」(*ibid.*, S. 212, 二八九頁）の必要性もまた増大させる。都市工業ではそのような労働力の必要性は増大してゆくが、農村では全く認められず、今後も変化する見込みはないとしている。カウツキーは資本主義のもとでは農業生産の改良をはかることは困難との立場で一貫している。

(60) *Ibid.*, S. 213, 二九〇頁。

(61) *Ibid.*, S. 213, 二九一頁。

(62) *Ibid.*, S. 214, 二九二頁。

(63) *Ibid.*, S. 221, 三〇三頁。

(64) カウツキーは、これらの植民地では「無茶苦茶な粗笨経営をするために、此土地の天然の生殖力は忽ち涸渇し、極く短い過渡期を越えれば、此所の農業の前面にはかのヨーロッパに於けると同様な形勢が生れる。即ち、ともすれば乱暴な経営法と森林荒廃とのために、ヨーロッパに於けると同様な不利な形勢が生じる」(*Ibid.*, S. 221-2, 三〇四頁）と論じている。今日なお焼き畑農業により広大な熱帯雨林が消失していることを考えれば、開発による環境破壊の問題を的確に指摘した記述といえよう。

(65) *Ibid.*, S. 222, 三〇四頁。

(66) *Ibid.*, S. 224, 三〇七頁。

(67) *Ibid.*, S. 225, 三〇八頁。

(68) *Ibid.*, S. 242, 三二八頁。

(69) *Ibid.*, S. 242-3, 三二九〜三三〇頁。

(70) *Ibid.*, S. 244, 三三一頁。

(71) *Ibid.*, S. 246, 三三三〜四頁。
(72) *Ibid.*, S. 246–7, 三三四〜五頁。
(73) *Ibid.*, S. 248, 三三六頁。
(74) *Ibid.*, S. 248, 三三六頁。
(75) *Ibid.*, S. 250, 三三八頁。
(76) *Ibid.*, S. 252, 三四〇頁。
(77) カウツキーのこのような考察は広い意味で新マルサス主義的といえよう。社会主義においては人々の生活状況が改善されることで、出生能力は改善される一方、女性の就業拡大や文化的欲求の拡大により、おのずと避妊による出生制限を選択するというものである。なお新マルサス主義的な人口増加抑制への言及はカウツキーの最初の著作（K. Kautsky, *Der Einfluss der Volksvermehrung auf den Fortschritt der Gesellschaft*, Wien: Bloch and Hasbach, 1880）にすでに見られる。カウツキーの「新マルサス主義」的立場に対する、同時代的な日本のマルクス主義者の反応については柳田前掲論文、八六〜七頁、に興味深い記述がみられる。
(78) Kautsky, *Vermehrung und Entwicklung in Natur und Gesellschaft*, S. 252, 三四〇頁。
(79) *Ibid.*, S. 257–8, 三四八頁。
(80) Steinberg, *op. cit.*, S. 43–4, 六六〜八頁、は、歴史的発展をダーウィン主義をもとに理解し、自然的過程とみなすことがいかに弁証法を「平板化」させるか指摘している。また Matthias, op. cit., S. 153, 一七六頁、も、この点について「カウツキー的な俗流ダーウィン主義」とみなしている。両者とも歴史的発展のダーウィン主義的解釈の出発点となったのは、エンゲルスの『自然の弁証法』であったとしている。ただマティアスがエンゲルスの意図に反してそのような適用がなされたとするのに対して、シュタインベルクはエンゲルスにもそのような傾向があったことを示唆している。
(81) カウツキーの生没年から五〇年、一〇〇年など節目の年には、再評価の試みがなされている。例えばカウツキー生誕一〇〇周年には先述の Brill, op. cit. が見られた。またカウツキー没五〇周年（一九九八年）を機に、カウツキーは決定論・宿命論により労働者階級の実践的役割を否定したとする「新ヘーゲル主義的な解釈」に異を唱えようとする J. Townsend, "Reassessing Kautsky's Marxism", *Political Studies*, 37, 1989, pp. 659–64, が見られた。

(82)　カウツキーは幼少時を、チェコの民族主義が充満した環境で過ごした。ウィーンに移ってからは、ドイツ＝オーストリアへの民族主義的感情を抱くようになった。このことからカウツキーの社会主義は民族主義的色彩と国際色を帯びるものになったということを自身で述べている(Kautsky, *Die Volkswirtschaftslehre der Gegenwart in Selbstdarstellungen*, S. 117–8, 二七六頁)。ドイツ・マルクス主義者たちが国際的な生産の社会化の進展により巨大国家への収斂を必然と考えたのに対して、カウツキーは民族自治や民族自決を訴えたという。この点については相田『カウツキー研究』三四三頁、を参照。

第11章　マルサス人口論と農業問題
――計量経済学のアメリカ農業経済学における起源

山﨑好裕

第1節　問題と対象

トマス・ロバート・マルサスの『人口論』の後世への影響を考える際、人口問題や進化論への直接的波及ということが直ぐに頭に浮かぶことであろう。しかし、真に深い意味での理論的影響は深く沈潜して持続し、思わぬところから忽然と現れるというようなことはありそうである。それは『人口論』の場合、需要の理論的・実証的研究の源流となったということと考えられる。

『人口論』の主題は食料の増加が等差級数的であるのに対して、人口の増加が等比級数的であるという発見にある。これは食料に関して供給の伸びを需要の伸びが必ず上回ってしまうということである。マルサスが経済学をその学問的営為の対象とするようになってからも、供給に対する需要の関係は常に中心的なテーマであった。マルサスはアダム・スミスの自然価格と有効需要の関係を深く追究し、近代的な需要理論に繋がる思索の萌芽を手にすることになる。第2節においては、このようなマルサスの研究の歩みを詳細に追及することになるであろう。

第2節で明らかになるように、マルサスの経済理論は農業への強い関心と常に一緒にあった。それはマルサスのなかに『人口論』以来の食料不足の認識があって、いかに工業と足並みを揃えた農業の発展を展望するのかという観点が頭を離れなかったからである。だが、一九世紀末になってくると輸送技術の発展によって新大陸から大量の食料がヨーロッパに入るようになったことや、何よりも農業の生産力が増大したことによって、むしろ、農産物の供給過剰とそれに伴う農産物価格の下落が問題にされるようになってくる。第3節で見るように、ユストゥス・フォン・リービヒは、自ら科学者として化学肥料の研究を行うとともに、従来の農業を掠奪的として批判し、施肥によって地味を維持する必要性を訴えた。そして、それはまた、マルサスたち古典派経済学者の土地の収穫逓減を批判することに繋がった。

セオドア・シュルツは「食料問題」と「農業問題」を明確に区別して、アメリカ農業経済学の発展の礎となったが、その背景には農産物需要の計量的研究の進展があった。第4節で見るように、現代の計量経済学の諸理論のルーツがこうした研究にあることはきちんと指摘されておくべきである。

第2節　マルサスにおける農業と需要

マルサスの『人口論』では、人口の幾何級数的な増加と食糧の算術級数的な増加が比較され、両者が衝突することで人口の再調整が行われるという世界史ヴィジョンが描かれている。だから、それは人口法則の叙述であると同時に広義の農業問題の指摘にもなっているわけで、マルサスが自身の農業観について言及しなければならなかった原因がそこにある。

マルサスと農業という問題を主題として論じるとき、ホランダー（一九九七）が示した農業保護論の放棄という大胆な仮説は回避して通るわけにはいかない。その問題に付随して、マルサスへの重農主義の影響をどう考えるかであるとか、農業と商工業とのウェイトの置き方をどう考えるかとかいった論点もまた存在しているからである。

センメル（一九六五）によれば、重農主義の影響は一七九八年の『人口論』初版および一八〇三年の第二版に見出される。初版のマルサスは、アダム・スミスの富の定義を受け継ぐことで、地代を生むか生まないかで生産的かどうかを区別する重農主義者を批判している。そして、製造業の拡大によって労働者の生活が改善されないことを以って、製造業が不生産的である理由としていた。だから、その文脈でマルサスは、労働者の幸福を説明するのに便利であるという点で重農主義者の富概念をむしろ評価しているようにも読めるのである。

このためか『人口論』第二版においてマルサスは、製造業は既に造られた価値を移転するだけで新たな価値を生み出しているわけではないという、明確に重農主義的な立場をとるようになる。商工業は他国の犠牲の上でのみ反映しうるのであるから、一国を永続的に繁栄させるようなものではない。商工業は農業と足並みをそろえて発展するときにのみ、その繁栄を長期的なものとすることができるのである。マルサスはイギリスを穀物輸出国にするために輸出補助金さえ提案している。

重農主義の影響という点では、『人口論』第二版と一八〇六年の第三版とですべての課税が土地に転嫁されるとしていることもあげられる。一八一六年のパンフレットでは、農業の生み出す余剰が地主階級によって支出されることで社会の富が循環するという、フランソワ・ケネーの『経済表』を踏まえた叙述があり、マルサスの経済学体系との関係で注目される。この段階ではすべての課税の土地への転嫁は表面的には撤回されているものの、概ねそうなるというかたちで残存しているのが確認できる。

一八一七年の『人口論』第五版では、農業だけを強調する立場から農業と商工業との均斉発展の立場へと移行しているが、農業を保護するために穀物の輸出補助金と輸入制限が必要であることが述べられる。均斉発展が実現し、商工業と比べて農業の規模が十分であれば、国内で農工間の交易が発展するので海外貿易を遮断することができる。これは海外貿易の変動が国内経済に悪影響を与えることを防ぐことに繋がるのである。この主張の背景になっているのも、またもや労働者階級の厚生の改善である。以前は農産物のみがそれと関係していると考えていたマルサスであるが、工業製品も労働者の生活に欠かせないという状況判断がここには反映している。

一八二〇年になると『経済学原理』初版が出版されるが、地代の原因を土地生産性の高さに求めるという視点が明確になる。この考えは、『人口論』第三版で否定されていたが、一八一五年の『地代論』になると現れてくる。同時に、重農主義に対しての批判もまた明示的なものとなっている。マルサスによれば、重農主義の富の定義はあまりにも狭隘であり、商工業を不生産的とする致命的な誤りを犯している。この意味でマルサスは、重農主義の主張を当時の経済学のレベルに合わせて彫琢しているのだと言えよう。

ホランダー（一九九七）の視点は、一八三六年の『経済学原理』第二版を準備する過程でマルサスの農業保護論が消滅していくというものである。一八二四年のクォータリー・レヴュー掲載の書評でマルサスは、デイヴィッド・リカードウの理論と並べてケネーの理論を批判する。また、一八三〇年に東インド大学の講義を筆記したノートには、富と生産的という言葉の意味について重農主義の定義が狭すぎて有害であることが書かれている。ここでは、マルサスが既に自家薬籠中のものとした重農主義のスピリットを前提にして、方法上の不十分さを批判する立場に立っているわけである。

一八二六年の『人口論』第六版の注でマルサスは、穀物法を廃止して一〇シリングの関税と七シリングの戻し税を設けるという、一八二二年にリカードウが行った提案に近い提案をしている。これを農業保護論の放棄と考えるか維持と考えるかで、マルサスの変貌についての判断が左右されることになる。ホランダー（一九九七）は前者であったわけだ。

サミュエル・ホランダーによれば、ナポレオン戦争後の不況期に、工業製品輸出の増大で農業部門の過剰労働人口が吸収されるということがあり、マルサスはこのことを重視したのだという。そして、輸出需要が過剰生産の緩和に繋がるのであれば、必ずしも地主の不生産的消費に頼る必要はないと考えるようになったのではないか、というのがホランダーの推測である。だが、こうしたホランダーの見解に対しては、プレン（一九九五）が、『人口論』第六版の注は関税の引下げを述べているだけであって、マルサスが穀物法擁護の姿勢を放棄した証拠にはならないという反論もある。それに、マルサスは一八二七年、移民特別委員会の証言で国内取引を外国貿易よりも重要であると明言しているのであるから、ホランダーの主張には無理があると言わざるを得ない(1)。

マルサスはこのように『人口論』初版以来、農業の発展を巡る問題を考察し続けるなかで、需要の理論を彫琢していった。たとえば、『地代論』においても、地代の原因として土地の持つ生産力に加えて、十分に大きな需要が持続していることをあげている。そうした営為は『経済学原理』における有効需要の分析へとつながっていく。横山（一九九八）は、『人口論』第五版の記述を、『人口論』の枠組みで経済現象を論じることの困難をマルサスが自覚したことを表していると解釈しているが、むしろ、マルサスが独自の経済理論を手にしたためであると考えるべきだろう。

有効需要という語の起源は、いまさら言うまでもなくアダム・スミスの『諸国民の富』第一篇第七章「製品の自然価格と市場価格について」にある。そこでは商品の自然価格が、賃金、利潤、地代の自然率を合計したものとして決まる。これに対して、市場価格は市場において現実に成り立つ価格であり、自然価格より高いことも低いこともありうる。そして、「市場にもたらされる数量」を前提として、市場価格が自然価格に一致するような需要が存在し、アダム・スミスはそれを有効需要と名付けるのである。「市場にもたらされる数量」が有効需要に足りない場合、支払の意思と能力とを持った人々に彼らが欲するだけの数量を提供できないことになる。このため、その商品を欲し、支払能力を十分に有する人たちの間で競争が起こって市場価格は自然価格以上に吊り上げられていく。逆に、「市場にもたらされる数量」が有効需要を上回れば、支払能力と意思を持つ人々が必要とする数量を上回って商品がもたらされることで、需要者の人々は自然価格で支払うことを渋るであろう。結果として、直ぐに処分しないと腐敗してしまうような商品から真っ先に、市場価格が自然価格に比べて下落していくことになるのである。

ここでアダム・スミスは、「市場にもたらされる数量」を状況に応じて変動可能なものではなく、ある市場状態では所与のものとして扱っていることに注意が必要である。つまり、需要に対して供給が対称的に反応してくるような経済分析にはなっていないのである[(2)]。そのため、市場価格が供給と需要が一致する均衡において成立するのだという発想が、アダム・スミスには一切ないことが確認されねばなるまい。アダム・スミスにおいて需要も供給も一次元的な数量であるため、需要曲線と供給曲線が交わるとか、均衡点に向けて調整が行われるとかいった発想が生じないのである[(3)]。

市場価格と自然価格が一致するのは、したがって、かなり偶然的なことになる。もし、市場価格が自然価格を下回っていれば何が起きるであろう。アダム・スミスの自然価格の定義からして、その場合、労働、資本、土地のいずれかがその自然な報酬率を受け取ることができなくなる。このため、いずれかの生産要素はその商品の生産から引き上げられてしまい、生産数量が減少することになる。したがって、徐々に市場価格は自然価格へと向かって下落していく。逆に、市場価格が自然価格を下回っていれば、労働、資本、土地のいずれかが自然率以上の報酬を得ることになる。そうすると、その生産要素がより多くその商品の生産に投下されることになって、商品が「市場にもたらされる数量」が増えていく。こうして、市場価格は自然価格に向かって回復していく。

ここでさらに注目しておくべきこととして、アダム・スミスは有効需要が量的に変動する可能性を一切考えていない。有効需要は量的に固定されている。変動するのは、今で言うところの供給側の数量である。後に見るように、農業経済学の計量モデルで、需要は安定的なものとして扱われ、変動はすべて供給側で起きているように定式化されているのと同じなのである。これは、アダム・スミスの有効需要論が農産物市場を念頭に置いて構築されている可能性を雄弁に物語っている。

ただし、この解釈に対する反論と成り得るかもしれない議論が、『諸国民の富』第五編第一章には存在する。ここでアダム・スミスは、東インド会社の主張として、インド市場で商品需要が増加したためにインドの生産物価格が大幅に引き上げられたことを取り上げている。だが、それに引き続いてアダム・スミスは、この価格の上昇は一時的なものであると付け加えることを忘れない。アダム・スミスによれば、有効需要の増大はそれに呼応した「市場にもたらされる数量」の増大をやがて導くのであって、結局は自然価格を中心とする価格体系が回復するということになる。

マルサスは『人口論』初版の二年後に出版された『食料高価論』で市場価格に関する執拗な考察を行っている。それはこのパンフレットの目的が、イギリスの食料価格の高騰が、需給逼迫の程度がより深刻だったスウェーデンより激しかった理由を説明することにあったからである。マルサスの説明は、救貧法が貧民に所得補助を行った結果、人々の購買力が人為的に引き上げられたから、というものであった。マルサスはこのことを説明するために、アダム・スミスと異なって需要者の需要スケジュールを明示的に扱い、外生的に所与の供給量との関係から市場価格決定のメカニズムを説いた。

供給者に比べて需要者が多い場合、購買力の大きい需要者からその需要が満たされていくことになるのだが、ちょうど供給者の数と順番的に等しい需要者が支払い得る価額が、その商品の市場価格になる。すなわち、限界的需要者の支払い可能金額に商品の市場価格は一致するのである。救貧法による所得補助は、これらの購買力を底上げしてしまったため、イギリスの穀物価格は必要以上に高騰したというわけだ。

マルサスの場合、したがって、需要はその財貨を受け取るために需要者が費やしてもいいと考える犠牲の大きさであるという定義が与えられることになる。これはアダム・スミスには見られない概念であった。実際、マルサスは一八二七年の『経済学における諸定義』において、商品の需要を需要の「範囲（extent）」と需要の「強度（intensity）」とに分類する。[4]「範囲」は購買される諸商品の数量であり、「強度」は需要者が自らの欲望を満たすために支払う犠牲である。[5]マルサスによれば、市場価格の決定に関わるのは「強度」しての需要の方である。そして、マルサスによれば、アダム・スミスが考えたのは「範囲」としての需要の方だけであった。

需要者たちが自らの欲望を満たすために支払う犠牲とは、実際は貨幣のことである。しかし、貨幣の価値は不変ではないので、「強度」としての需要を表現するときの尺度として貨幣量以外のものが用いられねばならない。マルサスにとって、それは支配労働であった。マルサスの支配労働論もまた彼の需要論の文脈から切り離すことはできない。マルサスは、『経済学原理』初版では穀物価格と支配労働の平均値を以って価値尺度としていたが、三年後の『価値尺度論』や『経済学原理』第二版では支配労働のみを価値尺度とする視点に至った。

さらに、マルサスは支配労働と「強度」という意味での有効需要は全く同じものであるという論理を展開する。なぜなら、「強度」としての有効需要は需要者が支払ってもいいと思う犠牲のことであったが、この犠牲を労働へと還元してやれば、[6]それはその商品がまさに支配できる労働のことであるからである。この意味での有効需要の増大は商品の価値を増大させ、農産物であれば、食料不足に繋がる。これに対して、有効需要の減少は商品価値の減少をもたらすので、その裏で供給は過剰になるが、それはあらゆる商品で起こる一般的なものに成り得るというのがマルサスの考えであった。

第3節　リービヒと化学肥料の産業的発展

マルサス『人口論』の預言をよそに、産業革命以降の人口増加は急激な食料増産と歩を共にして進んだ。そのため、食料不足は顕在化することなく、一九世紀後半にはむしろ農産物価格が継続的に低下する農業大不況が見られるようになった。マルサスに関して言えば、『人口論』の預言よりも有効需要の不足に伴う過剰生産の預言が当たったわけである。

一八七三年から一八九六年までの二三年間、農産物価格の長期低落傾向が見られたことは、特にヨーロッパ農業に大きな困難をもたらした。初めの一〇年間、畜産物価格はむしろ上昇したし、それ以後の下落も小麦や砂糖に比べればかなり小さい。穀物と砂糖の価格下落は総合卸売物価のそれより、全般的にかなり大きかった。八〇年代と九〇年代、小麦価格の下落率は卸売物価の倍近い大きさになっている。砂糖の下落率は小麦を上回っている。

農業大不況はヨーロッパへ農産物が大量流入したことによる。しかも、輸送手段の発達が以前よりずっと安い価格での移入を可能にした。畜産物の価格が比較的平穏だったのは、冷凍技術の開発が一八八〇年代までずれ込んだからである。外来の小麦は最初アメリカ産であったが、ロシアがこれに加わり、さらにルーマニア、インド、アルゼンチン、カナダ、オーストラリアが続いた(7)。

さらに農業大不況の背景には、小麦の生産力が世界的に拡大したことが理由としてある。乾燥地に適した新種や栽培法が確立され耕作地の拡大を促した。ヨーロッパにおいては、国際的な低価格に対処するため、化学肥料の利用、農業の機械化、科学的輪作体系の確立が進んだ。砂糖の場合、国際市場における甘蔗糖と甜菜糖の競合が価格の押し下げに寄与した。

農芸化学の祖と呼ばれるリービヒは、一八二二年に一九歳で博士号を手にし、パリに留学中に二一歳の若さでギーセン大学の教授に推薦された。大学教育でリービヒはそれまでの徒弟制度的な教育を止め、講義と学生実験をセットにした今日的なシステムを初めて導入した。有機化学の分野で彼は、フリードリヒ・ヴェーラーと共に異性体や官能基の概念を確立した。また、肥料の三大要素が窒素、燐酸、カリウムであることを示し、人口肥料の必要性を明確にした。ちなみに、火薬製造の必需品として古くから需要のあった硝石（硝酸カリウム、KNO_3）はそのうち二つを含むため、化学肥料[8]の原料として需要が爆発的に増大して供給が逼迫し、空中窒素の固定技術が求められた。

図11−1　ユストゥス・フォン・リービヒ

窒素固定の方法はいくつか考えられる。まず、窒素と酸素の反応である（$N_2 + 2O_2 \rightarrow 2NO_2$）。しかし、この方法は使用する電力コストが負担となって開発が成功しなかった。そこで、考えられたのが窒素と水素を反応させてアンモニアを合成する方法であった（$N_2 + 3H_2 \rightarrow 2NH_3$）。しかし、当初結果は思わしくなかった。窒素と水素が反応するとき、逆反応と呼ばれる分解も同時に起きる。二つの反応がバランスすると見かけ上何も起こらない化学平衡と呼ばれる状態になるのである。つまり、アンモニア生産には平衡を反応物側から生成物側へと偏らせる必要がある。

アンモニア合成の化学平衡では三種類の気体が共存している。反応物と生成物の体積比は四対二であるから、混合気体に圧力を加えることで体積を減らし、加圧の効果を打ち消そうとする反応を利用して平衡を生成物側に移動させることができる。また、アンモニア生成は発熱反応だから、温度を下げることで生成物を増やすことができる。しかし、温度が下がると反応速度が下がるため、生産効率は落ちる。一九〇九年には、ドイツのフリッツ・ハーバーが[9]二〇〇気圧程度、摂氏五〇〇度程度の反応条件で、効率よくアンモニア製造する実験に成功した。ハーバーは一九一八年にノーベル化学賞を受賞した。しかし、工業的規模への拡張には、高温高圧に耐えられる反応容器が必要であった。ＢＡＳＦ社のカール・ボッシュ[10]は、爆発事故を伴う実験を繰り返して必要な性能の容器を開発し、数千種類のサンプルを試みて高温でも反応速度が速い触媒を見出した。一九三一年、ボッシュは、技術者としては初のノーベル化学賞を受賞した。現在も空中窒素から窒素肥料を得る方法はハーバー＝ボッシュ法と呼ばれている。

リービヒによれば、自然界の生命過程は、人間を含む動物と植物との物質代謝である。それはもちろん、人間がいなくても存続しうるが、人間が土壌養分の消費と補填というかたちで協力しうるものである。しかし、リービヒは同時代の農業が地力の消耗を意に介さない掠奪農法を行っていると考えた。リービヒによれば、その原因は農業経営者たちが最小限の労働と肥料投下によって最大限の収穫を得ることを目的とする商人と化してしまっているからである[11]。そして、リービヒはそうした事態を是認してきた経済学者たちを非難する。経済学者たちは掠奪農法によって農地から土壌成分が流出して、肥料資本の損失が起きていることに意を払ってこなかった。土地を経済的な意味で生産的にさせることは、農業に投下される労働に比例する割合以上に余剰収穫をあげることに他ならないが、それは地味消耗を放置することに繋がる。古典派経済学が述べている収穫逓減は、経済学者たちがその原因も対応策も知らなかったために法則として誤認されたのである[12]。

農芸化学者としてのリービヒは植物栄養に関する学説として主流だった有機質説に対して無機質説を主張した。リービヒは、腐食などの有機成分が植物にそのまま吸収されると考えていた当時の常識を批判し、有機物の腐敗と分解の産物である無機物が間接的に植物に作用するのだとした。そして、リービヒ（一八六二）は、最も肥沃な腐植土においてさえ、窒素がなければ植物は成長しないと述べている。ただし、リービヒの時代には根瘤バクテリアによる空中窒素の固定という事実が把握されていなかったため、空中窒素とアンモニアの関係に混乱を来たしている。そうしたなかでリービヒは、窒素肥料だけに依存しようとする農学者に反対して、他の栄養素とのバランスを考えなければ、かえって土壌成分の消耗が大きくなると警鐘を鳴らしていた。この論点は、植物の成長が必要な養分のうち最も少ないものによって制限を受けるという最小律の提唱に繋がる。

このようなリービヒによる植物栄養の科学的把握を基礎とした化学肥料の発展は、二〇世紀において一層農産物の生産性を高めていくことになる。そして、それが言葉の本来の意味における「農業問題」を引き起こしていくのであった。

第4節　農業経済学から計量経済学へ

後に、アーサー・ルイスと共にノーベル経済学賞を受賞することになるセオドア・ウィリアム・シュルツは、著名なシュルツ（一九五八）のなかで農業を巡る経済問題について明確な定式化を行った。それは農業部門と非農業部門の間でどのように経済的資源を配分すべきかという問題である。農業により多くの資源を移動させることを要求するのが「食料問題（food problem）」であり、逆に、農業からより多くの資源を移動させなければならないというのが「農業問題（farm problem）」である。[13]

シュルツはわかりやすく需要曲線と供給曲線の移動によってこれらを分類した。場合分けは三つである。第一は、農産物の需給が同じだけ右に移動する場合であり、何ら調整問題は発生しない。第二は、需要曲線の右移動

図11-2　セオドア・ウィリアム・シュルツ

が大きすぎて農産物供給が不足する場合であり、このときに「食料問題」が生じてくる。第三は、供給曲線が大きく右へ移動して農産物供給が過剰になる場合であり、これこそが「農業問題」である。

一九世紀末から一九二〇年代にかけて見られた世界的な農業不況は「農業問題」の姿を典型的に示していた。これに対して、マルサスたち古典派の時代の認識と第二次世界大戦下のアメリカで見られた需給の逼迫とは、シュルツの言う「食料問題」が顕在化したものである。「食料問題」が生じている状況では、地代が上昇する一方で利潤の削減が行われ、名目的な賃金上昇を食料価格の上昇が相殺するため、実質賃金は不変にとどまる。

「農業問題」が引き起こされる背景には、人口増加率が減退すること、国民の生活水準が上昇した結果、農産物需要の所得弾力性が低下すること、農業における技術進歩が生産性の上昇を導くこと、といった理由がある。アメリカにおいて、こうした事態は持続的に進行してきたのだが、第二次世界大戦中の一時的な中断を経て、一九五〇年代には再び明瞭になっていた。

農産物需要の所得弾力性ではなく価格弾力性について、セオドア・シュルツはカール・フォックスやヘンリー・シュルツの研究を引用している。大戦間期に関するフォックスの計測によれば、需要の価格弾力性は食料全体で〇・三五から〇・三七、うち畜産物では〇・五二から〇・五六、さらに食肉では〇・六二から〇・六四と、高級品ほど高くなっている。また、ヘンリー・シュルツが小麦、綿花、トウモロコシ、馬鈴薯について、一八七五年から一八九五年、一八九六年から一九一四年、一九一五年から一九二九年（一九一七年から一九二一年は除く）の三期間で計測したところ、時代を追って価格弾力性も低下していた。

これらの研究にも見られるように、「農業問題」への対処のために数値的な調査と分析を行うことは、当時の農業経済学にとって必須の仕事であった。ここに、計量経済学がアメリカの農業経済学を母体として生まれてくることになった理由がある。

需要理論の面で計量経済学の発展を準備したのはヘンリー・ラドウェル・ムーアである。ジョーンズ・ホプキンズ大学で学位を取得したムーアは、一九〇二年にコロンビア大学に移り、経済変数間の関数関係を統計的に把握する試みを行って後進を育てた。農産物に関しては、一九一四年、レーフェルトが小麦の弾力性に関する研究論文を発表したのが最初である。ムーアに学んだヘンリー・シュルツは、牛肉の弾力性に関する論文を一九二四年に発表し、一九二八年には砂糖の需給を分析した著書を出版した。また、一九三八年には主著『需要の理論と測定』を出版している。この大著でシュルツは、今から見れば時系列分析の開拓的な研究を行った。しかし、よく言われるように、直接に影響力を持った貢献は識別問題[14]を定式化したことである。需要曲線と供給曲線の交点で均衡点が求められるのだから、入手できるデータは常に需要曲線上の点であると同時に供給曲線上の点でもある。一点、一点はそういうことであっても、需要曲線と供給曲線の両方がシフトしている状況では点列が需要曲線に沿った移動であるのか、それとも、供給曲線に沿った移動であるのかが識別できない。それが識別問題ということである。シュルツ自身は農産物への需要が比較的安定しているという事実から観測点の移動は供給要因の変動によるものであるとし、需要曲線が識別できるものとした。

一般に需要曲線と供給曲線は次のように想定される。

$$Q_t = \alpha_0 + \alpha_1 P_t + u_{1t}, \alpha_1 < 0 \qquad (1)$$

$$Q_t = \beta_0 + \beta_1 P_t + u_{2t}, \beta_1 > 0 \tag{2}$$

式(1)と式(2)を数量Qと価格Pについて解けば、次の方程式を求めることができる。

$$P_t = -\frac{\alpha_0 - \beta_0}{\alpha_1 - \beta_1} - \frac{u_{1t} - u_{2t}}{\alpha_1 - \beta_1} \tag{3}$$

$$Q_t = \frac{\alpha_1 \beta_0 - \alpha_0 \beta_1}{\alpha_1 - \beta_1} + \frac{\alpha_1 u_{2t} - \beta_1 u_{1t}}{\alpha_1 - \beta_1} \tag{4}$$

これら、式(3)と式(4)から元の需要曲線(1)と供給曲線(2)を導出できるかどうかが識別可能性の問題である。この場合、それは無理であるから、このモデルは識別不可能ということになる。

それでは、需要曲線、供給曲線を次の式(5)と式(6)で表現したらどうであろうか。

$$Q_t = \alpha_0 + \alpha_1 P_t + \alpha_2 I_t + u_{1t}, \alpha_1 < 0, \alpha_2 > 0 \tag{5}$$

$$Q_t = \beta_0 + \beta_1 P_t + u_{2t}, \beta_1 > 0 \tag{6}$$

ちなみに、需要曲線に含まれる所得Iのように、他の式に含まれない変数を操作変数という。先ほどと同様に、式(5)と式(6)をPとQについて解けば、式(7)と式(8)が得られる。

$$P_t = -\frac{\alpha_0 - \beta_0}{\alpha_1 - \beta_1} - \frac{\alpha_2}{\alpha_1 - \beta_1} I_t - \frac{u_{1t} - u_{2t}}{\alpha_1 - \beta_1} \tag{7}$$

$$Q_t = \frac{\alpha_1\beta_0 - \alpha_0\beta_1}{\alpha_1 - \beta_1} - \frac{\alpha_2\beta_1}{\alpha_1 - \beta_1}I_t + \frac{\alpha_1 u_{2t} - \beta_1 u_{1t}}{\alpha_1 - \beta_1} \qquad (8)$$

式(7)と式(8)の係数を次のように置き換える。

$$P_t = \gamma_0 + \gamma_1 I_t + \varepsilon_{1t} \qquad (9)$$

$$Q_t = \delta_0 + \delta_1 I_t + \varepsilon_{2t} \qquad (10)$$

ここで式(9)をk倍して式(10)を加える。

$$Q_t = k\gamma_0 + \delta_0 - kP_t + (k\gamma_1 + \delta_1)I_t + k\varepsilon_{1t} + \varepsilon_{2t} \qquad (11)$$

識別可能性の問題は式(11)から需要曲線なり、供給曲線なりを導出できるかどうかである。まず、需要曲線(5)は操作変数に関するゼロ制約を持たないので求めることはできない[15]。供給曲線(6)は所得Iの係数がゼロなので、$k = -\delta_1/\gamma_1$でなければならない。式(7)と式(9)から$\gamma_1 = -\alpha_2/(\alpha_1 - \beta_1)$であり、$\delta_1 = -\alpha_2\beta_1/(\alpha_1 - \beta_1)$であることから、$-k = \beta_1$となる。同様に、$k\gamma_0 + \delta_0 = \beta_0$, $k\varepsilon_{1t} + \varepsilon_{2t} = u_{2t}$となるので、供給曲線(6)が再現できる。

一九六一年になると、再び農業経済学の分野から計量経済学上の大きな変革がもたらされた。ジョン・ミュースによる合理的期待[16]概念の導入である。ミュースは前期に入手可能なあらゆる情報を用いて合理的に形成される期待を用い、次のような需要曲線と供給曲線のモデルを構築する。

$$D_t = -\beta p_t \qquad (12)$$

$$S_t = \gamma p_t^e + u_t \tag{13}$$

$$S_t = D_t \tag{14}$$

ここで変数は均衡値からの乖離を表現しているものとする。式⒁に式⑿と式⒀を代入すると、数量を表す変数が消えて価格に関する次の関係を得る。

$$p_t = -\frac{\gamma}{\beta} p_t^e - \frac{1}{\beta} u_t \tag{15}$$

ミュースはまず、各期がそれぞれ孤立している市場を考えるから、その仮定の下で式⒂の両辺の期待値をとれば、誤差項が消えて次の式となる。

$$\mathrm{E}p_t = -\frac{\gamma}{\beta} p_t^e \tag{16}$$

また、均衡値の分布の平均が予測値に等しいという合理的期待の定義から、次の式も成り立つ。

$$\mathrm{E}p_t = p_t^e \tag{17}$$

式⒃と式⒄を比較すれば、$\gamma / \beta = -1$ でないような一般的な場合に $p_t^e = 0$ でなければならない。つまり、農産物価格に関する合理的期待は必ず均衡値に等しくなる。また、攪乱が供給関数にのみ発生するという仮定の下で、価格と数量の変化は必ず需要曲線に沿ったものとなるはずである。

式⒀の両辺の期待値をとった上で左辺に式⒄を代入すると次の式が導ける。先ほどの仮定とは異なっているため、誤差項の期待値はゼロとはならない。

$$p_t^e = -\frac{1}{\beta+\gamma}Eu_t \qquad (18)$$

ここで攪乱項が次のような過去の攪乱の加重和として決定されると仮定する。

$$u_t=\sum_{i=0}^{\infty} w_i\varepsilon_{t-i}, E\varepsilon_i=0, E\varepsilon_i\varepsilon_j=\begin{cases}\sigma^2\ if\ i=j\\ 0\ if\ i\neq j\end{cases} \qquad (19)$$

変数はすべて均衡値からの乖離で表現しているから、実際の価格もまた、これら攪乱の線形結合になるであろう。

$$p_t=\sum_{i=0}^{\infty} W_t\varepsilon_{t-i} \qquad (20)$$

攪乱のうち、今期のものを除く過去の変数については既知であり、また、今期の攪乱の期待値はゼロであるから、式⒇の期待値をとれば、次のように簡単化される。

$$p_t^e = W_0E\varepsilon_t+\sum_{i=1}^{\infty} W_t\varepsilon_{t-i}=\sum_{i=1}^{\infty} W_t\varepsilon_{t-i} \qquad (21)$$

ここであらためて式⒂に式⒇と式(21)を代入すると、次式が得られる。

$$\sum_{i=0}^{\infty} W_t\varepsilon_{t-i} = -\frac{\gamma}{\beta}\sum_{i=1}^{\infty} W_t\varepsilon_{t-i} - \frac{1}{\beta}\sum_{i=0}^{\infty} w_i\varepsilon_{t-i} \qquad (22)$$

式(22)は簡単な変形で次の式となる。

$$W_0\varepsilon_t + \left(1+\frac{\gamma}{\beta}\right)\sum_{i=1}^{\infty} W_t\varepsilon_{t-i} = -\frac{1}{\beta}\sum_{i=0}^{\infty} w_i\varepsilon_{t-i} \qquad (23)$$

式(23)は撹乱についての恒等式になっているから、両辺の係数を比較することでウェイトWが何であるかを知ることができる。式(24)に見るとおりである。

$$W_0 = -\frac{1}{\beta}w_0, W_i = -\frac{1}{\beta+\gamma}w_i\ (i = 1,2,3,\ldots) \qquad (24)$$

ミュースは、このようにして、農産物価格の変動を各期の撹乱の加重和として表した。そして、合理的期待というかたちで新古典派理論に整合的に期待を導入することに成功するとともに、在庫の存在が価格変動にどのような影響を与えるかについて、理論的な分析を行う手段を農業経済学にもたらしたのである。

第5節　総括と展望

セオドア・シュルツの分類に従えば、マルサスが『人口論』において問題にしていたのは「食料問題」である。つまり、長期的には人口とともに増える需要を満たすには食料の供給は不足であるというのだ。しかし、マルサスの経済理論では一般的過剰生産が心配されており、そこでは有効需要が通常不足しがちであるとされる。農産物に即して言えば、これは「農業問題」ということである。おそらく、マルサスは、前者は長期的な傾向性の問題であり、後者は短期の問題であって矛盾しないと考えていたのだろう。

マルサスはアダム・スミスから受け継いだ有効需要概念を深く掘り下げ、それを需要の「範囲」と需要の「強度」に分類した。需要の「範囲」は、現代の用語でわかりやすく言えば、需要曲線のシフトに対応する。供給曲線がシフトしても、それと同程度のシフトが需要曲線に起これば、農産物価格に変化はない。こうした価格がアダム・スミスの自然価格であるとマルサスは考えた。これに対して、需要の「強度」はある一本の需要曲線の傾きに反映する。供給曲線がシフトした場合、需要の「範囲」が一定に留まれば、交点が需要曲線に沿って上下するために農産物価格が変化する。マルサスはこれを重視したわけで、マルサスこそが需要理論の元祖であると言ってもほぼ嘘にはならない。

一九世紀末から二〇世紀になってくると、化学肥料の生産が工業レベルで行われることで食料供給が飛躍的に増大してくる。リービヒは化学工業の発展においても、施肥農業の確立という思想レベルでも大きな影響を世の中に与えた。こうして、マルサスがおそらく短期的なものと考えた「農業問題」が持続的な農業環境となってくる。

アメリカ農業経済学は、二〇世紀の「農業問題」を背景として高度な発展を見せることになる。その際、問題の性質上、需要曲線の理論的・実証的把握が研究の中心となっていく。右下がりの需要曲線という捉え方はもちろんのこと、安定的な需要曲線に対して供給曲線の方がシフト、あるいは、確率的に変動するというアメリカ農業経済学の視点は、不思議なほどマルサス的である。

ムーアから始まる農産物市場の計量分析でも、需要曲線は固定的であって、供給曲線に操作変数を導入することで需要曲線の識別が可能になる。ここから派生した識別可能性の条件の明確化は、コールズ研究所での計量経済学の確立に大いに貢献した。さらに、ミュースは農産物価格の研究に期待を導入することを目的として合理的期待の概念を思いついた。ミュースのモデルでも、確率的攪乱が導入されるのは供給曲線の方である。合理的期待はルーカスによってマクロ経済学へと導入され、マクロ計量経済学はもちろんだが、現代マクロ経済理論の必須の前提となっていることは言うまでもない。

このように、マルサス『人口論』の影響の射程が現代の計量経済学にまで及んでいると主張するなら、大言壮語の観を免れないかもしれないが、あながち、ウソでもないことは理解されるであろう。

注

（1）蔵方（二〇〇二）も同様の結論に到達している。

（2）筆者もかつて、古典派経済学の研究において、いわゆる合理的再構成を自らの方法としていた。つまり、古典派経済学者たちの著述を数理モデルで描写し、その帰結を正確に導出することを専らとしていたわけである。しかし、最近は、古典派経済学者の思考の跡を辿り、その理論構造を精密に解明するには、合理的再構成が問題を孕んでいることを自覚するようになっている。学説史研究においては、その経済学者の思考パターンを我がものとして追体験することが欠かせないと思うようになったのである。

（3）森（一九八二）は古典派的価格決定メカニズムとして、垂直な供給曲線と右下がりの需要曲線の組合せを示す。そして、アダム・スミスの解釈にもこれを用いるのだが、この組合せはマルサスによって初めて見出されたと言うべきだろう。

（4）これは需要の大小と高低を区別するジェームズ・ステュアートに呼応するものであった。ステュアートについて、『人口論』

第二版から第六版まで引用が行われていることから、マルサスへの影響関係を想定することは可能であろう。合理的再構成の手法は執らないと述べたばかりであるが、「範囲」を効用の絶対水準、「強度」を限界効用と解釈すれば、実に整合的である。需要曲線は限界効用の高さを結んだものだから、この解釈が成り立てば、マルサスは右下がりの需要曲線の発見者ということになる。なお、中澤（二〇一〇）は、ステュアートによる市場価格への着眼をアダム・スミスが切り捨て、マルサスが復活したとまで言っている。

(5) マルサスの意図を汲むならば、本来翻訳は「外延」と「内包」という、哲学では通常の対語とすべきであろう。前者は単純な分量、後者は比率などの加工量のことである。しかし、ここでは従来からの訳語に従っておく。

(6) スラッファ（一九六〇）において支配労働が賃金率の逆数になっているのは、その賃金率が標準商品をニュメレールとして測った実質賃金率だからである。中矢（一九九七）が言うように「生産物が一単位」だから、というわけではない。

(7) 二〇世紀になると輸入先として、アメリカが急激に後退してアルゼンチンが取って代わった。

(8) 世界で最初の化学肥料の生産は、イギリスの一八四〇年代における過燐酸石灰の製造に始まると言われる。

(9) ハーバーはベルリン大学のホフマン、ハイデルベルク大学のブンゼンに学び、一九〇六年からカールスルーエ大学で研究に従事した後、一九一一年、新設のカイザー・ウィルヘルム研究所の所長に招かれた。第一次世界大戦中、ハーバーは毒ガス作戦の指揮官を命じられたが、彼の妻はそうした夫に絶望して自ら命を絶った。ナチス政権の成立に際して、ユダヤ人のハーバーはイギリスに亡命したが、翌年旅行先のスイスで急死している。

(10) ボッシュはライプチヒ大学に学び、一八九九年にＢＡＳＦ社に技術者として採用された。彼はアンモニア合成の触媒としてオストワルトが提案していた白金が有効でないことを証明して、ハーバーとの共同研究者として会社から派遣された。アンモニア合成の成功でドイツ化学工業界の中心となったボッシュは、第一次世界大戦後のドイツ経済の復興に尽力し、高圧技術を使ってガソリンとエタノールの合成に成功した。反ナチスの態度を公然と表明したボッシュは迫害されて不遇な死を迎えた。

(11) リービヒにとって、自給自足を前提とすれば、厩肥農業も自然の理に適っているという意味で合理的でありうる。食料の自給と同時に厩肥や人糞尿などを土地に戻せば、同量の収穫が永続的に維持できるものであって、この意味で中国人と日本人は人間と自然の間の物質代謝という問題を解決し、三〇〇〇年に渡って地力を維持してきたと評価する。

(12) ホフマン（一八七六）はこれをマルサス人口論への批判と解釈している。

(13) シュルツ（一九五八）は、こうした農業を巡る長期の経済問題に加え、経済の短期的な変動が農業に与える諸問題や、要素市場の調整がうまくいかないことによって農業労働力が不足する問題なども取り上げている。

(14) 農産物価格の計量分析において最初に見出された識別問題であるが、後にコールズ研究所におけるマクロ計量経済学へと導入された。その文脈では、構造形の同時方程式体系を誘導形に解いたとき、誘導形パラメータから構造方程式のパラメータが一意に決まるかどうかが識別可能性の問題である。N本の構造方程式からなるマクロ経済モデルにおいて、ある構造方程式が識別可能であるためには、他のいずれかには採用されているがその方程式には採用されていない変数の数がN－1以上でなければならない。

(15) 供給曲線の式に作況などを操作変数として導入することによって、需要曲線を識別することが可能になる。

(16) 一九七〇年代にロバート・ルーカスは合理的期待概念をマクロ経済学に導入することで政策無効命題を導き、新しい古典派マクロ経済学の構築に大きく貢献した。

参考文献

Hofmann, A. W. von, *Life-Work of Liebig in Experimental and Philosophic Chemistry; with Allusions to His Influence on the Development of the Collateral Science and of the Useful Arts*, Macmillan and Co., London, 1876.

Hollander, S., *The Economics of Thomas Robert Malthus*, University of Toronto Press, 1997.

Lehfeld, R. A., "The Elasticity of Demand for Wheat," *The Economic Journal*, vol. 24, pp. 212–7, 1914.

Liebig, J. von, *Die Chemie in ihrer Anwendung auf Agrikultur und Physiologie*, Friedrich Vieweg, 1862.

Muth, J. F., "Rational Expectations and the Theory of Price Movement," *Econometrica*, vol. 29, pp. 315–35, 1961.

Pullen, J. M., "Malthus and Agricultural Protection: An Alternative View," *History of Political Economy*, vol. 27, pp. 517–229, 1995.

Schultz, H., "The Statistical Measurement of Elasticity of Demand for Beef," *American Journal of Agricultural Economics*, vol. 6, pp. 254–78, 1924.

Schultz, H., *Statistical Law of Demand and Supply with Special Application to Sugar*, University of Chicago Press, 1928.

Schultz, H., *Theory and Measurement of Demand*, University of Chicago Press, 1938.

Schultz, T. W., *The Economic Organization of Agriculture*, McGraw Hill, New York, 1958.

Semmel, B., "Malthus: 'Physiocracy' and the Commercial System," *History of Economic Review*, vol. 17, pp. 522–35, 1965.

Sraffa, P., *Production of Commodities by Means of Commodities: Prelude to a Critique of Economic Theory*, Cambridge University Press, 1960.

蔵方耕一「マルサスの自由貿易主義への変心——ホランダーの問題提起をめぐって」『マルサス学会年報』一二号、二五～四二頁、二〇〇二年。

中澤信彦「《需要定義問題》とマルサスにおける経済学方法論の形成——先行者としてのステュアートおよびスミスとの関連で」只腰親和・佐々木憲介編『イギリス経済学における方法論の展開——演繹法と帰納法』昭和堂、二〇一〇年、六三～九三頁。

中矢俊博『ケンブリッジ経済学研究——マルサス・ケインズ・スラッファ』同文館、一九九七年。

横山照樹『初期マルサス経済学の研究』有斐閣、一九九八年。

森茂也『イギリス価格論史』同文館、一九八二年。

編者あとがき

編者の一人（柳田）は一九九八年に『マルサス勤労階級論の展開』を世に問うた。それ以降、『マルサス派の経済学者たち』（二〇〇〇年）、『マルサス理論の歴史的形成』（二〇〇三年）、『マルサスと同時代人たち』（二〇〇六年）、『マルサス人口論の国際的展開』（二〇一〇年）、『マルサス　ミル　マーシャル』（二〇一三年）、及び『マルサス書簡のなかの知的交流』（二〇一六年）の編集に携わってきた。本書はもとよりこの続編ではあるけれども、同時にまたこうした一連のマルサス研究の区切りでもある。今後もマルサス研究を掘り下げていきたい願望を秘めてはいるけれども、ここで一応の節目としたい。爾後もマルサス研究が推し進められ、マルサスの思索の全容がさらに詳らかにされ、今日的意義が呈されていくのを只管祈念している。

さて、本著の各執筆者は二〇一八年七月二一日〜二二日に福岡大学文系センターの一会議室に結集し、そこで各章の内実について報告し、相互に忌憚のない意見交換を行った。それを経て提出されたのが本書の大本となっている。また類書では異例かもしれないが、ここでは福岡大学で撮影した執筆者一同の集合写真を掲載しておきたい。これは記念写真というよりは、むしろ苦い臍を噛む経験に端を発している。例えば、『マルサス人口論事典』（二〇一六年）の編集にあたった際、『百年忌記念マルサス研究』の刊行祝賀会に列席された方々の集合（一九三四年一一月三〇日）写真は見つかっても、そこに寄稿された各執筆者の特定は成就できなかった。幾人かの先学のお手を煩わしたけれども、果しえなかった。いまなお後ろ髪が引かれる悔いが残っている。また、『埋もれし近代日本の経済学者たち』（二〇一八年）との関わりでの探索中にも同様の思いを味わった。近年では、個

福岡大学で撮影した執筆者一同の集合写真

手前：向かって（左）姫野、（右）柳田
後列：右側より、光永、伊藤、森下、柳澤、石井、山﨑、藤田、田中、大沢（九州産業大学講師、執筆者ではない）

人情報保護の要もあってか、過去の地道な学徒の容姿に接することは容易ならない至難事になりつつあるように思われる。なお、全くの末尾になってしまったけれども、今回も昭和堂編集部の鈴木亮市氏ならびに神戸真理子氏から賜った言い尽くせないご高配に謝辞を記し、あとがきとしたい。

索　引

■あ行

■か行

さ行

た行

■ な行

■ は行

■ ま行

■ や行

■ ら行・わ行

藤田　祐（ふじた・ゆう）　第Ⅱ部第6章

釧路公立大学准教授。専門は、近代イギリス思想史（特に進化理論の思想史研究）。
主な業績：「自然と人為の対立とその政治的含意――T・H・ハクスリーの進化社会理論」『イギリス哲学研究』第27号、2004年、39–54頁。「進化社会理論とマルサス――進歩をめぐる人口圧の二面性」『ヴィクトリア朝文化研究』第7号、2009年、18–34頁。

光永雅明（みつなが・まさあき）　第Ⅱ部第7章

神戸市外国語大学外国語学部教授。専門は、イギリス近代史。
主な業績：『記憶のかたち――コメモレイションの文化史』（共編）、柏書房、1999年。「ロンドン市民の健康と帝都の美観――ミース伯爵によるオープン・スペースの整備」（岡村東洋光・高田実・金澤周作編著『英国福祉ボランタリズムの起源――資本・コミュニティ・国家』第4章）、ミネルヴァ書房、2012年。

石井　穣（いしい・じょう）　第Ⅱ部第10章

関東学院大学経済学部教授。専門は、経済学史（古典派経済学およびマルクス）。
主な業績："J. R. McCulloch on the Effect of Machinery",『経済学史研究』第60巻第1号、2018年、1–19頁。『古典派経済学における資本蓄積と貧困――リカードウ、バートン、マルクス』青木書店、2012年。

山﨑好裕（やまざき・よしひろ）　第Ⅱ部第11章

福岡大学経済学部・大学院経済学研究科教授。専門は、マクロ経済学、計量経済学、経済学史。
八木紀一郎・柳田芳伸編『埋もれし近代日本の経済学者たち』（共著）、昭和堂、2018年。
柳田芳伸・山﨑好裕編『マルサス書簡のなかの知的交流――未邦訳資料と思索の軌跡』（共編）、昭和堂、2016年。他著書、論文多数。

執筆者紹介（執筆順）

柳沢哲哉（やなぎさわ・てつや）　第Ⅰ部 第1章

埼玉大学人文社会科学研究科教授。専門は、経済学史。

主な業績：『経済学史への招待』社会評論社、2017年。「マルサス『人口論』における救貧法批判の論理」『マルサス学会年報』第24号、2015年。

田中育久男（たなか・いくお）　第Ⅰ部第2章

愛知大学国際問題研究所客員研究員。専門は、経済学史。

主な業績：「わが国におけるマルサス研究の動向――2000年代の研究を中心として」『マルサス学会年報』第20号、2011年、61–84頁。「救貧法改革におけるウィットブレッドとマルサスの交流」（柳田芳伸・山﨑好裕編著『マルサス書簡のなかの知的交流――未邦訳史料と思索の軌跡』第3章）、昭和堂、2016年。

森下宏美（もりした・ひろみ）　第Ⅰ部第3章

北海学園大学経済学部教授。専門は、経済学史。

主な業績：『マルサス人口論争と「改革の時代」』日本経済評論社、2001年。「ヘンリ・フォーセットの労働者自立論」（柳田芳伸・諸泉俊介・近藤真司編『マルサス　ミル　マーシャル』第7章）昭和堂、2013年。

伊藤栄晃（いとう・ひであき）　第Ⅱ部第4章

埼玉学園大学人間学部教授。専門は、西洋史・西洋経済史。

主な業績：『近代英国社会史序説――歴史叙述における19世紀と20世紀』大学教育出版、2008年。「盛期ジャマイカ砂糖農園における奴隷の出生と死亡――『グッドホープのジョン』所有の6農園の事例」『社会経済史学』第80巻第1号、2014年、73–89頁。

編者紹介

柳田芳伸（やなぎた・よしのぶ）　序章前半、第Ⅱ部 第５章

長崎県立大学名誉教授。経済学博士（京都大学）。

専門は、人口論、経済思想史（とくにマルサス）。

主な業績：

『マルサス勤労階級論の展開』昭和堂、1998 年。

『マルサス派の経済学者たち』（編著）、日本経済評論社、2000 年。

『マルサスと同時代人たち』（共編）、日本経済評論社、2006 年。

『マルサス　ミル　マーシャル――人間と富の経済思想』（共編）、昭和堂、2013 年。

『マルサス人口論事典』（責任編集）、昭和堂、2016 年。

『埋もれし近代日本の経済学者たち』（編著）、昭和堂、2018 年。

姫野順一（ひめの・じゅんいち）　序章後半、第Ⅱ部 第８章・第９章

長崎外国語大学副学長・特任教授。経済学博士（九州大学）。

専門は、新自由主義、経済思想史（とくにホブスン）。

主な業績：

『J.A. ホブスン　人間福祉の経済学――ニュー・リベラリズムの展開』昭和堂、2010 年。

「社会進化論と新自由主義」（岡村東洋光・久間清俊・姫野順一編著『社会経済思想の進化とコミュニティ』第３章）、ミネルヴァ書房、2003 年。

「新自由主義の人間福祉経済学」（柳田芳伸・諸泉俊介・近藤真司編『マルサス　ミル　マーシャル――人間と富の経済思想』第 10 章）、昭和堂、2013 年。

書評「塩野谷祐一『ロマン主義の経済思想――芸術・倫理・歴史』」（『経済学史研究』第 55 巻第２号）、2014 年。

翻訳「ロジャー・バックハウス――福祉経済学者としての J.A. ホブソン」（西沢保・小峯敦編著『創設期の厚生経済学と福祉国家』第８章）、ミネルヴァ書房、2013 年。

知的源泉としてのマルサス人口論
——ヴィクトリア朝社会思想史の一断面

2019 年 7 月 10 日　初版第 1 刷発行

編　者　柳 田 芳 伸
　　　　姫 野 順 一

発行者　杉 田 啓 三

〒 607-8494　京都市山科区日ノ岡堤谷町 3-1
発行所　株式会社　昭和堂
振替口座　01060-5-9347
TEL（075）502-7500 ／ FAX（075）502-7501

印刷　亜細亜印刷

ISBN978-4-8122-1829-7
＊乱丁・落丁本はお取り替えいたします。
Printed in Japan

柳田芳伸・山﨑好裕 編

マルサス書簡のなかの知的交流
――未邦訳史料と思索の軌跡

マルサスの未邦訳書簡を含む経済学者との手紙のやり取りから、その知的営みの軌跡を探る。

本体三六〇〇円

マルサス学会 編

マルサス人口論事典

二世紀以上の歴史の吟味を越えて生き続けるマルサスの人口論。あらためてその全容に迫る。

本体八〇〇〇円

永井義雄・柳田芳伸 編

マルサス人口論の国際的展開
――一九世紀近代国家への波及

マルサス『人口の原理』の理論構造とその意義、地域が抱えていた社会問題を解明し、諸問題の解決にどのようにかかわったかを追求する。

本体三四〇〇円

昭和堂〈価格税抜〉
http://www.showado-kyoto.jp